D1665814

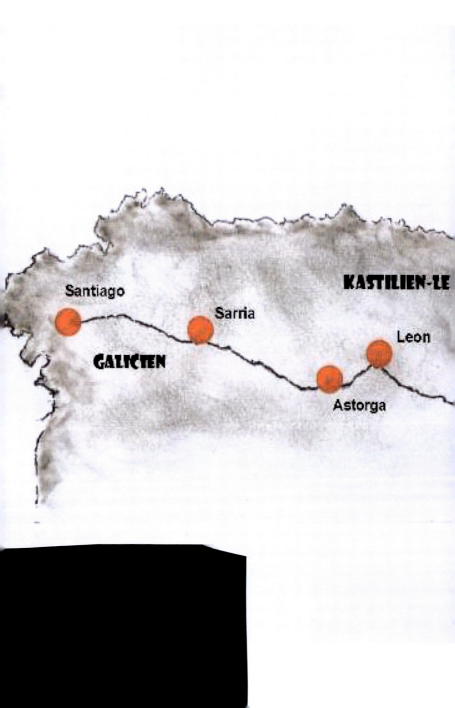

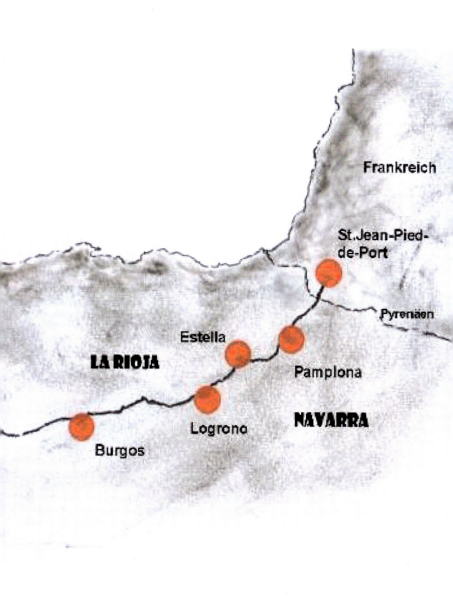

Frankreich

St.Jean-Pied-
de-Port

Pyrenäen

Estella

LA RIOJA

Pamplona

Logrono

NAVARRA

Burgos

Soy peregrino

–

Ich bin Pilger

Ein Ungläubiger auf dem Jakobsweg
800 Kilometer zu Fuß nach Santiago de
Compostela

Marc Pfefferkorn

WAGNER VERLAG[20]
www.wagner-verlag.de

Ein Buch aus dem WAGNER VERLAG

Korrektorat: Marianne Glaßer
Umschlaggestaltung: Wagner Verlag GmbH

1. Auflage

ISBN: 978-3-86279-580-2

Bibliografische Information der Deutschen Nationalbibliothek:
Die Deutsche Nationalbibliothek verzeichnet diese Publikation in der
Deutschen Nationalbibliografie; detaillierte bibliografische Daten sind
im Internet über http://dnb.d-nb.de abrufbar.

Die Rechte für die deutsche Ausgabe liegen beim
Wagner Verlag GmbH,
Langgasse 2, D-63571 Gelnhausen.
© 2012, by Wagner Verlag GmbH, Gelnhausen
Schreiben Sie? Wir suchen Autoren, die gelesen werden wollen.

Über dieses Buch können Sie auf unserer Seite www.wagner-verlag.de
mehr erfahren!
www.wagner-verlag.de/presse.php
www.facebook.com/meinverlag
Neue Bücher kosten überall gleich viel.
Wir verwenden nur FSC-zertifiziertes Papier.

Druck: Heimdall Verlagsservice, Rheine, info@lettero.de

Dieses Buch zu schreiben war wie ein zweites Mal den Weg zu gehen, als würde ich wieder in Santiago stehen.
Es war dasselbe Gefühl.

33 Tage, mein Weg vom 24. Juli bis zum 25. August 2010

Ich sitze in einem Bummelzug und bin auf dem Weg nach Saint-Jean-Pied-de-Port.

„Pfefferkorn, ja, ich erinnere mich an Sie", hatte die freundliche Dame am Telefon gesagt. Schon vor Wochen hatte ich mit der Jakobsgesellschaft in Aachen telefoniert, um mich zu vergewissern, dass mein Startdatum im Pilgerpass nicht korrigiert werden musste. Kurzfristig hatte ich meinen Urlaub verschieben müssen. Das sei kein Problem, wurde mir versichert. Jetzt sitze ich in einem Abteil, das aussieht wie aus einem alten Miss-Marple-Film. Riecht auch so. Ich befinde mich in Südfrankreich am Fuße der Pyrenäen. Mein Ziel ist der kleine Ort Saint-Jean-Pied-de-Port, Ausgangspunkt meiner Pilgerreise nach Santiago de Compostela. Ich habe meinen Rucksack griffbreit zwischen den Knien, denn die nächste Station wird weder angesagt noch lassen sich zuverlässig Ortsschilder ausmachen. Langsam kämpft sich der Zug den Berg hoch und erinnert mich an das Gefühl in der Achterbahn, wenn man hochgezogen wird auf den höchsten Punkt. Was mache ich eigentlich hier? Ich und pilgern, das sind zwei Welten, die bisher rein gar nichts miteinander zu tun hatten. Ich bin schon immer konfessionslos gewesen und eine Pilgerfahrt ist nun mal eindeutig etwas Religiöses.

Und doch, irgendetwas hat den Entschluss in mir reifen lassen. Ich stelle mich der Challenge, der Herausforderung. Ich will wissen, ob ich das schaffe, 800 Kilometer zu Fuß, was der Weg mit mir macht. Ob er was mit mir macht.

Mein Grund ist weder religiöser noch sportlicher Natur, ich will Selbsterfahrung, will auf den Hund kommen. Ich habe mir die heißeste Jahreszeit ausgesucht und den Willen, jeden Meter zu laufen, so weit ich komme. Dass längst nicht alle ankommen und ich eventuell unterwegs aufgeben muss, dessen bin ich mir bewusst. Obwohl ich relativ sportlich bin, bin ich in dieses Vorhaben ziemlich unvorbereitet gestartet, sozusagen direkt von der Couch auf den Jakobsweg. Lange Wanderungen dieser Art habe ich niemals auch nur ansatzweise gemacht. Deshalb habe ich auch Respekt vor dem Weg und versuche meine Pilgerreise in Demut zu beginnen. Irgendwas sagt mir, dass Bescheidenheit helfen wird und zudem diesem jahrhundertealten Pilgerweg gerecht wird.

Zugegeben, ich erhoffe mir schon so etwas wie eine spirituell-religiöse Erfahrung. Darauf haben mich die zwei bis drei Ratgeber und Outdoor-Wanderführer zum Thema Jakobsweg gebracht. Gibt ja reichlich davon. Darin steht, dass ich mich leer laufen werde, um dann aufnahmebereit zu sein für Erkenntnisse, die mit mir zu tun haben, mich stark machen für das Leben und mir Kraft geben. Wenn dem so sein sollte, gerne, allerdings habe ich versucht, im Vorfeld nicht allzu sehr über diese Dinge nachzudenken, denn ich möchte den Weg so unvoreingenommen wie möglich gehen. Kurz gesagt, ich habe keine Ahnung, was mich erwartet.

Ich schaue aus dem Fenster. Wir fahren noch immer bergauf. Wir müssen hier schon richtig im Hinterland sein, überall ist Natur, ein kleiner Wildbach begleitet uns schon seit längerer Zeit und die Stationen haben mit Städten oder Dörfern nichts mehr gemein. Wenn wir halten, ist außer einem kleinen überdachten Wartehäuschen und einem mit Gras bewachsenen Bahnsteig nicht viel zu sehen. Es steigen weder Leute ein noch aus.

Im Zug sind außer mir noch andere Pilger, mein Abteil ist jedoch bis auf ein älteres Paar und zwei junge Mädchen leer. Die Mädchen reden Französisch, haben die Schuhe ausgezogen und lassen die Füße über die Lehne hängen. Von meinem Platz sieht es so aus, als unterhalten sich zwei Paar Füße miteinander. Neugierig versuche ich den groben Sinn der Unterhaltung mitzukriegen, aber mein Schulfranzösisch reicht nicht aus. Auch so eine Sache, die Sprache. Eigentlich bin ich recht talentiert, verstehe oft, was gemeint ist, kann aber nicht vergleichbar gut sprechen. Da ich aus früherer Erfahrung weiß, dass Spanier wenig bis gar kein Englisch sprechen, habe ich versucht, in den letzten zwei Wochen Spanisch zu lernen. Besser gesagt wollte ich mir einen Grundwortschatz aneignen, allerdings mit wenig Erfolg. Nun ja, jetzt bin ich hier und es wird reichen müssen.

Der Zug wird jetzt langsamer, wir sind da und ich steige aus, Endstation Saint-Jean-Pied-de-Port. Ein kleiner Stadtplan am Bahnhäuschen verrät mir die Straße Richtung Zentrum. Immer eine gute Idee. Etliche Pilgerkollegen jeden Alters trotten mit mir und ihren Rucksäcken in dieselbe Richtung. Jetzt gilt es zu taktieren, wer zuerst kommt, mahlt zuerst. Ich habe weder reserviert noch einen Plan, aber eins weiß ich, für Herbergen bin ich zu alt. Ich will in Pensionen übernachten.

Wenig später erreiche ich das Zentrum. Saint-Jean ist seit dem Bahnhof nicht wesentlich größer geworden, genau genommen ist es nur eine Hauptstraße. Ein Schild verweist uns Neuankömmlinge auf die erste Pilgerherberge des Ortes. Ich sehe nur Rucksäcke und Beine. Nicht mit mir, Freunde! Gegen den Strom laufe ich die Straße runter und entdecke eine Touristeninformation. In schlechtestem Französisch frage ich nach einem Zimmer. Es stellt sich schnell heraus, es ist kein Zimmer frei. Auch mein Hinweis „kann ruhig teurer sein" erhöht meine Chancen nicht. Der Ort ist schlicht und einfach ausgebucht.

Das kann doch nicht sein, was für Menschenmassen wollen sich denn bitte morgen über die Pyrenäen wälzen? 2010 ist ein heiliges Jahr, aber wer ahnt denn so was? Das Mädchen am Infostand gibt sich alle Mühe, aber es macht hier keinen Sinn mehr, ich muss auf eigene Faust was finden.

Da alle scheinbar in der Herberge übernachten werden, beschließe ich weiter in die entgegengesetzte Richtung zu gehen. Ich laufe einfach so nach Gefühl, als ein älterer Mann mich anspricht. Ich verstehe nur so viel, dass er eine Unterkunft hat, ich solle doch da und da hingehen. Ich bedanke mich höflich, da ich aber nur die Hälfte verstanden habe und mir nicht sicher bin, was ich davon halten soll, gehe ich einfach weiter. Wie sich herausstellt, haben wir denselben Weg. Plötzlich zeigt er auf ein Schild und einen Eingang. Jetzt verstehe ich, er ist hier selber Gast in einer kleinen privaten Herberge. Ich beschließe mitzugehen und nach einem Bett für die Nacht zu fragen.

Saint-Jean-Pied-de-Port, Kilometer null

Ich komme in einfache, aber liebevoll gestaltete Räumlichkeiten und werde auf Deutsch begrüßt. Meine Herbergsmutter stellt sich als Ina vor, ist sehr freundlich und erklärt mir gleich mehr, als ich wissen will. Ich bekomme ein Zimmer im ersten

Stock zugewiesen, in dem noch neun andere schlafen. Alles nette Leute mittleren Alters. Ina fragt mich gleich, ob ich heute Abend bei ihnen mitessen möchte, da sage ich einfach mal ja.

Nachdem ich meine Sachen für die Nacht vorbereitet habe, gehe ich raus, um die Stadt zu erkunden und meinen Startpunkt für morgen früh anzuschauen. Wie sich herausstellt, wohne ich genau in der berühmten Rue de la Citadelle mit ihren ausgetretenen Pflastersteinen, auf denen ich morgen den Ort verlassen werde. Auch das Tor ist da, die Porte d'Espagne, der offizielle Start meiner Wanderung. Bisher kannte ich das nur von Bildern, jetzt wird mir klar, ich werde mich tatsächlich auf den Weg machen.

In einem kleinen Geschäft kaufe ich Bananen und Wurst, meinen ersten Proviant. Was ich jetzt noch brauche, ist natürlich den obligatorischen Wanderstab. Wie ich feststellen muss, hat das einzige Geschäft bereits zu. Es bleibt mir nichts anderes übrig, als mir im Schaufenster die Auswahl wohlgeformter Wanderstöcke anzusehen. Wenn ich morgen losgehe, hat der Laden noch nicht auf. Schöner Mist, dann eben ohne Wanderstab.

Zurück in der Herberge erledige ich das Offizielle und lege meinen jungfräulichen Pilgerpass vor. Inas Mann, ein ebenfalls sehr netter und lebenslustiger Spanier, gibt mir meinen ersten Stempel. Gegen eine kleine Spende darf ich mir aus einem großen Korb voller Jakobsmuscheln die schönste raussuchen und befestige sie an meinem Rucksack. Ein gutes Gefühl, jetzt bin ich pilgermäßig ausgerüstet.

Das Abendessen wird zu einem wirklichen Highlight. Wir sind etwa zehn Personen, die gemeinsam an einem Tisch essen. Wir sitzen in einer Art Garage oder Stall im Hinterhof, mit dabei sind ein irisches Pärchen, vier ältere Spanier, einer mit seinem Sohn, drei französische Damen und ein alter Mann, der aussieht, als wäre er den Jakobsweg schon mehrmals gelaufen. Nachdem wir uns alle mit Vornamen vorgestellt haben, gibt es Wein und Wasser und eine Art Likör, der besonderen Anklang bei dem irischen Mann findet. Ina kommt mit der Suppe, nicht ohne mehrmals zu erwähnen, dass alles aus eigenem biologischem Anbau kommt. So schmeckt es auch. Sie stellt eine große Schüssel Karottensuppe auf den Holztisch und da „noch jede Menge da ist", esse ich vier Teller. Den ganzen Betrieb stemmen die beiden allein, Angestellte gibt es nicht. Inas Mann fragt immer wieder nach unserem Befinden und kündigt nun stolz den Hauptgang an, eine Art Eintopf mit Fleisch und Kartoffeln. Das fast familiäre Miteinander und die besondere Stimmung macht alles zu einem echten Festessen. Obwohl wir zum großen Teil völlig unterschiedliche Sprachen sprechen, sind wir an diesem Abend eine Gemeinschaft. Einen besseren Start hätte ich mir nicht wünschen können.

Nach dem Essen gehe ich noch einmal raus, um die abendliche Stimmung zu genießen. Als ich ins Zimmer komme, schlafen alle bereits. Ich schleiche in mein Bett und warte auf den Morgen.

Saint-Jean-Pied-de-Port – Roncesvalles

Ich schlafe unruhig und kurz. Aber ich hatte einen seltsamen Traum, an den ich mich erinnere. Warum auch immer, ich bin in einer Kneipe mit Robbie Williams, grundlos und betrunken und er fragt mich: „Was it all worth it, at the end of the day, be honest Marc, was it all worth it?" Ich sage ja und mein Tagesmotto steht. Wie strange ist das denn.

Es muss so gegen sechs Uhr sein. Ich suche mein Zeug im Dunkeln zusammen und verlasse das Zimmer. Auf den Stufen im Flur packe ich meinen Rucksack, mache mich im Bad fertig und gehe in die Küche. Als ich gestern Ina erzählt hatte, ich würde schon früh die Herberge verlassen und Frühstück bräuchte ich nicht, wurde sie energisch. Auf keinen Fall würde ich ohne etwas zu essen losgehen. Und das war ihr voller Ernst. Also esse ich mal lieber. In der Küche ist alles zur Selbstbedienung bereitgestellt, Pulverkaffee, Baguette und Aprikosenmarmelade. Nach einer Weile kommt das irische Pärchen dazu. Sie haben heute Hochzeitstag. Ich gratuliere etwas unbeholfen und beschließe aufzubrechen, um etwas Vorsprung zu kriegen, den ersten Tag will ich allein angehen. Wenig später stehe ich in der kühlen Morgenluft, es ist kurz vor sieben, still und dunkel. Es hat fast etwas Feierliches, als ich mir den Rucksack umschnalle und die ersten Schritte auf dem vom Morgentau feuchten Kopfsteinpflaster zurücklege. Mein Reiseführer prophezeit für heute eine „alles andere als leichte" Etappe. Es geht 27 Kilometer über die Pyrenäen, zu erwartende Laufzeit sieben Stunden 15 Minuten. Ich bin allein mit meiner Wegbeschreibung, die ich in der Dunkelheit kaum entziffern kann. Sie geht ungefähr so: „Wir nehmen nach rechts die D 428, die ziemlich schnell ansteigt, und lassen die nach links abzweigende D 301 außer Acht. Nach 450 Metern gehen wir an der Abzweigung nach rechts vorbei, wir bleiben immer auf der Route Napoleon, beachten keinerlei Abzweigung nach links oder rechts."[1]

So laufe ich meine ersten Schritte. Es ist romantisch und aufregend in der Morgendämmerung und ich steigere mich in ein euphorisches Hochgefühl. Genauso habe ich es mir vorgestellt, das ist Pilgern. Immer wieder bleibe ich stehen und mache

---

[1] Jean-Yves Grégoire, Louis Laborde-Balen: Der spanische Jakobsweg – Camino Francés: von Saint-Jean-Pied-de-Port nach Santiago; ein Pilgerführer; Tyrolia, Innsbruck/Wien 2010

meine ersten Fotos. Der Nebel liegt noch schwer in den Tälern und bietet mit der aufkommenden Sonne ein tolles Panorama. Ich laufe jetzt bereits eine Stunde und es geht immer noch bergauf. Vor mir auf dem Asphalt kriecht eine Schnecke mit ihrem Haus auf dem Rücken. Was für eine treffende Metapher. Mein erster Kontakt mit einem Pilgerbruder ist ein Fahrradfahrer, der mich auf seinem Mountainbike überholt und mir „Buen Camino" wünscht. Ich grüße in seinen Rücken zurück. Buen Camino heißt so viel wie guter Weg und ist, wie ich las, der übliche Gruß zwischen Pilgern.

Schritt für Schritt wird der Weg jetzt immer steiler. Er ist asphaltiert, aber das ändert nichts daran, dass ich mich nun richtig anstrengen muss. Das alles erinnert mehr an Treppensteigen als an Wandern. Mittlerweile ist es heiß und der Schweiß rinnt mir in die Augen, ich brauche immer mehr kurze Pausen, um mir das Gesicht abzuwischen. Diese Anstiege hier gleich zu Beginn sind schon fies, man sieht weit voraus, wo man in circa einer halben Stunde sein wird, das nimmt mir irgendwie die Kraft. Ich bleibe stehen, schaue zurück und bin erstaunt. Von da unten bin ich hergekommen, wie schnell lasse ich die Landschaft hinter mir. Ich schaue ins Tal und gönne mir einen Schluck Wasser. Ungefähr 200 Meter weiter bergauf hat ein Kollege dieselbe Idee. Er ist mit einem sogenannten Pilgerwagen unterwegs, Transportvehikel Marke Eigenbau, um das Gepäck nicht auf dem Rücken tragen zu müssen. In seinem Fall sind das zwei lange Metallstangen, die er nach hinten spitz zulaufend wie einen Karren auf Rädern hinter sich herzieht. Auf kleineren Querverstrebungen ist sein Gepäck befestigt. Eigentlich eine gute Idee, vor allem auf dem asphaltierten Teil, in den Bergen stelle ich es mir allerdings schwierig vor.

Ich folge indessen wieder stur meinem Führer. Dort drüben

läuft ein junger Mann, der von meiner beschriebenen Route abweicht und einfach durch ein Gatter den Berg direkt hochläuft. Ich bin kurz versucht ihm zu folgen, aber nein, keine Experimente, nicht am ersten Tag. Mein Weg führt immer schön am Hang lang und ich weiß jetzt schon, dass ich heute Abend einen Mördermuskelkater haben werde. Ich staune nicht schlecht, als ich plötzlich zwei Personen Pause machen sehe, sind das nicht die Iren von heute Morgen? Was ist das denn für ein Trick, die müssten doch hinter mir sein. Schwitzend stehe ich da und kann es nicht glauben. Wir begrüßen uns nur kurz, ich will am Hochzeitstag nicht stören. Jetzt erkenne ich auch den Grund, was ihnen den Vorsprung verschafft hat. Der Weg durch das Gatter ist ungefähr ein Drittel kürzer als das, was ich gelaufen bin. Das war von unten nicht zu erkennen und ärgert mich. Zur Strafe verzichte ich auf eine Pause und übernehme wieder völlig sinnfrei die Führung. Hoffentlich geht das jetzt nicht den ganzen Tag so, dass man sich alle naselang überholt und sich ein Dutzend Mal am Tag „Buen Camino" wünschen muss.

Mittlerweile bin ich auf 1040 Metern Seehöhe und noch ist vom Gipfel keine Spur. Das Laufen kostet ganz schön Kraft, das muss ich zugeben, und ich bin gerade mal auf den ersten Kilometern. Ich überprüfe den Zustand meiner Füße, indem ich mit den Zehen spiele und damit sicher bin, mir keine Blasen zu holen. Blasen entstehen bekanntlich durch Druck und Reibung, und beides vermeide ich durch einen Trick, den ich gelesen habe. Man zieht einfach unter die normalen Socken kleine Nylonsöckchen an, die wie ein Gleitfilm die Haut vor Reibung schützen. Das funktioniert bisher einwandfrei.

Der Weg führt mich immer weiter bergauf, es wird zunehmend schattiger und es kommt Nebel auf. Ein Spanier und ich überholen uns mehrmals gegenseitig, was mir nun ganz recht ist, denn die Sichtweite ist unter 50 Meter gefallen und ich befürchte, Wegmarkierungen und Hinweisschilder zu übersehen. Er legt ein ganz schönes Tempo vor und ich habe Mühe, an ihm dranzubleiben. Allein hier oben im Nebel zu laufen wäre schon unangenehm. Plötzlich biegt er unvermittelt ab und verschwindet auf einem kleinen Trampelpfad. Was soll ich davon halten? Ist das wie vorhin eine clevere Abkürzung, während Anfänger wie ich wieder das Doppelte laufen? Mein Wanderführer ist eindeutig für geradeaus. Auch mein Verstand rät mir bei diesen Sichtverhältnissen zu der sicheren Variante. So gehe ich weiter in das nebelige Nichts hinein und vertraue auf das geschriebene Wort. Plötzlich tauchen im Dunst Tierumrisse auf, große, zottelige Umrisse. Ich bleibe stehen und sondiere die Lage. Es sind Pferde auf dem Weg, eine Weide oder Zäune sehe ich nicht. Gibt es Wildpferde in den Pyrenäen? Hat man davon schon gehört? Habe ich überhaupt Informationen über die Pyrenäen? Und wenn es diese Tiere gibt, sind sie freundlich gesonnen? Langsam gehe ich vorbei.

Nichts passiert und ich gehe immer weiter in den dichten Nebel hinein. In den folgenden Minuten reißt die Wolkendecke etwas auf und gibt die Sicht frei. Ich bilde mir ein, den höchsten Punkt nun sehen zu können.

Es sind heute doch einige Pilger unterwegs und es wird kalt. Damit habe ich nicht gerechnet, ich bin ausnahmslos auf sonniges Wetter eingestellt. Ich habe jetzt keine Lust, im Rucksack zu wühlen, und halte die Kälte aus. Mitten im Niemandsland steht plötzlich ein Wohnwagen mit einer Zeltplane davor. Ich komme näher und staune nicht schlecht. Hier wird Tee ausgeschenkt und man kann sich einen Stempel abholen. Ich nutze beide Gelegenheiten. An der Wohnwagenwand informiert eine Strichliste darüber, wie viele und welche Nationen bereits Halt gemacht haben. Es sind nicht viele, ich bin der dritte Deutsche heute. Bald darauf wird es nun doch zu kalt und windig, ich mache Halt und ziehe alles übereinander, was ich habe.

Der Teerweg, auf dem ich die ganze Zeit unterwegs bin, war ursprünglich eine alte Römerstraße, auf der schon die Pilger im Mittelalter den Pass überquert haben. Die Straße heißt bis zur spanischen Grenze Route Napoleon, denn Napoleon ließ damals diesen Weg ausbauen aufgrund seines Feldzuges gegen die Spanier, um hier das Passieren seiner Artillerie zu ermöglichen. Ich folge dem Auf und Ab des Weges und spüre die Kälte und die Anstrengung mit jedem Meter. Dann stehe ich auf der Passhöhe in etwa 1220 Metern Höhe und die Wolken hüllen erneut die Umgebung in dichten Nebel. Hier irgendwo muss der Benartepass sein.

Das Thibault-Kreuz am Wegesrand sollte eigentlich das Zeichen für den Wechsel auf einen Wiesenweg sein, der mich über den Pass bringt. Und wo bitte ist das Kreuz? In dieser Suppe ist nichts zu erkennen. Ein Radfahrer hält an und redet in Spanisch auf mich ein. Ich verstehe so viel, dass ich hier auf dem Holzweg bin. Ich muss da querfeldein rechts rüber, aber kann das stimmen?

Ich gehe ein paar Schritte und stehe einfach nur auf einer Wiese, das kann unmöglich ein Weg sein. Da tauchen zwei junge Spanier im Nebel auf. „Ja ja, das ist schon richtig, nach Roncesvalles, ja ja", glaube ich zu verstehen. Nun, dann mache ich eben den alten Nebeltrick, immer dem Vordermann folgen. Aber die Spanier sind so plötzlich verschwunden, wie sie aufgetaucht sind. Verdammt sportliche Jungs, keine Chance Schritt zu halten. Ich bleibe unschlüssig stehen, als eine Frau mittleren Alters auftaucht. Ich beschließe sie zu fragen, was sie von der Sache hier hält. Es stellt sich heraus, dass sie Deutsche ist und Marion heißt. Sie hat drei Spanierinnen im Schlepptau und gemeinsam verfolgen wir die dürftigen Wegspuren durch die Pampa. Schließlich finden wir die Nahtstelle zwischen den Felsen und gelangen allmählich wieder auf eine zivilisiertere Wegstrecke.

In einem Buchenwäldchen kommen Marion und ich ins Gespräch. Warum sie den Jakobsweg geht, will ich wissen. Sie erzählt mir, dass vor ein paar Monaten ihr Mann und ihr Bruder innerhalb von 14 Tagen gestorben seien. In ihrem Leben gehe es drunter und drüber und der Weg soll ihr Ruhe und neue Stärke geben. Sie erzählt mir, dass sie mit einem 17 Kilo schweren Rucksack gestartet sei, bis ein fremder Pilger ihr geholfen habe, den Rucksack neu zu packen, Unwichtiges wegzulassen. Das sei für sie eine passende Metapher gewesen, nämlich Ballast abzuwerfen, sich auch seelisch frei zu machen. Die Geschichte beeindruckt mich. Das ist wirklich mal ein wahrer Grund zu laufen.

Wir beschließen den Weg gemeinsam fortzusetzen. Im weiteren Verlauf passieren wir Schafherden, erneut „Wildpferde" und machen schließlich bei einer Schutzhütte Pause. Die Anstrengung sitzt mir mittlerweile gewaltig in den Knochen. Ich schaue in meinen Führer, wir haben den höchsten Punkt immer noch vor uns.

Der Nebel hat sich schon seit geraumer Zeit verzogen, es ist wieder heiß und wir nehmen das letzte Stück der heutigen Etappe in Angriff. Ich bin längst nicht mehr in meinem Rhythmus, denn Marion läuft langsam und ich muss immer wieder warten. Aber die Unterhaltung mit ihr ist eine willkommene Abwechslung und somit kein Problem.

Dann sind wir am Lepoederpass, mit 1430 Metern der höchste Punkt für heute, die Pyrenäen sind überwunden. Hier oben soll angeblich ein mystischer Ort sein, aber das ist mir jetzt ziemlich wurscht. Ich will endlich ankommen.

Bergab gibt es zwei Möglichkeiten, einmal auf der Straße zu bleiben, die sich serpentinenartig ins Tal schlängelt, oder die „Abkürzung" durch den Wald zu gehen. Wir entscheiden uns fatalerweise für den Waldweg. Wie sich schnell herausstellt, ist die Bezeichnung „steil" die perfekte Beschreibung dessen, was nun vor uns liegt. Hier will jeder Schritt gut überlegt sein. Langsam, den Blick gesenkt und wortlos beginnen wir den Abstieg. Der Weg ist schmal, übersät mit Wurzeln, losem Geröll und glitschigen Abschnitten. Mit den Rucksäcken fällt es doppelt schwer, die Balance zu halten. Mir geht die Kraft in den Beinen aus. Sie fühlen sich wie Gummi an. Eine Eins-A-Gelegenheit, sich die Haxen zu brechen. Wenn ich jetzt den Halt verliere, werde ich unkontrolliert wie eine blöde Kartoffel den Berg runterrollen. Marion läuft wenigstens mit zwei Nordic-Walking-Stöcken, ich habe gar nichts.

Der Trampelpfad scheint nicht enden zu wollen, schließlich ist es vorbei. Es wird endlich flacher und wir laufen auf Leila auf, die zweite Deutsche des Tages. Leila ist Yogalehrerin und läuft in einer knallrosa Jogginghose.

So erreichen wir schließlich zusammen Roncesvalles, unser Etappenziel. Dieser Ort besteht im Grunde einzig und allein aus einem riesigen, burgartigen Kloster mit ein paar Häusern drum herum. Es wurde 1132 vom Bischof von Pamplona gegründet, der sich damit um die vielen Pilger kümmern wollte, denen in den Bergen die Kälte und der Schnee zusetzten und mit viel Pech auch die Wölfe. Bereits vor 200 Jahren durften die erschöpften Wanderer hier mehrere Tage ausruhen, bekamen Essen, konnten sich waschen, kleine Schusterarbeiten wurden erledigt und sogar die Haare wurden geschnitten. Heute bietet das Kloster noch immer Herberge für bis zu 160 Pilger.

Genau in diese Herberge will ich nicht. Marion und ich versuchen in der einzigen Pension ein Zimmer zu kriegen und haben Glück. Welch eine Wohltat, ich falle auf mein Bett, nur mal kurz ausruhen. Dann wache ich auf. Ich war knapp eine Stunde eingeschlafen. Ich versuche aufzustehen, es geht nicht. Ich bin wie gelähmt! Für jede gezielte Bewegung meiner Gliedmaßen brauche ich zwei Versuche. Ich kämpfe mich ans Fenster, unten sitzen Marion, Leila und zwei weitere Pilger an einem Tisch und unterhalten sich angeregt. Ich beschließe erst mal zu duschen. Noch nie habe ich so lange zum Ausziehen gebraucht. Mir tut alles weh. Stocksteif verschwinde ich im Bad. Dann höre ich plötzlich lautes Rufen und Gejohle von der Straße. Wie cool ist das denn? Die Tour de France fährt direkt an uns vorbei. Das macht mich wieder munter.

Ich treffe die Tischrunde und lerne Marie Elaine kennen, eine nette junge Französin. Wir verabreden uns alle gemeinsam für die Abendmesse in der Klosterkirche, wo wir Pilger für den weiteren Verlauf unserer Wanderung gesegnet werden sollen. Bis dahin ruhen wir uns aus. Nach der Messe wollen wir das Pilgermenü versuchen, das in unserer Pension angeboten wird. Diese preiswerten Menüs soll es auf dem gesamten Jakobsweg geben, da bin ich mal gespannt. Ich nutze die Pause und wasche T-Shirt, Unterwäsche und Socken. Ich hoffe, das Zeug trocknet bis morgen. Marion hat mir gerade verkündet, dass sie es morgen ruhig angehen will. Ich hingegen werde meine „Der frühe Vogel fängt den Wurm-Einstellung" beibehalten und spätestens um halb sieben das Hotel verlassen. So ist zumindest der Plan.

Ich beschließe mich ein wenig draußen umzuschauen. Die Klosteranlage ist wirklich groß. Der Teil, in dem die Pilger untergebracht sind, ist gleich neben der Kapelle und unüberhörbar. Was für ein Glück, heute endlich für mich zu sein. Die

Ruhe wird mir guttun, um morgen die Etappe ausgeruht angehen zu können. Vor allem, wenn ich an meinen Muskelkater denke, der mich auch die nächsten Tage garantiert begleiten wird. In einem abgetrennten Bereich hole ich meinen ersten richtigen Stempel ab. Ich finde, er ist besonders schön und dazu redlich verdient.

Die Pilger beginnen jetzt zur Kirche zu strömen, die Messe beginnt. Da ich meine Damen nicht entdecken kann, stelle ich mich einfach mit in die Reihe. Der Priester spricht in Latein und Spanisch, ich verstehe nichts. Immer wieder stehen alle auf und rezitieren ganze Passagen, dann setzen wir uns wieder. Ich werde einfach auf das Segnen der Pilger warten. Eine ältere spanische Dame sitzt neben mir. Als wir erneut aufstehen und die Gemeinde etwas mir Unbekanntes nachgesprochen hat, wendet sie sich plötzlich zu mir, gibt mir die Hand und wünscht mir und meiner Familie alles erdenklich Gute. In Spanisch. Ich muss wohl sehr überrascht ausgesehen haben, denn sie lächelt nur und wendet sich zur anderen Seite, um dort wiederum ihre besten Wünsche weiterzugeben. Dann verstehe ich, es handelt sich um eine Art Ritual am Ende der Messe. Was für ein freundliches Volk. Wer will, kann sich jetzt anstellen, um die heiligen Sakramente zu empfangen. Ich verzichte und schaue dem Spektakel zu. Der Priester sagt erneut ein paar Worte und rund die Hälfte der Anwesenden versammelt sich im Mittelgang. Meine freundliche Nachbarin stupst mich in die Seite und gibt mir zu verstehen, dass ich gemeint bin. Der Segen für die Pilger wird jetzt gesprochen. Ich bedanke mich freundlich und stelle mich zu meinen Pilgerschwestern, die ich gerade in der Menge entdecke.

Obwohl keiner von uns etwas versteht, ahnen wir doch, was gesagt wird. Es ist ein gutes Gefühl, den Rücken gestärkt zu bekommen, gerade nach solch einem Tag.

Dann ist die Messe zu Ende und wir verlassen die Kirche. Es ist bereits Zeit zum Abendessen und so finden wir uns kurz darauf an einem runden Tisch in der Pension wieder. Der Raum ist brechend voll. Offenbar ist das Pilgermenü sehr beliebt, was auch daran liegen könnte, dass es in Roncesvalles kein Geschäft gibt, in dem man etwas hätte kaufen können. Das Menü besteht aus drei Komponenten, Vorspeise, Hauptgang und Nachtisch, und kostet um die zehn Euro. Zu Beginn gibt es eine Suppe, dann Forelle mit Pommes. Die Suppe ist ganz okay, aber die Forelle ist fettig und ertränkt die Pommes gleich mit im Fett. Zudem habe ich noch nie einen so kleinen Fisch gesehen. Das kann doch unmöglich alles sein, immerhin bin ich heute stundenlang in den Bergen herumgelaufen. Genauso gut hätte man einem schwer arbeitenden Bauarbeiter zum Abendessen ein Scheibchen Weißbrot mit Butter servieren können. Ich lege all meine Hoffnung in den Nachtisch und bekomme einen kleinen Becher Joghurt serviert. Ich beschließe heute früh schlafen zu gehen.

Roncesvalles – Larrasoaña

Mein Wecker klingelt um sechs. Eine halbe Stunde später gehe ich los, die Richtung habe ich am Abend zuvor bereits ausgekundschaftet. Auf der Suche nach gelben Pfeilen und Hinweisschildern mit der Aufschrift „camino" gehe ich meine ersten Schritte in die Morgendämmerung.

Obwohl wir uns gestern alle gut verstanden und angeregt unterhalten haben, finde ich es nicht schlimm allein in den Tag zu starten. Mein heutiges Ziel ist Larrasoaña. Ähnlich wie gestern sind es 27 Kilometer und ich möchte so ankommen, dass es mit der Zimmersuche kein Problem gibt.

Noch etwas müde durchquere ich ein kleines Gehölz entlang der Straße zum nächsten Dorf. Trotz der frühen Stunde bin ich alles andere als allein unterwegs. Die rosa Jogginghose vor mir kenne ich doch, das ist Leila! Ich schließe zu ihr auf und wir begrüßen uns herzlich. Wir gehen zusammen weiter und sie erzählt mir von ihrer Nacht in der Herberge. Es war schrecklich, sie hatte ein Bett genau neben einem Extremschnarcher, die andere Seite besetzte ein junges Mädchen, das die halbe Nacht las und ihr mit der Lampe ständig ins Gesicht leuchtete. Hab ich's nicht gesagt? Ein Hoch auf mein Einzelzimmer.

Während wir ein Dörfchen nach dem anderen durchqueren, kommt die Sonne raus und das Laufen ist zunächst ganz angenehm. Schließlich sind wir abseits der Straße unterwegs und der Weg wird zusehends hügeliger. Leila und ich verstehen uns zunächst gut, dann jedoch werden unsere Themen spärlicher und es wird klar, wir passen nicht richtig zusammen. Je länger wir Seite an Seite unterwegs sind, umso schwieriger wird es für mich. Leila ist nett und freundlich, keine Frage, aber irgendwie nervig. Sie ist nicht nur Yogalehrerin, sie geht auch völlig in der Esoterik auf. Alles, was ich sage, scheint sie zu relativieren. Manche sagen so, andere so. Das kann man so sehen, kann man aber auch so sehen. Es sieht nach Regen aus, wird auch wieder schön werden. Die Etappe heute ist lang, es gibt aber auch Menschen, die das nicht so empfinden. Das macht mich wahnsinnig. Es wird für mich zusehends ein Gespräch auf der Basis von Floskeln ohne den Austausch von Standpunkten. Ich lasse mir trotzdem nichts anmerken. So eine als Freundin zu haben, das gäbe Mord und Totschlag.

Schon in der Vorbereitungsphase hatte ich mir geschworen, meine Zeit nicht mit Leuten zu verplempern, die offensichtlich nicht zu mir passen. Gerade laufe ich mit so einem Menschen die Straße runter. Ich weiß nicht, ob Leila ähnlich empfindet, als sie verkündet, demnächst auf einer passenden Wiese die morgendlichen Sonnenstrahlen zu genießen. Wenn die Wiese nur schon da wäre. Nach einer kurzen, aber ziemlich steilen Anhöhe ist es dann so weit. Ich verabschiede sie in die Sonne. Für mich sieht es eher nach Regen aus.

So bin ich wieder allein unterwegs, während Leila eins mit der Natur wird. Kurz darauf fängt es tatsächlich an zu regnen. Es ist nicht wirklich Regen, eher ein feiner Sprühregen, für den man weder einen Regenumhang noch einen Schirm braucht. Da ich meine Kappe trage, beschließe ich einfach weiterzugehen. Wenn der Regen stärker werden sollte, habe ich ja meinen Knirps im Rucksack. Einen Regenumhang habe ich nicht mitgenommen, nur eine leichte Windjacke und die habe ich sowieso schon an.

Der Weg heute ist auf ganz eigene Art schwer, denn es geht ständig rauf und runter. Mein Führer spricht nicht umsonst von einer „Achterbahn". Der Regen macht die Strecke feucht und glitschig, ich muss immer wieder aufpassen und vor allem bergab besonders vorsichtig sein. Mein Muskelkater ist nun voll da und schmerzt bei jedem Schritt. Seit einigen Kilometern habe ich das Gefühl, dass sich ein Muskel in meiner linken Wade langsam, aber sicher verhärtet, obwohl ich versucht habe locker zu bleiben. Mein Körper ist solche Anstrengungen eben nicht gewohnt, schon gar nicht um diese Tageszeit.

Im Großen und Ganzen gehe ich momentan mit ein und derselben Gruppe Kilometer für Kilometer. Jemand erläuft sich einen Vorsprung, macht Pause und wird vom Hintermann überholt, darauf geht der voran, ist zu langsam und wird seinerseits überholt. Trotzdem zieht sich alles so auseinander, dass man nicht im Gänsemarsch läuft.

Ich habe mir den einen oder anderen Pilger als Fixpunkt gesucht, um nicht dauernd in der Wegbeschreibung lesen zu müssen. Das klappt recht gut, denn der regennasse Weg lässt uns alle etwas vorsichtiger werden. Überhaupt ist es ein erstaunliches Phänomen, dass nur wir Pilger unterwegs sind. Wir laufen durch Wälder, vorbei an Wiesen, durch Gatter, kleine Anhöhen hinauf und wieder runter und kein Spaziergänger oder Nichtpilger kreuzt unseren Weg. Und die Vielfalt der Naturwege scheint endlos zu sein. Wenn ich denke, alles gesehen zu haben, überrascht mich die nächste Wegstrecke mit völlig neuen Ansichten.

Ich bin hier schon längst in Spanien, Frankreich habe ich gestern irgendwo in den Pyrenäen hinter mir gelassen. Ich laufe durch Navarra, das Baskenland. Berühmt sind laut meinem Führer die mit Wappen verzierten navarrischen Bauernhäuser, die teilweise aus dem 16. Jahrhundert stammen und schon viele Pilger gesehen haben dürften. Die zahlreichen Dörfer haben in der Tat reichlich davon.

Der Nieselregen wechselt sich mittlerweile mit sonnigen Abschnitten ab und somit ist das Wetter so abwechslungsreich wie mein heutiger Weg. Die immer wiederkehrenden Anstiege bringen mich zum Schwitzen und ich habe das Gefühl gar keine Kilometer zu machen, es folgt Kurve um Kurve, Forstweg, Steinweg, Waldweg, Abzweigung auf Gabelung, eine irre Strecke. Wenn das den ganzen Weg so geht, wird das Wandern auf höchstem Niveau.

Von einem namenlosen Dörfchen aus kämpfe ich mich den Berg rauf und stehe nun ziemlich erschöpft am Rande eines kleinen Wäldchens. Heute scheint es immer genau dann sonnige Abschnitte zu geben, wenn es bergauf geht. Was soll's, das Schlimmste habe ich hinter mir. Dachte ich zumindest. Da kannte ich aber den Abstieg noch nicht. Mein Führer informiert mich lapidar, dass es jetzt etwas steil in den kleinen Ort Zubiri geht. Er übertreibt nicht. Ein ausgewaschener Feldweg schlängelt sich vor mir in den Wald, der Untergrund verdreht meine Füße bei jedem Schritt in alle Richtungen. Ich gehe in Zeitlupe, meine Sehnen und Bänder in ständiger Anspannung. Mountainbiker fahren klingelnd und grüßend an mir vorbei. Ihre Räder springen hin und her, als würden sie zwischen Bahngleisen fahren. Hier noch zu fahren verlangt dem Material schon alles ab und vom Fahrer ein Höchstmaß an Kontrolle.

Überhaupt sind einige Fahrradfahrer auf dem Camino unterwegs. Allerdings benötigt man hier Sportgeräte, mit dem Klapprad kommt man nicht weit. Ich bin mittlerweile seit Stunden unterwegs und mache kaum Pausen. Vor lauter wechselnden Anforderungen, vor die der Weg mich stellt, habe ich das ganz vergessen. Wenn ich dann tatsächlich einen Stopp einlege, spüre ich schon nach wenigen Minuten umso mehr meinen erschöpften und schmerzenden Körper. Trotzdem bin ich zufrieden, ich laufe allein und das ist gut so. Ich wäre auch momentan kein guter Gesellschafter. Ich hetze mich viel zu sehr, dabei gibt es gar keinen Grund. Ich werde wohl noch ein paar Tage brauchen, um meinen Rhythmus zu finden. Auch die Einstellung meines Rucksacks ist nicht optimal. Ich habe heute schon mehrmals mit den zahlreichen Bändern experimentiert, feste und lockere Varianten ausprobiert, aber so richtig will es einfach nicht werden. Wahrscheinlich ist mein Körper einfach diese ständige Last nicht gewöhnt. Tatsache bleibt, ich muss in der Hinsicht bald Lösungen finden.

Endlich nähere ich mich Larrasoaña. Es gibt natürlich auch hier laut Wanderführer die obligatorische Herberge, 28 Betten, 25 Matratzen, fünf Euro, mit Kochgelegenheit. Mein Ziel allerdings ist die Pension „El Peregrino", was übersetzt so viel wie der Pilger heißt. Das Zimmer soll hier 34 Euro kosten. Da ich keinen Stadtplan besitze, gehe ich erst mal nach Gefühl durch die Straßen. Larrasoaña ist nicht groß und weit entfernt von einer Stadt, aber auch mehr als ein Dorf. Die Straßen sind für den frühen Nachmittag recht ausgestorben, ein kleiner Laden hat trotzdem auf. Das wundert mich, denn heute ist Sonntag. Der Laden ist von außen nur auf den zweiten Blick als solcher zu erkennen, Werbung scheint man hier nicht nötig zu haben. Warum auch, wer hier wohnt, kennt ihn sowieso. Ich gehe hinein und stehe inmitten einer kleinen Auswahl von Lebensmitteln. Es ist ein typischer Tante-Emma-Laden, so wie man sich ihn vorstellt. Eine ältere, untersetzte Frau schaut mich erwartungsvoll an. Ich grüße charmant mit einem „Hola" und stelle mir im Geiste ein mögliches Abendessen zusammen. Nachdem ich ein paar Kleinigkeiten gekauft habe, beschließe ich erst mal meine Pension zu suchen.

Ich finde sie in unmittelbarer Nähe am Ortsende. Sieht ganz ordentlich aus, ich gehe ein paar Stufen hinauf und drücke die Türklinke herunter. Die Tür ist zu. Ich klingle mehrmals mit demselben Ergebnis, kein „Heute Ruhetag"- oder „Geschlossen"-Schild, nichts. Ich habe gute Lust mich einfach platt hinzulegen und zu warten, bis jemand kommt. Ich brauche jetzt einfach ein Bett und ein bisschen Ruhe. Mir kommt eine Idee, vielleicht kann mir die Verkäuferin im Laden weiterhelfen, ein anderer Einwohner ist ja auch nicht zu sehen. So gehe ich zum Laden zurück und frage mit Händen und Füßen nach dem Grund für die verschlossene Pension. Ich habe Glück, anscheinend kennt hier jeder jeden. Nach einem Telefonat glaube ich zu verstehen, dass der Betreiber der Pension um halb vier kommt und mir ein Zimmer vermieten wird. Ich schaue auf die Uhr über der Verkaufstheke, es ist eins. Ich bedanke mich und kaufe noch was zu trinken, um bis dahin nicht auszutrocknen. Da die Pension über eine Terrasse an der Vorderseite verfügt, kann ich mich setzen und etwas relaxen. Ich ziehe meine Schuhe aus und lege meine Beine hoch. Seit geraumer Zeit ist es wieder heiß geworden und die Sonne scheint mir ins Gesicht. Ich muss mich zusammenreißen, um nicht einzuschlafen.

Schließlich hat das Warten ein Ende und der Besitzer kommt. Ich bekomme mein Zimmer und den Stempel in meinen Pass. Ich verzichte erst mal auf die Dusche und auf die Wäsche meiner durchschwitzten Kleidung und genieße mein weiches Bett. Ich schlafe etwa eine gute Stunde, dann überlege ich zur Herberge zu gehen, um zu sehen, ob ich bekannte Gesichter entdecke. Hier allein rumsitzen ist langweilig und macht keinen Spaß. Gerade als ich die Straße betrete, ruft eine Stimme hinter mir: „Hey Marc", es ist Leila. Begleitet wird sie von drei Deutschen und einem Amerikaner. „Wir suchen einen Supermarkt oder so was, weißt du was?" „Ja klar", sage ich, „ich weiß was."

Im Laden beschließen wir alle zusammen in der Herberge zu kochen. Es soll Salat geben, Pasta mit einer Tomatensauce, Oliven, Käse und Baguette für circa zehn Personen. Und Wein für alle. Auf dem Rückweg zum Refugio, wie die Pilgerherbergen genannt werden, klingeln wir noch übermütig bei einem fremden Haus und bekommen auf unser Bitten etwas Gemüse geschenkt.

Zufrieden mit unserer Ausbeute betreten wir die Herberge. Sie besteht zum größten Teil aus einem großen Schlafraum und den angrenzenden Waschräumen und Toiletten. Man kann nach hinten rausgehen und gelangt so auf eine große Terrasse, zu der ein winziges Häuschen gehört, das eigentlich eine Küche ist. Die Aufgaben werden verteilt und wir helfen alle beim Kochen, dem Aufstellen des Tisches und der Stühle, dem Abspülen der Teller und Gläser und was sonst so anfällt. Jeder in der Herberge, der heute mitessen will, kann das gerne tun. Der zu zahlende Betrag ist durch die Menge der Mitesser verschwindend gering. Letztlich steht ein Essen auf dem liebevoll dekorierten Tisch, das sich wirklich sehen lassen kann.

Unsere Runde ist ausgesprochen nett und lebhaft, wir lachen und lassen es uns schmecken. Auch heute spricht kaum jemand die Muttersprache des anderen, aber auch mit wenig Englisch verstehen sich alle prima. Nach dem Abwasch spielt jemand Gitarre und wir singen, mehr oder weniger gut, was uns gerade in den Sinn kommt. Eine Chinesin gibt a cappella ein Lied aus ihrer Heimat zum Besten, das mit viel Applaus belohnt wird. Sie hält sich die Hand vor den Mund und versteckt ihr breites Grinsen, ihre Augen sind dabei vergnügte Schlitze. Dazu trägt sie ein geblümtes Omakleid, was die Szene noch lustiger macht.

An diesem Abend lerne ich viele neue Leute kennen. Eine ist Steffi, eine Studentin aus Deutschland. Sie fällt mir auf, weil sie so offen und sympathisch lacht und direkt den Kontakt sucht. Alles in allem ein guter Abend. Satt und zufrieden verabschiede ich mich zu später Stunde und laufe durch den Ort zu meinem Zimmer zurück, dusche und gehe schlafen.

Larrasoaña – Cizur Menor

Als ich aufbreche, ist es bereits acht Uhr. Mein schmerzender Körper von gestern hat sich etwas beruhigt und ich fühle mich fit. Ich durchwandere die Straßen zum Ortausgang und treffe bei einer kleinen Brücke auf einen Italiener, der am Vorabend unsere Runde in der Herberge bereichert hat. Wir unterhalten uns kurz und er berichtet mir von seinen Knieproblemen. So unerwartet kann der eigene Körper und damit der gesamte Camino zum Problem werden. Wenn die Gelenke nicht mitspielen, dann tut man sich schwer. Wie aber könnte man sich schonen, wenn man stundenlang durch die raue Natur läuft? Ich jedenfalls nehme mir vor daraus zu lernen und heute einen Gang runterzuschalten.

Mein Führer verspricht für den heutigen Tag läppische 19,7 Kilometer, das sind immerhin rund zehn Kilometer weniger als an den Tagen zuvor. So lasse ich es ruhig angehen und freue mich auf die Etappe, die mit meist flachen und geraden Wegen einen guten Tag verspricht. Die Sonne wärmt bereits und ich kaufe an einer Station am Wegesrand einen Kaffee und gönne mir gleich mal die erste Pause des Tages.

Solche Verpflegungspunkte habe ich schon öfter gesehen, es sind kleine Stände am Wanderweg, die meist aus einem Tisch und einer Bank bestehen und dort ganz unkompliziert uns Pilgern einen Proviant für zwischendurch anbieten. Ich finde das sehr praktisch und vor allem ist es weit entfernt von Geldmacherei. Es ist einfach freundlich.

Ich laufe zügig weiter und komme gut voran. Der Weg führt mich über eine Wiese in dichtes Unterholz. Dieser Pfad ist nun wirklich schmal und ich beginne mich immer mehr zu bücken, damit mein Rucksack nicht in den Zweigen hängen bleibt. Dann stecke ich fest. Überall nur noch Busch. Wenn das hier der Jakobsweg ist, fresse ich einen Besen. Ich überlege kurz mich hinzusetzen und Pause zu machen, was meine Situation aber nicht wirklich verbessern würde. Entweder ich gehe zurück oder quer nach links den Hügel rauf. Dort oben muss der richtige Weg sein, zuminderst höre ich entfernte Stimmen. Da ich mich sowieso nicht drehen kann, entscheide ich mich für links. Mühsam kämpfe ich mich durch das hüfthohe Gestrüpp.

Ich stehe jetzt am Fuß eines Hangs, der eben noch nicht so

steil aussah. Diese Kletterpartie über etwa acht Meter ist gefährlich und reiner Schwachsinn, das ist mir völlig klar. Vor allem mit dem Rucksack auf dem Rücken. Schritt für Schritt versuche ich an dem bewachsenen Hang Halt zu finden. Ich lege mich mit meinem gesamten Körpergewicht gegen die Schräge, um nicht vom Gewicht des Rucksacks nach hinten gezogen zu werden. Immer wieder rutsche ich zurück, das alles hier kostet mehr Kraft, als ich dachte. Der Abhang bietet nicht viel, um sich sicher festzuhalten, immer wieder habe ich Gras, Sträucher und kleine Äste in der Hand. Noch zwei Meter, dann bin ich oben auf dem Weg. Da läuft doch jemand, tatsächlich, ein älteres Paar! Sie gehen vorbei. Ich kann es nicht fassen, mich kann man doch sehen. Es wundert mich, dass sie mir nicht noch „Buen Camino" gewünscht haben.

Schließlich schaffe ich es aus eigener Kraft. Ich kontrolliere erst mal meinen Rucksack und meine Kleidung. Kein bleibender Schaden. Ich hatte mich so frisch gefühlt, jetzt bin ich total verschwitzt. Ich schaue mich um, alles ist ruhig, keiner hat etwas von meiner Lage bemerkt. Auch die Natur tut so, als wäre nichts. Ich habe einfach einen gelben Pfeil falsch gedeutet. Zum ersten Mal bin ich falsch gegangen. Eine Erfahrung mehr, die mir hoffentlich in den nächsten Tagen erspart bleibt.

Ich gehe weiter durch Dörfer und Wäldchen und überquere auf kleinen mittelalterlichen Steinbrücken immer wieder den Río Arga. Wohin ich auch schaue, rings um mich ist ein tolles Panorama. Diese Postkartenlandschaft macht mich glücklich und ich singe vor mich hin. Erschreckend, wie wenig Liedtexte ich kann, eigentlich gar keinen. Aber das stört mich nicht und ich beginne einfach Texte zu erfinden. Nach einiger Zeit erfinde ich auch noch die Musik dazu. Bin ich eigentlich der Letzte, der losgelaufen ist, wo sind denn alle? Schon seit einiger Zeit bin ich allein. Der Camino scheint die Eigenschaft zu besitzen, die Pilger auseinanderzuziehen, nur wenige Minuten reichen und der Vordermann wird von der Natur verschluckt. Mit zugekniffenen Augen versuche ich in der Ferne einen Rucksack zu entdecken, aber ich kann weder vor noch hinter mir jemand ausmachen. Macht nichts, dann kann ich wenigstens lautstark den Büschen hier meine erfundenen Wanderlieder zum Besten geben. Ich beschließe mich mit zwei Äpfeln zu stärken, denn Vitamine sind bekanntlich wichtig und geben Kraft. Diese Exemplare leider nicht, sie haben Würmer und ich schmeiße sie in hohem Bogen ins Gebüsch. Essen wird jetzt sowieso unpraktisch, denn der Weg vor mir beginnt sich einen Berg raufzuschlängeln und dann in halber Höhe in Gestalt eines Trampelpfads zu verschwinden. Es ist eine Art Heidelandschaft und erinnert mich stark an den Familienurlaub, als ich klein war. Die Natur riecht gut und mit der Sonne meldet sich auch die Fauna zurück. Vielleicht zum ersten Mal genieße ich das Wandern in vollen Zügen, es ist einfach schön. Der Weg führt weiter auf halber Höhe am Rand des Berges entlang durch ein Idyll von Bäumen und Sträuchern, die zum Teil den Weg überwuchern und mich wie durch einen Tunnel gehen lassen. Dann kommen wieder karge Passagen mit Wildblumen, felsigen Wegstrecken und einer herrlichen Fernsicht.

Ich komme mir vor wie der Eroberer all dieser wertvollen Kleinigkeiten. Ich fühle, nein, ich weiß, ich betrete gerade seelisches Neuland.

Mit diesen Gedanken nähere ich mich der Vorstadt von Pamplona. Es ist die geschichtsträchtige Hauptstadt Navarras, die im ersten Jahrhundert v. Chr. gegründet wurde, um die aufsässigen Basken besser kontrollieren zu können. Sowohl die Westgoten als auch die Franken bissen sich über Jahrhunderte die Zähne an diesem Landstrich aus und so wurde er am Ende erneut baskisch. So gespannt ich auf diesen Ort bin, so unvermittelt trifft mich der Wechsel in die Großstadt. Der bisherige Weg war Natur pur und die Dörfer waren meist wie ausgestorben. Jetzt stehe ich an der Ampel, warte auf Grün und schaue dem Kreisverkehr zu. Es ist ein kleiner Schock, ich will wieder zurück zu den stillen, endlosen Waldwegen, dem Blick zum Horizont.

Mir wird klar, ich bin Pilger geworden, ganz still und heimlich. Ich empfinde mich als nicht zugehörig, als Fremdkörper in dieser Stadt, durch die ich laufe. Ich fühle mich, als würden mich alle anschauen. Jetzt falle ich als Pilger auf und werde als solcher erkannt, obwohl der Anblick den Menschen hier nicht fremd sein dürfte. Ich schaue wie in einen Spiegel, jeder Blick auf das quirlige Treiben der Großstädter bringt mir das zurück, was ich in kurzer Zeit so erstaunlich leicht hinter mir lassen konnte. Dabei war mir gar nicht klar, etwas hinter mir gelassen zu haben. Dieses Gefühl begleitet mich auf dem Weg in den befestigten Kern der Altstadt und ist genauso überraschend wie unangenehm.

Den Pfeilen folgend betrete ich durch das alte Stadttor das Kopfsteinpflaster zwischen engen Gassen. Jetzt bietet sich die Möglichkeit das einzukaufen, was ich woanders nicht geboten bekomme. Das Angebot ist groß, aber die Auslagen in den Geschäften sagen mir gar nichts, ich habe alles, was ich brauche. Ich empfinde den plötzlichen Wechsel in die Fußgängerzone als so unpassend, dass ich schon aus purer Sturheit nichts kaufen würde. Wie dem auch sei, in einem Andenkenladen überzeugt mich doch noch ein kleiner Handfächer. Bei der Hitze heute und in den kommenden Tagen sind das bestimmt klug angelegte zwei Euro.

Der schöne Teil Pamplonas ist bald zu Ende und weicht erneut einer grauen Vorstadt mit schmucklosen Wohnsiedlungen, Bürogebäuden, viel Verkehr und Baustellen. Eine originelle Sache gibt es dennoch. Die Ampeln sind mit einem Countdown versehen, der die Rot- und Grünphasen in Sekunden anzeigt. So muss man nicht hetzen oder eben gerade doch. Bei Grün geht dazu im wahrsten Sinn des Wortes ein Piktogramm in Gestalt eines kleinen Männchens so lange, bis die Ampel umspringt. Gerade für ältere Leute eine prima Sache.

Mich erstaunt auch die gute Orientierung mittels meiner gelben Freunde. Die Pfeile sind gut zu sehen und befinden sich überall, an Bäumen, Bordsteinkanten, Häuserwänden und Straßenlaternen. Sie sind nicht mit Graffiti verunstaltet oder sonst wie unkenntlich gemacht, sondern gehören zum Stadtbild. Sich zu verlaufen ist somit in Kombination mit dem Wanderführer kaum möglich.

Das eigentliche Ende der heutigen Etappe führt mich noch ein Stück aus der Stadt raus nach Cizur Menor, wahrscheinlich um dem Lärm der Großstadt zu entfliehen. Ich lese in meinem Führer, dass die private Herberge dort sehr zu empfehlen ist und besonders die Herbergsmutter sich „rührend um jeden Neuankömmling kümmert". Nichts wie hin. Ich beschließe die triste Betonwüste so schnell wie möglich zu durchlaufen. Fast parallel kreuzt eine Pilgerin mittleren Alters immer wieder meinen Weg. Als ich mal kurz die Orientierung verliere, spricht sie mich an. Sie ist Spanierin und heißt Maria. Da wir dasselbe Ziel haben, gehen wir zusammen und kommen ins Gespräch. Wir verstehen uns auf Anhieb. Maria läuft aus Zeitgründen nur eine Woche und will dann das nächste Stück im folgenden Jahr laufen. In der Mittagshitze kämpfen wir uns zur Herberge. Cizur Menor liegt ausgerechnet auf einem Hügel, obwohl die paar Häuser die Mühe nicht wert wären. Jetzt, wo wir nach dem langen, schattenlosen Anstieg mitten im Dorf ankommen, steht das mal fest. Aber die Herberge ist irgendwie idyllisch. Wir betreten über einen unscheinbaren Nebeneingang einen

Innenhof mit einer großen mehrteiligen Gartenanlage, einem Teich mit Schildkröten und einem Häuschen in der Mitte, der Aufenthaltsraum und Küche zugleich ist. Im hinteren, erhöhten Teil des Gartens sind die Schlaf- und Waschräume untergebracht.

Die Hausdame ist tatsächlich sehr freundlich, aber auch genauso resolut. Wir sind mit die Ersten und bekommen unsere Doppelstockbetten zugewiesen. Sieht alles einfach, aber annehmbar aus. Versehentlich dusche ich gleich mal im Frauenwaschraum, was aber der noch fehlenden Belegung wegen wohlwollend übersehen wird. Meine Handgriffe in der Herberge am gefühlten Ende jeden Tages sind bereits kleine Rituale geworden. Wir alle waschen zunächst uns selber und dann unsere Kleidung, um sie auf den vorhandenen Wäschespinnen zu platzieren. Dann wühlt jeder in seinem Rucksack, ruht sich auf dem Bett aus und kümmert sich ums Abendessen. Eigentlich ist gar nicht Abend, es ist früher Nachmittag, aber ich habe schon am ersten Tag jedes Gefühl für Uhrzeiten verloren. Es spielt einfach keine Rolle. Wenn es dämmert, gehe ich los, esse, wenn ich hungrig bin, und bin da, wenn ich eben da bin.

Wieder denke ich über den Wandel nach, den mein Körper und ich so erstaunlich schnell vollzogen haben. Mein reflektiert-strukturierter Tagesablauf ist der natürlichen Bedürfnisbefriedigung gewichen. Die Frage sei erlaubt, welcher dieser Lebensentwürfe ist seelisch gesünder und entspricht mehr dem Menschen? Jetzt, wo mir die Sonne ins Gesicht scheint, ist die Antwort klar. So sitze ich am Tisch vor meinem Schlafraum und komme zu keinen schlüssigen Antworten, die ich der Welt mitteilen könnte. Der Tag war anstrengend und mein Körper kämpft immer noch mit der Restbelastung der letzten Tage. Ich schreibe in mein kleines Tagebuch stichwortartig die Erlebnisse des Tages und beobachte die ankommenden Pilger.

Da es hier einen Mercado, ein Lebensmittelladen, geben soll, verlasse ich die Herberge und mache mich auf die Suche. Der Ort lohnt keine Besichtigung und mein Gespür bringt mich schnell ans Ziel. Es ist wieder der typische Tante-Emma-Laden. Für Nichtspanier sind die Öffnungszeiten völlig ungewohnt. In der heißen Phase des Tages zwischen zwei und fünf sind die Geschäfte hier zu. Keine Ahnung, ob das die offizielle Siesta ist oder nicht. Dafür sind einige Geschäfte am Wochenende auf. Mein Führer weist zwar darauf hin, sich für das Wochenende besser mit Lebensmitteln einzudecken, die Praxis sieht aber anders aus.

Ich betrete also den Laden und stehe vor der üblichen Auswahl an Bocadillos, Baguette mit Aufschnitt, Trinkjoghurt, Zuckerzeug in Zellophan, Schinken und Käse und einer großen Auswahl gekühlter Getränke. Heute verwöhne ich mich mal mit Joghurt, Oliven, Bier und einem gesunden Baguette mit Multicerealien. Richtiges Schwarzbrot gibt es in Spanien nicht, ein dicker Minuspunkt in diesem sonst so tollen Land.

Wieder zurück gönne ich mir ein erstes Bier. Mein Schlafraum wird inzwischen langsam voll. Ich lerne Jens kennen, einen jungen deutschen Studenten und Sportler, der mir durch sein enormes Gepäck auffällt. Jens hat sich sehr spontan für den Jakobsweg entschieden, sein ursprünglicher Plan war eigentlich am Atlantik zu surfen. Deshalb schleppt er auch zusätzlich zu dem üblichen Gepäck einen Neoprenanzug und ein Zelt mit sich rum. Was für ein Wahnsinn bei der Hitze. Stolz zeigt er mir seine Gitarre, die er sich gerade in Pamplona für 80 Euro gekauft hat. Ich kann es nicht glauben. Wir setzen uns in den Garten und trinken ein paar Bier. Es stellt sich schnell heraus, dass er gar nicht Gitarre spielen kann. Sieht aber cool aus, vor allem, wenn die Frauen denken, er könnte es. Seine Singversuche treiben mir die Tränen in die Augen, ich sage aber nichts.

Jens hat bereits echte Probleme mit seinen Füßen, kein Wunder bei seinem Gepäck. Seine Zehen sind überzogen von Pflastern. Dabei sind Compeed-Blasenpflaster das wohl häufigste mitgeführte Utensil in jedem Pilgerrucksack und das am einhelligsten sinnloseste gleichermaßen. Bisher habe ich nur Negatives darüber gehört. Gott sei Dank habe ich keine einzige Blase. Jeden Tag creme ich meine Füße mit Hirschtalg ein, einer Fettcreme, die die strapazierte Haut der Füße regeneriert. Das scheint auch notwendig zu sein, denn die morgige Etappe soll einen sehr steilen Abstieg haben und der Blick zum Himmel verspricht einen heißen Tag ohne Schatten.

Ich habe mittlerweile Hunger bekommen, sitze wieder vor dem Schlafraum in der Sonne und lasse es mir schmecken. Maria gesellt sich dazu und ich lerne mit ihr Spanisch in einem Büchlein, das ich in den Tiefen meines Rucksacks schon vergessen hatte. Wir müssen immer wieder lachen, was für Unsinn man sich merken soll. „Ich werde meinen Drink heute am Pool nehmen" ist mein absoluter Hit des Abends.

Zu später Stunde treffe ich im Aufenthaltsraum wieder auf Jens. Er hat sich Songtexte aus dem Internet runtergeladen und versucht genauso erfolglos wie vorhin sie musikalisch umzusetzen. Wir trinken noch ein letztes Bier mit zwei anderen Pilgern, Anne und Peter. Die beiden kiffen und philosophieren ziemlichen Blödsinn über das Pilgern. Peter ist seit Monaten unterwegs und in Genf gestartet. Er geht völlig in dieser lässigen Lebensweise auf und organisiert sich sein Leben irgendwie täglich neu. Na ja, nicht meine Welt, Lockerheit kann auch schnell planlos werden. Es ist spät und ich muss leise sein, als ich mich zu meinem Bett taste. Alle schlafen bereits und ein älterer Spanier schnarcht gewaltig. Ich weihe meine Ohrstöpsel ein und drehe mich zur Wand.

Cizur Menor – Puente la Reina

Gegen sieben bin ich startbereit. Ich habe meine Wasserflasche für heute gefüllt und meine Windjacke angezogen. Die Sonne wärmt für gewöhnlich ab halb neun, vorher ist es doch etwas kühl. Essen tue ich später irgendwo auf dem Weg. Gestern noch, direkt bei der Ankunft, präsentierte mir die Herbergsmutter voller Stolz ihre moderne Errungenschaft, einen Frühstücksautomat. Hinter trüben Glasscheiben fristeten verpackte Scheußlichkeiten ihr chemisches Dasein. „Croissant, Butter, Marmelade – alles da", eröffnete sie Maria und mir. Ich beschloss schon da, nicht zu frühstücken.

So starte ich in den Tag und gehe den Hügel, den ich gestern auf der einen Seite hochgegangen bin, heute auf der anderen Seite wieder herunter. Ich bin unausgeschlafen und schaue in die Landschaft, die sich nun vor mir öffnet. Es ist weites Land, dessen Kieswege leicht ansteigen. Die aufsteigende Sonne wärmt meinen Rücken und verbessert meine Laune. Es ist eine karge, aber schöne Gegend, die zum Nachdenken einlädt. Zum ersten Mal steigen ganz von allein Gedanken in mir auf und verflüchtigen sich nicht direkt wieder. Ich denke über mich nach und bin mit mir und der Stille allein. Es ist ein besonderer Moment, es ist absolut still, das einzige Geräusch machen meine Schritte. Bis zum Horizont gibt es nur sanfte Hügel, bewachsene Felder und bestelltes Ackerland. Die Sonne taucht alles in unterschiedlichste erdfarbene Töne und strahlt eine enorme Ruhe aus. Ich drehe mich um und entdecke am Himmel direkt hinter mir inmitten des Blaus eine kleine Wolkenformation in Form einer Pilgermuschel. Manchmal passieren wirklich Dinge, die einem keiner glaubt. Dies ist so ein Moment. Das muss ich einfach als Zeichen deuten, anscheinend möchte jemand, dass ich hier unterwegs bin, und heißt es für gut.

Kurz nach Cizur Menor, einsam und absolut still

In der weitläufigen Gegend bin ich fast der Einzige, aber eben nur fast. Mit mir laufen sowohl Gruppen als auch Pärchen und Einzelkämpfer wie ich. Am Wegesrand hat jemand zusammen mit einem Text und einem Foto ein kleines Holzkreuz aufgestellt. Das Bild zeigt einen Pilger mit Wanderkleidung und Rucksack, wahrscheinlich ein Schnappschuss. Ich kann den Text nicht wirklich übersetzen, der Mann muss aber auf dem Weg hier gestorben sein. Das bringt mich wieder in die Realität zurück. Bei allem Erleben ist und bleibt dieser Weg eben auch ein Kraftakt.

Genau genommen beginnt der eigentliche Camino Francés erst mit dem Erreichen des heutigen Etappenziels. Ich bin auf dem navarrischen Weg unterwegs und der läuft heute Abend mit dem aragonesischen Weg zusammen. Diese beiden aus unterschiedlichen Richtungen kommenden Pilgerwege aus Frankreich bilden zusammen den Camino Francés, den klassischen Pilgerweg durch Nordspanien bis nach Santiago de Compostela. Das ist aber nicht der einzige Weg dorthin, nur der berühmteste, der zudem die Königsstädte Pamplona, Estella, Burgos und León miteinander verbindet.

Mein Führer klärt mich auf, diese Route wurde 1987 zum ersten europäischen Kulturweg erklärt und etwas später sogar ins UNESCO-Welterbe aufgenommen.

Mein Weg steigt jetzt an und wird zunehmend anstrengender. Die Sonne brennt unerbittlich auf die Landschaft, deren Vegetation gerade null Schatten spendet. Ich habe inzwischen zu einem älteren Pärchen aufgeschlossen und immer, wenn ich mich unbeobachtet fühle, fingere ich aus der Seitentasche des Rucksacks meinen Fächer hervor und mache meinen eigenen Wind. Eine gute Investition, habe ich doch gesagt.

Ich bin mittlerweile der Meinung meinen eigenen Laufrhythmus gefunden zu haben, aber meine linke Wade ist irgendwie immer noch leicht geschwollen. Schmerzen habe ich aber keine. Ich schaue hoch und die klare Sicht schenkt mir den Blick zurück auf die Pyrenäen, wo ich vor drei Tagen aufgebrochen bin. Wahnsinn, wie schnell man zu Fuß vorankommt, was man bereits an einem Tag schafft! Irgendwo hinter den Bergen am Horizont ist Saint-Jean, und jetzt bin ich schon hier. Nichts zweimal zu erleben und in ständiger Bewegung zu sein hat die Tage bisher wirklich intensiv gemacht.

Nun ja, im Moment muss ich diesen Berg rauf über die Sierra del Perdón und habe ganz schön zu kämpfen. Am höchsten Punkt sollen die „ewigen Pilger" zu sehen sein, eine Gruppe schmiedeeiserner, übergroßer Silhouetten, aber da bin ich noch lange nicht. Abgesehen davon, dass es nun kühler und windiger wird, mischt sich zunehmend ein Geräusch in die Stille. Auf der Bergkette stehen aufgereiht bis zum Horizont riesige schneeweiße Windräder und machen einen rhythmischen, dumpfen Ton. Unwillkürlich erinnert das an Don Quijote, nur hatte der Rosalinde dabei, sein treues Pferd. Auch ich könnte jetzt gut ein Stückchen reiten. Kann es denn nicht einmal nur einfach geradeaus gehen? Und das Schlimmste kommt noch, ich muss den Berg auch wieder runter und das wird steil.

Schließlich erreiche ich den Gipfel und stehe im kalten Wind. Ich mache schnell ein Foto meiner eisernen Freunde und beginne direkt den Abstieg. Was anderes bleibt auch nicht, denn die Bergkante ist nur etwa 50 Meter breit.

Der Weg, der mich nun erwartet, lässt mich kurz innehalten und meine Kräfte sammeln. Das ist wohl eher ein Geröllpfad als ein befestigter Weg. In der nächsten Stunde werde ich über faustgroße Steine rutschen und hoffen mir nicht den Hals zu brechen. Schrittweise und übervorsichtig gehe ich bergab. Viele Pilger überholen mich mit großen, ausladenden Schritten, selbst die Frauen. Mir egal, ich muss hier nichts beweisen.

Der Abstieg ist wieder mal erheblich schwerer und kraftraubender als der Weg den Berg rauf. Komisch, eigentlich hatte ich das umgekehrt erwartet. Als der Weg endlich breiter und flacher wird, spüre ich meine Beine wie lange nicht. Ich lockere die Schulterbänder und drücke meinen Rücken durch, das dauernde Nach-unten-Starren hat mich richtig steif gemacht.

Es dauert nicht lange und nach einer kurzen Pause im Schatten eines Baumes genieße ich wieder den Weg. Ich komme an einer weißen Marienstatue vorbei, auf der ein schwarzer Rabe sitzt, gehe über ein ausgetrocknetes Flussbett und durchwandere ein kleines Dorf. Kurz nach dem Ortsende weist mich ein windschiefes Holzschild darauf hin: „Santiago 747 Kilometer".

Na toll, nicht mehr lange und ich bin da.

Mein Weg führt nun durch Olivenhaine und knorrige, verdorrte Bäume hindurch und sieht jetzt richtig nach Spanien aus. Es riecht intensiv nach Süden und ich fühle mich gut. Da die nächste Ortschaft gleich zu Beginn einen schönen Ausblick über die Täler und Berge bietet, mache ich meine Mittagspause auf einer Parkbank. Zwei Bananen, ein bisschen Baguette und Wasser sind zwar nicht viel, reichen aber bei der Hitze. Jens schließt zu mir auf und wir gehen gemeinsam in den Ortskern weiter. Wir kaufen im einzigen Laden des Städtchens ein, und während Jens noch an der Kasse wartet, beobachte ich vor der Tür die spielenden Kinder auf der gegenüberliegenden Seite des Marktplatzes.

Ein seltener Anblick, meist sind die Einwohner nicht zu sehen und Kinder gleich gar nicht. Ich frage mich, was diese Kinder später mal machen werden, Geschäfte jeder Art gibt es hier doch kaum und dementsprechend auch keine Ausbildungsangebote. Landwirtschaft ist zwar da, aber auch nicht im Übermaß. Es können doch nicht alle Bauern werden. Meine Augen folgen einem alten Mann in sichtbar getragener Kleidung, der auf unseren Laden zusteuert. Ist das die Perspektive im Leben dieser Kinder? So täglich die Zukunft vor Augen zu haben, also, ich weiß nicht.

Jens ist fertig und wir nähern uns Puente la Reina, dem Etappenziel für den heutigen Tag. Zusammen zu laufen ist grundsätzlich eine gute Idee, aber zwischen Jens und mir fehlt etwas, das ich nicht beschreiben kann. Vielleicht ist es dasselbe Alter. Trotzdem ist es angenehm mit ihm Eindrücke und Meinungen auszutauschen. Zügig bewegen wir uns in die Stadt und beginnen unsere Suche nach einer speziellen Herberge, die unser

Führer uns für heute ans Herz legt. Trotz mehrmaligem Fragen laufen wir eine gefühlte Ewigkeit hin und her und finden gar nichts. Langsam, aber sicher bin ich genervt. Die Altstadt ist nichtsdestotrotz richtig schön und zudem hergerichtet für eine Festlichkeit. Die Einwohner sind in Weiß gekleidet mit roten Halstüchern und haben sich traditionell rote Tücher um die Hüften gewickelt. Teilweise wird mitten auf den Straßen gesungen und getanzt, denn heute findet um sechs Uhr ein Stiertreiben durch den Ort statt. Keine Frage, dass wir da dabei sein wollen.

Aber erst müssten wir mal langsam ein Bett finden. Ich treffe Maria und Felicia, die ebenfalls ratlos umherirren. Das gibt's doch nicht, wo bitte soll denn diese Herberge sein? Mein Führer sagt, etwas außerhalb, aber jetzt über die Brücke die Stadt verlassen ohne Plan bei 30 Grad im Schatten? Was bleibt uns übrig. Wir machen es schließlich alle gemeinsam.

Die staubigen Steinwege verheißen nichts Gutes, aber dann die Überraschung, eine allein stehende Herberge inmitten einer grünen Wiese mit dem Grund unserer hartnäckigen Suche, einem Swimmingpool.

Während die Herbergen in der Stadt brechend voll sein dürften, haben wir allen Platz der Welt. Die ganze Anlage, die man getrost als solche bezeichnen kann, ist großzügig geschnitten mit einem großen Aufenthaltsraum, Internet und Freizeitbereich, Wasch- und Duschräumen und Zwölf-Bettzimmern. Theoretisch hätte jeder von uns in verschiedenen Räumen übernachten können, ich teile meine Betten aber mit Jens, Maria und Felicia. Zu viert breiten wir uns richtig aus. Wie immer laufen erst mal unsere eingespielten Rituale ab, duschen und die getragenen Sachen waschen. Extra Waschmittel habe ich nicht mit und so benutze ich mein Shampoo. Es ist eine tägliche Katzenwäsche, aber porentief rein muss es nicht sein.

Ich habe mir angewöhnt, meine Bauchtasche in jeder Situation am Mann zu haben, deshalb nehme ich sie auch zum Duschen und zur Toilette mit. Da drin ist all mein Geld in bar, mein Pass, Krankenversicherungskarte, Hausschlüssel und meine Digitalkamera, eben alles von Wert. Der Rest in meinem Rucksack ist nicht von Bedeutung, das könnte ich notfalls alles nachkaufen. Aber mit meiner kleinen Tasche bin ich konsequent, auch in einem vertrauten Umfeld wie heute.

Nachdem ich geduscht habe, gehe ich noch nass in die Sonne. Ich stehe barfuß auf dem Rasen und grabe meine Zehen in die Wiese. Bis jetzt läuft doch alles prima, ich bin gut unterwegs, dazu der ungewohnte Luxus heute. Eigentlich wollte ich die Herbergen vermeiden und doch bin ich schon wieder in einer. Ich mache es ab jetzt so, solange die Herbergen in Ordnung sind und ich mich danach fühle, lasse ich alles erst mal so laufen. Ich kann mich ja jederzeit umentscheiden. Außerdem lerne ich wie heute täglich neue Menschen kennen und spare obendrein noch Geld.

Nun wird es Zeit, den Pool einzuweihen. Da ich keine Badehose mithabe, muss meine kurze Wanderhose herhalten. Das Becken ist etwa zehn Meter lang und sechs Meter breit, es gibt sogar einen Angestellten als eine Art Bademeister, der gelangweilt am Beckenrand eine Zeitung liest. Außer mir ist nur Steffi im Pool. Das gibt mir die Gelegenheit mich mit ihr anzufreunden. Wir reden über dies und das und schwimmen unsere Bahnen. Das Wasser ist kühl und herrlich. Nachdem ich stundenlang den Rucksack durch die Hitze geschleppt habe, fühle ich mich im Wasser leicht wie eine Feder. Meine schmerzenden Gelenke und Muskeln bedanken sich herzlich. Von außen muss der himmelblaue Pool in der kargen Landschaft bestimmt wie ein Fremdkörper aussehen. Was für eine Idee hier eine Herberge zu bauen. Mit der Gelegenheit zu schwimmen hatte keiner von uns gerechnet. Ich steige aus dem Wasser und sonne mich auf dem Rasen, schreibe Tagebuch und unterhalte mich mit Maria und Felicia. Während ich mit Maria Englisch sprechen kann, muss sie für Felicia übersetzen. Aber Felicia ist sehr herzlich und das macht die fehlenden Sprachkenntnisse mehr als wett. Zudem bin ich derjenige, dem die Kenntnisse fehlen, wir sind hier immerhin in Spanien.

Als der Abend kommt, gehen wir gemeinsam ins Dorf zurück. Die Straßen sind mittlerweile proppenvoll und die Bevölkerung bereits in Feierlaune. Als „Gringo" erkundige ich mich vorsichtig, ob die Stiere heute auch getötet werden, denn wo vorher der Marktplatz war, ist jetzt eine Arena mit circa zwei Meter hohen Zäunen aufgebaut. Maria übersetzt mir, dass die Stiere nicht zu Schaden kommen werden. Mein Plan, eventuell noch bummeln zu gehen, ist aussichtslos. Die Straßen werden gesperrt und es haben nur noch wenige Geschäfte auf. Ich hatte bei der Ankunft vorhin Wanderstöcke gesehen beziehungsweise Teleskopstöcke für zwölf Euro das Paar. Noch immer bin ich mir nicht sicher, ob es besser wäre, welche zu kaufen, oder ob ich ohne auskomme. Wie bereits zu Beginn der Reise nimmt mir der Ladenschluss die Entscheidung ab. Dann soll es so sein, ich gehe stocklos nach Santiago.

Mittlerweile ist vor fast jedes Tor, jeden Durchgang und jeden Laden ein Eisengitter gezogen worden. Die Stäbe sind so breit, dass jeder ohne Bierbauch hindurch kann. Bei mir geht es gerade noch so. Dann ertönt vom Ortseingang her ein Signal aus einem Horn und die Menschen beginnen dort unten zu schreien. Wie eine Welle kommt dieses Spektakel auf uns zu. Dann sehe ich auch die Stiere, es sind drei. Aus Angst und Panik haben die ein höllisches Tempo drauf und behalten nur mit Mühe auf dem rutschigen Kopfsteinpflaster das Gleichgewicht.

Hier werden die Stiere noch durchs Dorf getrieben

Auf unserer Höhe wechseln sie die Richtung und werden in die kleine Arena getrieben. Sich in diesem Moment auf der Straße aufzuhalten wäre lebensgefährlich. Die Bevölkerung johlt und jubelt den Tieren hinter den Gittern zu. Rings um den abgezäunten Bereich, aus den Fenstern und auf errichteten Tribünen schauen die Menschen dem Treiben zu. Die Stiere werden jetzt einzeln in die Arena gelassen und die Dorfjugend, meistens junge Männer, steigen zu dem Stier in den Sandplatz und versuchen ihn zu reizen. Sobald der Stier reagiert, muss derjenige machen, dass er wegkommt, und dabei einen Ring über eins der Hörner stecken. Wenn das gelingt, hat dieser Junge den Beifall der Menge und die Bewunderung der heimischen Frauenwelt. Aufschreie in der Menge sind ein untrügliches Zeichen dafür, dass dieses Vorhaben oft nur um Haaresbreite gut geht.

Wir beziehungsweise Maria haben uns mit einem Mann angefreundet, der diese Veranstaltung mitorganisiert und der uns eine Trittleiter besorgt, von der aus wir abwechselnd das Ganze beobachten und Fotos machen können. Der Stier tut mir etwas leid, er hat kaum Chancen bei der Veranstaltung, außer blöd auszusehen. Das Treiben durchs Dorf wird noch mehrmals wiederholt, wobei ich mich einmal nur knapp durch die Gitterstäbe quetschen kann. Ein kleiner Vorgeschmack auf das, was sich die jungen Männer in der Arena trauen. Wenn so ein großes Tier, das nur aus Muskeln besteht, auf dich zurast, um dir wehzutun, kann einem schon anders werden.

Dann ist auch das vorbei und wir beschließen essen zu gehen. Alles hat noch zu und Maria telefoniert fleißig, um dann doch ein Lokal mit Pilgermenü für uns zu organisieren. Auf dem Weg dorthin machen wir Halt in einer Bar, wo ich ein eiskaltes Fosters bestelle. Das wird mir an diesem Tag besonders in Erinnerung bleiben, irgendwie habe ich das gebraucht. Das eisige kanadische Bier leere ich in einem Zug.

Überall in den Kneipen und Bars in Spanien sind die Zapfhähne von kleinen Wassertropfen überzogen und locken mit einem kühlen Versprechen. Wenn du das nach zwei Stunden Wanderung ohne Schatten siehst, was wirst du wohl tun? Dazu kommt der Preis, der mit einem Euro oder etwas mehr unschlagbar ist.

Es hat sich inzwischen John zu uns gesellt, ein netter Mann um die dreißig mit spanisch-kanadischen Wurzeln. So ziehen wir los und bestellen unser Pilgermenü, Maria, Felicia, Steffi, Jens, John und ich. An diesem Abend werden wir zu Freunden. Es gibt Salat, Schwein und Eis, unnötig zu erwähnen, dass wieder mal alles zu wenig war. Aber das stört uns nicht, wir lachen und amüsieren uns. Dann laufen wir durch die Stadt zurück in unser Geheimquartier.

Eine Gruppe von jungen Spaniern und Spanierinnen sitzt auf dem Rasen und ist schon ziemlich angetrunken. Wir setzen uns dazu und Jens holt seine Gitarre. Er kann es immer noch nicht. Einer der Spanier und John schon, wir singen ein paar Lieder, genießen die Stimmung, dann gehen die anderen schlafen. Jens übt noch etwas und ich liege auf dem Rücken im Gras und schaue in den dunklen spanischen Nachthimmel. Dann machen auch wir Schluss.

Puente la Reina – Ayegui

Es ist sieben Uhr. Ich trinke einen kleinen Kaffee und frühstücke ein bisschen Baguette und eine Banane. Im Eingangsbereich kaufe ich noch schnell eine Postkarte, die werde ich später schreiben. Maria und ich sind gemeinsam fertig und wie selbstverständlich brechen wir zusammen auf. Der heutige Weg geht nach Estella, rund 23 Kilometer liegen vor uns.

Es ist angenehm, wie sich herausstellt, haben Maria und ich fast das gleiche Tempo. Sie ist Joggerin und dementsprechend fit, vielleicht einen Tick zu schnell. Ich halte mit, weil ich diese Begegnung nicht einfach so aufgeben möchte. Kurze Zeit später holen uns die anderen ein. Steffi hat ihren eigenen Laufstil, sie läuft in kleinen Schritten, unterstützt durch zwei Stöcke, und wenn sie sagt, „ich geh mal etwas schneller, bis später", hat man noch ein paar Minuten, danach ist sie in der grandiosen Natur verschwunden. Ebenso ist John unterwegs, er hält kurz mal unser Tempo, um ein Schwätzchen zu halten, aber eigentlich läuft er allein.

Ich kann nicht verstehen, warum einige Pilger so schnell laufen. Es gibt nichts zu gewinnen und es bleibt letztlich belanglos, ob man um eins oder halb drei in der Herberge ankommt.

Aber immer wieder überholen mich Menschen, denen das wohl wichtig ist. Egal, jeder geht hier seinen Weg.

Ich lerne Steffi heute besser kennen, sie studiert in Holland und wird später mal Manager und Belegschaften großer Unternehmen coachen. Wir reden übers Studieren und über Sprachen, denn ich finde es faszinierend, in Holländisch bzw. Englisch zu studieren und seine Arbeiten in fremder Sprache zu verfassen, dafür muss man was draufhaben. Wie bisher zeigt sich Steffi auch heute wieder von ihrer sympathischen Seite. Auch Jens schließt zu uns auf, um dann vorbeizuziehen. Maria und ich bilden so etwas wie den festen Kern, der von den anderen immer wieder besucht und verlassen wird.

Unser Tagesziel ist jedem von uns klar und wahrscheinlich sehen wir uns am Abend alle wieder, obwohl täglich mehrere Herbergen zur Wahl stehen. Das macht den Jakobsweg so unkompliziert und schön. Begegnen und Verlassen wiederholt sich ständig, auch mit Maria, mit der ich nicht ständig Schulter an Schulter laufe. Jeder von uns lässt sich mal zurückfallen, holt wieder auf, es wird sich angeregt unterhalten und gelacht, aber auch geschwiegen. Weil das zwischen uns möglich ist, ist einer der Gründe, warum Maria mit mir geht, wie sie mir später verrät.

Die Etappe verläuft flach und angenehm, führt uns an kleinen Orten vorbei und in eine schöne Kirche, in der man sich einen weiteren Stempel abholen kann. Regelmäßig füllen wir bei diesen Stopps unsere Wasserflaschen an den zahlreichen Brunnen auf, obwohl das immer mit einem Restrisiko verbunden ist. Es sind Gegenden wie diese, wo ich ununterbrochen Fotos machen könnte, so erinnerungswürdig erscheint mir die Landschaft. Und dann die Gespräche mit Maria. Alles wird bei uns zum Thema, die Hauspreise im Baskenland, die eventuellen Jobs der Menschen hier, da vor vielen verfallenen Steinhäusern nagelneue Autos stehen, private Dinge, meine fiktiven Heiratspläne und ihr Ferienhaus an der Küste. So vergeht die Zeit wie im Flug trotz der mittlerweile großen Hitze.

Wir treffen John wieder und gemeinsam besichtigen wir eine verlassene Kirche. Sie soll die älteste Kirche Europas sein und aus dem 10. Jahrhundert stammen. Außer Steinmauern und einem verwitterten Innenleben ist hier allerdings nicht mehr viel zu entdecken. Ich beginne jetzt erneut meine Beine zu spüren, der Weg strengt mich an, immer leicht über meinem eigentlichen Rhythmus. Aber Maria und John marschieren dahin, als wäre nichts.

Dann erreichen wir Estella, endlich eine Station zum Pausemachen. Wir durchstreifen die Stadt und entdecken dabei eine Ausstellung von Goya, „Die Schrecken des Krieges". Spontan beschließen Maria und ich die Ausstellung zu besuchen. Die kühlen Museumsräume tun meinem geschundenen Körper gut, ohne Rucksäcke fühlen wir uns wie befreit und bereit für die

Kunst. Wieder wird meine Wanderung durchbrochen von etwas völlig Unerwartetem, was nicht in meine Wanderwelt zu gehören scheint, es wird aber ein besonderes Erlebnis. Bei der Serie von Stichen „Die Schrecken des Krieges" handelt es sich um eine Bilderfolge über die Gräuel in Spanien nach der französischen Invasion von 1808. Graphisch wird der Krieg dargestellt, der keine Helden zeigt, sondern Schmerz, Erniedrigung, Verstümmelung und Tod. Diese Drucke sind eine Mahnung für den Frieden und beeindrucken uns sehr mit der Genauigkeit des dargestellten Leids.

Aus den abgedunkelten Räumen zurück in der Sonne, machen wir unsere wohlverdiente Pause. Wir beschließen, über Estella hinaus nach Ayegui zu gehen, um die morgige Etappe schon heute zu verkürzen und der Masse der Pilger zu entgehen, die mit Sicherheit alle in Estella die Nacht verbringen werden. Das sind so die kleinen Tipps der erfahrenen Pilger, kurz vor oder nach den offiziell angegebenen Etappenzielen Quartier zu beziehen.

Mit etwas Überwindung folge ich Maria und wie erwartet laufen wir nun fast allein und erreichen unser Ziel. Wir treffen auf Felicia und begrüßen uns herzlich. In der Herberge kommt schließlich auch Steffi dazu, allerdings von der anderen Richtung. Sie ist zu weit gelaufen und hat umgedreht, denn der nächste Ort und damit die nächste Möglichkeit zur Übernachtung kommt erst etliche Kilometer weiter. Als auch John erscheint, sind wir komplett.

So trifft es sich, dass wir gemeinsam den Abend planen können. Wir beschließen in der Stadt im Supermarkt lecker einzukaufen und das Essen zu teilen. Aber zuerst ruhe ich mich aus. Die Herberge ist fast leer, dafür aber sehr schön mit gepflegten Bädern und sauberen Betten. Ich habe sogar die Wahl heute mal nicht in einem Doppelstockbett zu schlafen, denn es stehen einige größere Einzelbetten bereit, für die wir uns alle entscheiden.

Heute habe ich meine erste Blase bekommen, das wird doch nicht der Anfang einer Leidensgeschichte werden? Ich kenne auch den Grund, ich bin nicht meinen Rhythmus, sondern den von Maria gegangen. Aber so schlimm ist es nicht, obwohl ich ein wenig zum Supermercado humpeln muss. Hier gibt es zum ersten Mal wieder eine Auswahl an Lebensmitteln im Überfluss. Ich kaufe Vorräte für den kommenden Tag, nicht zu viel, denn ich muss ja morgen alles tragen. Unser Pilgermenü hingegen lässt es an nichts fehlen, zwei Flaschen Wein, Oliven, Baguette, Pulpo, Muscheln, Thunfisch, Serranoschinken, Ziegenkäse, Tomaten, Chorizowurst, Obst und Schokolade für sieben Euro pro Nase. Wir schleppen unsere Beute in die Herberge zurück. Das wird ein besonderes Essen. Und nicht nur das, heute haben wir zusätzlich eine besondere Grenze überschritten. Wir sind genau hundert Kilometer gelaufen. In unserer Herberge hätten wir die Möglichkeit, uns dafür eine Urkunde ausstellen zu lassen, aber keiner von uns macht das. Irgendwie ist uns allen klar, das ist zu früh. Das wären Vorschusslorbeeren, die keiner braucht. Mein Ziel ist Santiago und erst dann will ich meine Urkunde.

Bei der Ankunft hat uns der Herbergsvater aber auf die Möglichkeit hingewiesen. Er ist ein sehr strikter, fast deutsch wirkender älterer Mann, der auf Recht und Ordnung in der Herberge pocht. Frühstück koste drei Euro, dann bekäme man ein Ticket, das man morgens vorzuweisen habe, no Ticket, kein Frühstück, nada. Da weiß man Bescheid. Wie sich später herausstellt, ist der Mann tatsächlich Deutscher und heißt Manfred. Und hinter dem anfänglichen Befehlston versteckt sich ein netter Charakter und eine spannende Geschichte. Manfred war selbstständig, zweimal geschieden, keine Kinder und entdeckte den Camino für sich. Als er merkte, dass es ihn nach Spanien zog, hat er sich 14 Monate Zeit gegeben, eine Liste mit Pro und Kontra aufgestellt und dann Bilanz gezogen. Seitdem ist er den Großteil des Jahres hier in der Herberge, macht den Empfang gegen freies Essen und Schlafen und läuft den Camino zweimal im Jahr, einmal im Frühjahr und einmal im Herbst. Er zeigt mir Bilder von Pilgern, die eingemummelt bis zu den Knien im Schnee stehen. „Mein Gott ist die Natur" eröffnet er mir. Dabei klopft er mit den Fingern im Takt der Hintergrundmusik auf den Tisch. Er ist glücklich und angekommen, das kann ich deutlich sehen. Kein heruntergekommener Aussteiger mit abstrusen Ansichten, was Manfred mir sagt, ist klar und überlegt. Er hat eine Entscheidung getroffen und lebt sie. Und ist am Rande des Camino bestimmt nicht der Einzige.

Das Wetter ist so sonnig, dass wir einen Tisch und zwei Bänke vor die Herberge stellen und dort unsere Leckereien aufbauen. Das Essen wird ein Festmahl, und damit ist auch unser Miteinander gemeint. Wie selbstverständlich finde ich mich in einem Kreis von netten Menschen wieder, ohne darauf aus gewesen zu sein. Der Camino entfaltet erneut seine Magie, jedenfalls fühle ich so nach ein paar Pappbechern Wein. Mein Ergebnis des Tages ist, Leute zu meiden, die nicht zu mir passen, und Menschen zu suchen, die passen. Um diese Weisheit reicher schlafe ich ein.

Ayegui – Torres del Río

Am nächsten Morgen haben wir uns einen gemeinsamen Wecker gestellt. Als ich aufstehe, ist es fünf Uhr. Die Sachen sind wie immer am Vortag vorbereitet und schnell sind wir bereit aufzubrechen. Der Morgen vor der Herberge ist leicht windig und kühl. Eigentlich bin ich morgens meistens fit, aber zugleich sind das die Momente, in denen ich mich frage, was ich hier eigentlich tue. Später bin ich dann immer froh, so früh gestartet zu sein, aber jetzt gerade gegen sechs Uhr im Dörfchen xy in Spanien in der kalten Nacht zu stehen und zu wandern, wer macht denn so was. Ich zwinge mich zu einem kleinen Frühstück aus der Hand, das aus einem Trinkjogurt und einem kleinen Stück Baguette besteht. Hauptsache ist, ein bisschen was im Magen zu haben und nicht nüchtern zu starten.

Gestern habe ich meine Postkarte geschrieben und beschlossen, sie heute früh „noch schnell" einzuwerfen. Jetzt im kühlen Dunkel ist mir ganz und gar nicht danach einen spanischen Briefkasten zu suchen. Manfred hat mir beschrieben, wo einer ist, und so trenne ich mich kurz von den anderen, die wie jeden Tag dem Camino folgen. Nach einigen Minuten in den menschenleeren Straßen kommen mir erste Zweifel. Instinktiv suche ich nach dem mir bekannten gelben Kasten mit dem Posthorn, obwohl ich weiß, dass die Briefkästen hier anders aussehen. Geplant war eine schnelle Fünf-Minuten-Aktion, um dann direkt den Anschluss an die Gruppe zu finden. Mittlerweile vergehen die Minuten und ich beginne mir echt blöd vorzukommen. Ich latsche die Straßen rauf und runter und bin schon viel weiter, als Manfred mir beschrieben hat. Ich gebe auf. Hier ist nichts, was einem Briefkasten auch nur ähnelt, oder ich bin einfach zu dumm ihn zu sehen. Und wo bitte geht jetzt der Camino weiter? Ich stehe unter einer Straßenlaterne und warte auf ein Zeichen. Überqueren da hinten nicht Menschen mit Rucksäcken die Straße? Na also, ich habe den Faden wieder aufgenommen. Schnell beeile ich mich den Anschluss zu kriegen.

Am berühmten Weinbrunnen sind wir dann alle wieder zusammen. Ich bin am Kloster Irache, dem ersten Hospiz in Navarra, das damit noch älter ist als das von Roncesvalles. Ein Stück vor dem Kloster am Wegesrand versorgt die Weinkellerei von Irache gratis in einer Mischung aus Sponsoring und Tradition die Pilger mit Wein. Jeden Tag wird ein Fass Rotwein gesponsert und lässt sich mittels eines Wasserhahns abfüllen. Natürlich nur in Form eines kleinen Rinnsals, aber wer lange genug seine Flasche drunterhält, bekommt was zusammen. Eine Tafel über dem Hahn verrät die Intention dieser milden Gabe: „Peregrino, si quieres llegar a Santiago Con fuerza y vitalidad De este gran vino echa un trago Y brinda por la felicidad."[2]

Pilger, wenn du voller Kraft und Leben in Santiago ankommen willst, trink einen Schluck von diesem großen Wein und auf das Glück. Na, das ist doch ein Wort. Ich trinke einen halben Becher und die Lebensgeister kehren in meinen Körper zurück. Während die ungewöhnliche „Speisung" mehr und mehr Pilger zu Spaßfotos hinreißt, gehen Maria, Felicia, John und ich weiter in die Dämmerung. Ich fühle mich heute so lala, meine Füße sind zwar in Ordnung, aber das tägliche Gehen schlaucht irgendwie. Unser Weg führt uns über gut einsehbare Feldwege durch flaches Gelände. Die wenigen Anstiege fallen mir nicht leicht und signalisieren meinem Körper, dass es langsam wirklich Zeit wird, meinen eigenen Rhythmus zu finden. Ich versuche immer noch mitzuhalten, was mir gerade besonders schwerfällt.

Am Himmel sind heute einige Wolken, das macht das Laufen wenigstens angenehmer als gestern. Trotzdem bleibe ich ir-

---

[2] Jean-Yves Grégoire, Louis Laborde-Balen: Der spanische Jakobsweg – Camino Francés: von Saint-Jean-Pied-de-Port nach Santiago; ein Pilgerführer; Tyrolia, Innsbruck/Wien 2010

gendwie erschöpft und verzichte auf die Besichtigung einer kleinen Kirche in einem ebenso kleinen Örtchen. Gemeinsam beginnen wir jetzt eine weite Landschaft zu betreten, die absteigend in ein Tal führt und zwischen abgeernteten Feldern, Wiesen und Weinstöcken hindurchführt. Unglücklicherweise habe ich es ein bisschen mit dem Magen, es wird an dem üppigen Mahl gestern liegen. Thunfisch, Schokolade und Alkohol verträgt sich wohl doch nicht so toll.

Es ist mittlerweile wieder heiß geworden und die Wege sind erbarmungslos lang und gerade, immer wieder gerade. Zum ersten Mal empfinde ich den Weg als langweilig. Zudem sind heute auch viele Pilger unterwegs. Vielleicht liegt's auch an der übersichtlichen Landschaft und man sieht sie heute nur besser.

Ganz ehrlich, im Moment laufe ich nur, um die Kilometer hinter mich zu bringen. Unsere Gruppe wird dabei immer mehr auseinandergezogen. In der Hitze lasse ich mich zurückfallen und gehe endlich mein Tempo. Das ist nicht gerade langsam, reicht aber nicht für die anderen. Schon geht es mir besser. Schatten gibt es heute nicht, in der näheren Umgebung ist wenig zu sehen, was größer ist als einen Meter.

So erreiche ich Schritt für Schritt Los Arcos. Am Marktplatz treffe ich alle wieder, auch Steffi und Jens sind da. Wir lassen uns vor einem Café in die Stühle fallen und bestellen erst mal was Kaltes. Jens holt aus seinem Fundus eine Isomatratze hervor und legt sich direkt vor der Dorfkirche auf den Boden und schläft. Er ist immer noch mit seinem unnötigen Übergepäck unterwegs. Ich weiß nicht, wie er das schafft, er trägt locker doppelt so viel wie jeder von uns. Felicia hat inzwischen mitbekommen, dass es meinem Magen nicht so gut geht, und will mir unbedingt was von ihren getrockneten Aprikosen andrehen. Aus Höflichkeit nehme ich ein paar. Wir sind bereits 21

Kilometer unterwegs und theoretisch am Ziel der heutigen Etappe, es wären nur wenige Schritte zur Herberge. Wie sich schnell herausstellt, geht die allgemeine Stimmung jedoch in die Richtung, weiter nach Torres del Río zu wandern, das wären dann noch mal sieben knackige Kilometer. Ich enthalte mich der Meinung über diesen Plan. Andererseits ist Los Arcos nun auch nicht so spannend und ich beschließe dranzubleiben.

Wer weiß, vielleicht ist die Entscheidung, den Anschluss an meine neu gewonnenen Freunde partout nicht zu verlieren, in einer späteren Rückschau unlogisch und eventuell sogar falsch, aber im Moment auf diesem Marktplatz in Los Arcos ist meine Entscheidung richtig. Im Grunde ist es doch so, ich laufe allein und jede Wahl, die ich treffe, wirkt sich auf alles aus, was noch kommt. Vielleicht laufen ganz tolle Menschen nur wenige Kilometer vor mir, die ich nie einholen und damit nie kennenlernen werde. Oder ich bräuchte nur zu warten und würde Freundschaften fürs Leben schließen. Oder ich lebe den Moment mit dieser Gruppe, solange sie hier und jetzt besteht. Dafür entscheide ich mich.

Wir brechen auf und es kommt wie erwartet. Der Weg kostet mich die letzte Kraft. Die vielen Teerstrecken entlang der Straße machen diesen Abschnitt nicht gerade attraktiv. Schließlich hat auch das ein Ende und wir verlassen die Straße über ein Feld, durchkreuzen eine Schafherde und nehmen den letzten großen Anstieg bis zum Dorf. Als wir oben endlich das Dorf erreichen, werden wir von einem Mann auf einer Terrasse fotografiert. Er scheint wohl Bilder von erschöpften Pilgern zu sammeln. Ich bezweifle, dass mein Foto eine Zierde fürs Album wird.

Maria hat in der Zwischenzeit ihren Führer studiert und eine bestimmte Herberge im Visier. Sie soll besonders empfehlenswert sein. „Da drüben ist eine, ist es die?", frage ich. „Nein, irgendwo da vorne", antwortet Maria. Langsam habe ich die Nase voll. Wir laufen fast durch den ganzen Ort, bis wir nach einer extremen Steigung endlich vor der Herberge stehen. Das ist sie also, sieht gar nicht so toll aus. Ich bin quengelig und will mich nur noch hinlegen.

Die Herberge ist klein, über eine enge Treppe kommen wir in ein enges Mehrbettzimmer voller Fliegen. Es ist warm und stickig und ich kann mich gar nicht richtig ausbreiten. Im Erdgeschoss neben dem Empfang gibt es eine kleine Bar oder besser gesagt einen Gastraum, ebenfalls recht klein. An der Bar vorbei sind die Duschen. Wie sich schnell herausstellt, hat das Licht einen Timer, der auf etwa fünf Minuten eingestellt ist, was das Ausziehen, Einseifen und Abtrocknen zu einem Ding der Unmöglichkeit macht. Als ich ins Zimmer zurückkomme, bezieht gerade ein kleiner, dicker Italiener unter mir sein Bett. Dem sehe ich doch schon jetzt an, dass der schnarcht.

Maria hat inzwischen schräg gegenüber ein kleines Restaurant gesehen und will unbedingt mit mir das dortige Pilgermenü essen. Ich verzichte, heute noch Miniportionen serviert zu bekommen, das packe ich nicht. Wie könnte es anders sein, täglich grüßt auch hier der Tante-Emma-Laden, die einzige Option einzukaufen. Ich kaufe Wurst, Käse und Baguette, in Ermangelung von Alternativen mein traditionelles Essen für jede Tageszeit. Baguette kann ich langsam nicht mehr sehen. Heimlich nehme ich mir vor, zu Hause ein Stangenbrot zu erwerben und es stellvertretend für die Zeit hier in hohem Bogen in den Busch zu werfen.

Als es Abend wird, esse ich gemeinsam mit Steffi an einem kleinen Holztisch vor der Herberge mein spärliches Mahl. Wir lernen Anne kennen, ebenfalls eine Deutsche. Jens hat die Zeit genutzt und auf dem Boden seine Feldküche aufgebaut und kocht sich Spaghetti mit Tomatensauce. Angelockt von dieser Schlemmerei setzt sich ein älteres französisches Paar an unseren Tisch und teilt eine große Melone mit uns. Ich bin geschafft und meine Füße sind absolut am Limit. Ich habe keine Blasen bekommen, aber die Gelenke tun weh und alles andere auch. Heute bin ich rund 30 Kilometer gegangen, das ist definitiv meine persönliche Grenze, mehr muss nicht sein. Wir reden noch, bis es dunkel wird, dann gehe ich hoch zu den Fliegen.

Torres del Río – Logroño

Die Nacht ist überstanden. Mit meinen Ohrstöpseln war sie sogar ganz in Ordnung. Trotzdem trauere ich der Unterkunft nicht hinterher. Nach einem doppelten Café solo, was so viel bedeutet wie Kaffee schwarz, verlasse ich mit Maria, Felicia und Steffi das Dorf. Heute gibt sich die Landschaft wieder etwas mehr Mühe und wir kommen gut voran. Nach etwa einer Stunde erleben wir einen traumhaften Sonnenaufgang wie auf einer Postkarte.

Immer wieder auf dem Camino teilen sich die Wege und der Pilger hat die Wahl, welche Variante er kurzzeitig gehen will. Vor so einer Entscheidung stehen wir an diesem Morgen. Maria drängt auf eine Abkürzung, einen kleinen Pfad, der sich schnell in der Natur verliert. Die Alternative wäre den breiten Weg, auf dem wir gekommen sind, einfach weiterzugehen. Das wäre aber länger. Wir beschließen abenteuerlustig zu sein und die Abkürzung zu wagen. Anfangs scheint das eine gute Idee zu sein, bis der Pfad plötzlich immer enger wird und schließlich vor einem großen Gestrüpp aufzuhören scheint. Wir stehen Rucksack an Rucksack und Maria informiert uns darüber, was sie sieht. Vor uns befindet sich, nach einer ungefähr zwei

Meter steilen Kante, ein mit undefinierbarem Zeug bewachsener Graben. Wenn der überwunden ist, führt der Pfad wieder unschuldig auf unseren ursprünglichen Weg zurück. Da wir nun schon mal da sind, beginnen wir uns vorsichtig einer nach dem anderen durchzukämpfen. In der Zwischenzeit sind andere Pilger auf unseren Versuch aufmerksam geworden und folgen dem Pfad wie die Lemminge. Ihr kollektives „Oh nee, oder" kommt zu spät, wir sitzen alle in der Falle.

Wieder auf dem Camino zurück ist es sinnlos darüber zu spekulieren, besser auf dem Weg geblieben zu sein. Maria jedenfalls braucht erst mal keine Vorschläge mehr zu machen.

Zum ersten Mal sehe ich heute größere Wildtiere. Kleine Hasen bewegen sich gekonnt durch das Unterholz und sind anscheinend den regelmäßigen Besuch der vorbeikommenden Pilger gewohnt. Ich habe gelesen, dass es hier Schlangen und Skorpione geben kann, und erwarte seitdem vor allem auf sehr engen Wegen den längst fälligen Biss in die Wade. Und jetzt diese harmlosen Hasen.

Die Etappe lässt sich angenehm an und ich nutze meine momentane Verfassung dazu, mich zu schonen und Kraft aufzusparen für härtere Tage. Der Weg führt heute nach Logroño und eventuell darüber hinaus, es könnten also wieder bis zu 30 Kilometer werden. Und es wird heiß, daran lässt die Sonne keinen Zweifel.

Wir werden heute Navarra verlassen und kommen in die Provinz La Rioja, die für ihren Wein bekannt ist. Schon seit Stunden wandern wir durch Weinberge und Olivenhaine und die Landschaft verändert sich zusehends. Es wird hügeliger und vor uns eröffnet sich eine Natur von herber Schönheit.

Es ist anders als gestern, heute habe ich die Landschaft wieder lieb gewonnen und genieße die Etappe. Gegen zehn Uhr gelangen wir in den nächsten Ort und beschließen eine Pause einzulegen. Unsere Pausen bestehen meistens darin, in einer Bar ein Bocadillo zu bestellen oder im Laden einzukaufen. Diesmal mache ich es anders. Ich habe am Ortseingang einen Markt gesehen und gehe die paar Schritte zurück. Die Stände wurden von den Bauern der Gegend aufgebaut und bieten frisches Obst und Gemüse an. Ich kaufe mir zwei Pfirsiche, gehe zu den anderen zurück und fülle meine Wasserflasche am örtlichen Brunnen auf.

Dieses Städtchen ist eigentlich gar nicht so klein und irgendwie nett. Meine Befürchtung ständig durch Orte laufen zu müssen, die den Pilgerweg vermarkten und dem Ganzen durch kommerzielles Gehabe die Ursprünglichkeit nehmen, bestätigt sich ein weiteres Mal nicht. War bis jetzt noch nie so. Sicher gibt es auch Geschäfte mit Andenken rund um den Jakobsweg, wen wundert das. Aber das alles bleibt unauffällig im Hintergrund. Im Wesentlichen hat man in den kleinen Orten das Gefühl ein selbstverständlicher Teil des Alltags zu sein. Die Menschen leben ihr Leben, abgesehen von der Besonderheit, dass ihr Dorf eben am Rand des Jakobsweges liegt. Das macht die Menschen sympathisch. Jeder Spanier und jede Spanierin, ob jung oder alt, wünscht uns „Buen Camino", einen guten Weg, oder begrüßt uns mit „Hola", einem freundlichen Hallo. Wo erlebt man das zu Hause? Nirgends oder nur ganz selten, wenn wir ehrlich sind.

Mittlerweile sind Jens und John zu uns gestoßen und entledigen sich erschöpft ihrer Rucksäcke. Da wir alle direkt vor der Kirche rasten, schauen wir sie uns auch an. Beim Betreten kommt mir Musik entgegen, was den dunklen und kühlen Raum sehr feierlich macht. Man kann sich den Pass abstempeln lassen, was ich auch mache.

Die romanische Kirche heißt San Sepulcro, was so viel wie zum heiligen Grab bedeutet. Wer hier genau begraben liegt, finde ich nicht heraus. Lieber nutze ich den stillen Moment, um einen glücklichen Ausgang meiner Reise zu erbitten. Täglich passiert mir so schnell so viel Neues, dass ich etwas Rückendeckung gebrauchen kann. Und da ist noch ein anderer Grund, der ganz leise in mir gewachsen ist. Das Leben so pur zu spüren wie in den letzten Tagen gibt und nimmt zugleich. Was mir gerade genommen wird, ist der schützende Mantel des Alltags und ich bekomme im Gegenzug eine ungewohnte Unbeschwertheit zurück, die mich ebenso unsicher macht wie mir das Gefühl vermittelt, das schätzen und bewahren zu müssen. Die Anwesenheit in der Kirche verstärkt diese Gedanken und bringt mich dazu, mich einem potentiellen Gott wenigstens mal vorzustellen. Viel hat er ja bisher nicht von mir gesehen. Dann verlasse ich die Kirche und wir brechen auf.

Wie gestern zwingt uns der Camino etliche Kilometer die Straße entlang und Maria schimpft zu meiner Belustigung über den „asfalto". Mir macht das nichts aus, ich finde den Belag angenehm und einfacher zu gehen, als immer auf diesen Steinwegen zu laufen. So wechseln wir Stunde um Stunde zwischen Asphalt und Feldwegen hin und her. Die Stimmung ist ausgelassen und ich mache mit Maria meine Witze. Wir haben denselben Humor und besonders in anstrengenden Phasen des Weges wird dieser immer schwärzer.

Felicia treffen wir unregelmäßig, da sie schneller unterwegs ist, dafür aber mehr Pausen macht. Wenn sie und Maria sich spanisch unterhalten, redet meist nur Felicia. Und das laut. Das ein oder andere Mal habe ich mich schon zurückfallen lassen, weil das einfach zu viel des Guten war. Ich weiß, dass Maria das auch so sieht, aber sie ist nun mal die Einzige, mit der Felicia in unserer Gruppe reden kann. Zu dritt haben wir schon gerätselt, wer von uns eher Spanisch oder Deutsch lernt, bis wir in Santiago sind. Ich denke, weder noch.

Unterwegs fällt Maria und mir ein Mann auf, der im Gebüsch irgendwas in einen kleinen Sack sammelt. Es stellt sich heraus, das es Schnecken sind, die er am Abend kochen wird. Eine etwas eigenartige und leicht eklige Art zu einem Abendessen zu kommen.

So verfliegt die Zeit und gegen zwölf Uhr kommen wir bereits in Logroño an, der Stadt, die nicht „existiert". Das jedenfalls war der Eindruck von Maria und mir, als wir am Ortsschild vorbeiliefen, aber keine Stadt in Sicht war. Rund eine halbe Stunde hatten wir den Eindruck, Logroño sei lediglich ein Spaß des spanischen Fremdenverkehrsamts, um Pilger bei der Stange zu halten. Bei dem Gedanken hätten wir uns glatt wegschmeißen können. Wenn man stundenlang in der prallen Sonne läuft, lacht man halt über jeden Mist.

Dann taucht der Stadtrand doch noch vor uns auf und wir laufen auf einen Stand am Straßenrand zu, der neben dem üblichen Stempel besondere kleine religiöse Wegbegleiter anbietet. Es ist irgendein besonderer oder heiliger Platz, ich weiß nicht mehr, worum es da ging. Jedenfalls stellt sich Logroño als echte Großstadt heraus. Kein Wunder, wir sind in der Hauptstadt der Provinz Rioja.

Es ist ein ganzes Stück, bis wir zur Altstadt kommen. Bei der Größe beschließen wir uns im örtlichen Touristikbüro eine Stadtkarte zu holen. Lust auf eigene Faust herumzuirren hat jetzt keiner mehr. Als ich meinen Rucksack absetzen will, passiert es. Meine Sonnenbrille, die ich am Brustgurt eingehängt hatte, fällt beim Lösen des Gurtes auf den Boden und zerspringt in zwei Teile. An jedem Bügel hängt jetzt noch ein Glas und die verbindende Schraube fehlt. Ums Verrecken kann ich sie auf dem Marmorboden nicht ausmachen. Meine Laune sinkt in den Keller. Das darf doch nicht wahr sein. Meine Sonnenbrille brauche ich doch, sie hat meine Sehstärke und über 200 Euro gekostet. Und abgesehen davon, soll ich jetzt 600 Kilometer die Augen zukneifen?

Na ja, irgendwann musste was passieren, warum also nicht heute. Ich bin sauer auf mich selbst und Maria braucht etliche Minuten, um mich zu überreden, zum Optiker zu gehen. Sie erklärt sich bereit mich zu begleiten und zu übersetzen. Ich bin ihr dankbar, habe aber wenig Lust jetzt noch ein Optikergeschäft zu suchen. Brauche ich auch nicht, der freundliche Mann hinter dem Tresen markiert gleich zwei auf dem Stadtplan.

Dann also los. Während die anderen in die Herberge gehen, gehen Maria und ich zuerst Richtung Fußgängerzone. Das Geschäft ist schnell gefunden und der Fachmann begutachtet meine beiden Hälften. Dann verschwindet er damit in den hinteren Teil des Ladens, um kurz darauf mit der reparierten Brille wieder aufzutauchen. Welch ein Glück, das hatte ich nicht geglaubt. Fragend schaue ich Maria an, die sich umgehend nach dem Preis erkundigt. Der Mann redet kurz mit der Kollegin an der Kasse. Sie verlangen einen Euro! Erst denke ich, ich habe mich verhört. Dann plötzlich ein erneuter Wortwechsel zwischen den Angestellten. Jetzt soll ich gar nichts bezahlen, weil ich ein „peregrino" bin. Ich bedanke mich und verlasse zügig den Laden, bevor sie es sich anders überlegen.

Das war ein voller Erfolg und meine Laune steigt wieder. Maria erklärt mir, dass sie jetzt zum Bahnhof muss, um für heute ihren Zug nach Hause zu buchen. Sie hat keine freien Tage mehr und muss zu ihrer Familie zurück.

Das hatte ich ganz verdrängt, den Gedanken nicht mehr mit

Maria zu laufen habe ich bis jetzt vor mir hergeschoben. Aber noch bleibt etwas Zeit. Wir verabschieden uns, und da ich schon mal da bin, lenke ich mich mit einem Bummel durch die Einkaufsmeile ab. In die Herberge kann ich auch später noch gehen.

Mit den Tagen bin ich in der Hinsicht lockerer geworden, einen Schlafplatz zu bekommen war bisher kein Problem. Man geht einfach in eine Pilgerherberge, zeigt seinen Pilgerpass, zahlt so zwischen fünf und zehn Euro und bekommt sein Bett für die Nacht. Das wird auch diesmal klappen.

Ich komme zum Kirchplatz und beschließe die Kathedrale Santa Maria la Redonda zu besuchen. Wenn ich schon seit Neuestem in jede Kirche renne, dann kann ich mich auch gleich für meinen Brillenzwischenfall bedanken.

Die barocke Kirche inmitten der Altstadt von Logroño ist beeindruckend, außen wie innen. Sie stammt aus dem 18. Jahrhundert und ist reich verziert und damit der Gegenpart zur einfachen Schönheit der Landschaft, die ich noch vor wenigen Stunden durchwandert habe. Ich bin allein und setze mich leise in die mittlere Reihe. Mit meinem Rucksack zwischen den Beinen entspanne ich mich in der Ruhe des Kirchenraums und halte still meinen kleinen Monolog.

Ich sitze eine ganze Weile da, als plötzlich ein Licht angeht und den Altar hell erstrahlen lässt. Ich erwarte, dass irgendwas passiert. Vielleicht bin ich der millionste Besucher und gewinne einen Preis? Nichts, ich bin immer noch allein. So unvermittelt, wie der punktuelle Lichtstrahl gekommen ist, erlischt er wieder.

Ich verlasse die Kirche und stehe wieder in der Sonne. Sicher gibt es auch hierfür eine einleuchtende Erklärung, ich nehme es mal als ein gutes Zeichen. Hinter mir wird die Kathedrale jetzt für den Nachmittag geschlossen. Ich schlendere langsam zur Herberge. Die anderen sind schon da und genießen die

Sonne in dem kleinen Innenhof. Diese Unterkunft soll eine der schönsten und komfortabelsten des ganzen Jakobswegs sein. Da bin ich gespannt. Das Gebäude ist wie die Kathedrale ebenfalls aus dem 18. Jahrhundert und liegt recht praktisch im Herzen der Altstadt.

Ich merke sofort, hier sind Profis am Werk. Der Empfang ist routiniert, aber auch etwas unterkühlt. Ich bin im Schlafsaal B im zweiten Stock untergebracht mit der Bettnummer soundso. Der Raum ist zugestellt mit Doppelstockbetten, ich schlafe heute oben. Gott sei Dank bin ich direkt am Fenster, was bei so vielen Personen immer zu empfehlen ist. Die Nächte können manchmal schon recht stickig werden. Die Betten sind so eng zusammengestellt, dass ich drei unmittelbare Nachbarn habe, von denen mich nur ein circa 20 Zentimeter hohes Brettchen trennt. Ich lese noch mal in meinem Wanderführer nach. Tatsächlich, da steht's, „gute Erholung ist gesichert". Na, ich weiß nicht.

Da man außer liegen in dem Raum nicht viel machen kann, gehe ich zu den anderen nach draußen. Der Innenhof ist ganz schön und entpuppt sich als das soziale Zentrum aller Bewohner. In der Mitte ist ein kleiner runder Brunnen und wir sitzen abwechselnd auf dem Rand und kühlen unsere geschundenen Beine. Es ist, als wenn man an einem Tisch zusammensitzt, und so komme ich mit anderen ins Gespräch. Eine Italienerin ist heute irgendwo unterwegs umgeknickt und hat einen Haarriss am Unterschenkel. Ihr ganzes Bein ist bandagiert und es ist unklar, ob sie weiterlaufen wird. Das kann jederzeit auch mir passieren, da hilft kein Aufpassen. Eins ist klar, in Santiago anzukommen, da gehört auch ein bisschen Glück dazu. Und ein Blick auf die Karte verrät, welch lächerlich kleine Strecke wir bisher gelaufen sind.

Es treffen gerade jetzt auffällig viele Radfahrer ein. Sie sind teilweise schwer bepackt, was daran liegen kann, dass erst die Fußpilger ein Bett bekommen, dann die Radfahrer. Manche haben aus diesem Grund ein Zelt dabei, um für alle Eventualitäten gewappnet zu sein. Andere scheinen fast gar nichts mitzuhaben. Was allen gemein ist, sie sind durchtrainiert.

Unser kleiner Hof füllt sich langsam mit den unterschiedlichsten Nationen, die häufigsten Sprachen sind Deutsch, Englisch, Italienisch und Spanisch. Wer zwei davon zumindest einigermaßen kann, wird auf dem Camino keine Probleme haben. Ich lerne einen Holländer kennen, der dieses Jahr bereits in Santiago war. Er heißt Willem und hat gute Tipps. Er erzählt mir, wie „komisch" es für ihn war, kein Pilger mehr zu sein. Deshalb sei er gleich wieder losgelaufen, unterwegs sein sei das Ziel. Ich kann mir im Moment nicht vorstellen, überhaupt ernsthaft an Santiago zu denken. Aber ich verstehe ihn. Dass der Weg das Ziel ist, ist zwar keine neue Erkenntnis, aber wahrscheinlich wahr.

Ich werde nachdenklich und beschließe, die nächsten Tage nach Möglichkeit allein zu gehen, in meinem Tempo. Morgen sind es schon mal 30 Kilometer. Mal sehen, was kommt, ich freue mich schon richtig auf das Wandern.

In der Zwischenzeit ist Maria wieder da und hat ihre Fahrkarte. Sie möchte noch kurz duschen und dann muss sie auch bald los. Wir alle wollen gebührend Abschied feiern und verabreden uns zusammen in der Altstadt in eine Tapasbar zu gehen.

Wie wir bald herausfinden, sind diese Bars unkompliziert und für jedermann. Aus der gekühlten Theke kann man sich genau das aussuchen, was einem schmeckt, und man sieht auch gleich, wie es aussieht. Maria spendiert eine Runde und wir genießen das letzte Beisammensein in dieser Form. Ich wäre sehr gern mit ihr weitergelaufen, wahrscheinlich wären wir bis Santiago unzertrennlich gewesen. So ist hier Schluss. Wir haben Maria scherzhaft „Mama Camino" genannt, für mich ist sie das irgendwie auch. Maria verspricht im nächsten Jahr von hier aus den Camino zu Ende zu laufen, dafür wünsche ich ihr alles Glück der Welt. Vor der Herberge nehmen wir uns in den Arm, „Thank you for your company", sage ich und Maria nimmt schnell ihren Rucksack und geht.

Die Abendsonne hat noch Kraft und so wird der Innenhof erneut zum Sammelbecken. Jens stößt zu uns und erzählt, er hätte heute sieben Kilo verloren. Er hat per Postfach sein überflüssiges Gepäck nach Santiago geschickt. Eine gute Entscheidung, bis auf die sperrige Gitarre, die er weiterhin mitschleppt.

Die Herberge, vielmehr das kleine schmiedeeiserne Gitter, schließt schon früh, um 20.30, Licht aus für alle um 22.00 Uhr. Das letzte Mal, als ich das gemacht habe, war ich fünf. Langsam füllen sich die Betten, davor stehen Seite an Seite Rucksäcke und Schuhe. Ich versuche meine Sachen extra hinzustellen aus Angst, jemand könnte morgen aus Versehen mit meinen Schuhen weiterlaufen und ich bleibe zurück mit Schuhen Größe 38. Früh zu schlafen ist trotz allem eine gute Idee, denn um fünf ist die Nacht meist vorbei. Da brechen die Ersten auf, warum, wissen nur diejenigen selber.

Der Schlafraum ist aufgeheizt und es fällt mir schwer mich zu entspannen. Mein Tagesmotto stand eigentlich schon fest, nichts ist so schlimm, dass es sich nicht reparieren lässt. Das bezieht sich natürlich auf die Sache mit der Brille heute. Aber vorhin im Schaufenster habe ich ein Schild gesehen, auf dem stand: „Disfruta el momento", was so viel wie Carpe diem bedeutet. Ich nehme lieber das und kann endlich schlafen.

Logroño – Nájera

Es ist sechs Uhr, ich stehe vor der Herberge auf der Straße und habe ein Problem. Gestern habe ich vergessen herauszufinden, in welche Richtung der Camino weitergeht. So habe ich jetzt eine Fifty-fifty-Chance

Ich bin mitten in der Altstadt und habe keine Orientierung mehr, da ich mich ja um die Brille kümmern musste. Nachdem ich nicht den direkten Weg zur Herberge gegangen bin, muss ich nun versuchen kraft meiner männlichen Logik zu schätzen, welche Richtung die richtige sein könnte. Zu meiner Überraschung klappt es und nach wenigen Schritten sehe ich die ersten gelben Pfeile, die in der Dunkelheit nur mühsam zu erkennen sind.

Meiner bisherigen Erfahrung nach ist die Orientierung in der Stadt immer schwieriger als auf dem Land, es gibt für meine gelben Freunde einfach zu viele Optionen. Auch jetzt suchen meine Augen permanent nach Hinweisen an den unmöglichsten Stellen. Wie bei einer Schnitzeljagd bin ich dankbar für jeden Hinweis und nähere mich so Stück für Stück dem Stadtrand.

Für mich ist es immer wieder ein Erlebnis, so früh unterwegs zu sein. Wandern um sechs, irgendwie wider die menschliche Natur und wenig logisch. Dann erkenne ich vor mir eine bekannte Gestalt. Das ist Steffi. Wir begrüßen uns herzlich und ich habe das Gefühl, auch sie ist froh nicht allein in den Tag zu starten. Wir unterhalten uns angeregt und brauchen eine ganze Weile, bis die Stadt endet und wir auf einer langen Allee Logroño hinter uns lassen.

Es ist schön sich mit ihr zu unterhalten. Steffi ist ein durch und durch fröhlicher Mensch und erzählt frei von der Leber weg alles, was sie bewegt. Unser Weg führt uns bis zu einem Stausee, dem ersten See bis zu diesem Zeitpunkt. Zusammen mit der aufgehenden Sonne ist der Anblick wunderschön. Steffi hat wie immer ein Tempo drauf, dem ich auf Dauer nicht folgen kann. Still erinnere ich mich an meinen Vorsatz, heute mein Tempo zu laufen.

Der Zufall soll mir die Entscheidung abnehmen. Während sie spontan beschließt, an dem See eine Pause einzulegen, laufe ich weiter über Schotterwege, Landstraßen und an Weinbergen vorbei in die Hitze des Tages. Jetzt gehe ich tatsächlich in meinem Rhythmus und fühle mich gut. Ein alter Mann hat einen kleinen Stand am Wegesrand aufgebaut und versucht einem jungen Pilger einen selbstgemachten Stock zu verkaufen. Später erfahre ich, dass dieser Mann so etwas wie eine kleine Legende ist, selber mehrfach in Santiago war und selbstlos jedes Jahr Stöcke und Obst umsonst an vorbeikommende Pilger verteilt. Das habe ich einfach mal verpasst.

Auf dem Weg nach Navarrete führt mich mein Weg an einer alten Ruine vorbei, die früher ein Hospital für die Pilger, uns peregrinos, gewesen ist. Das Pilgern muss damals die Hölle gewesen sein und ist mit dem, was ich mache, nicht zu vergleichen. Krank zu werden, Unfälle, Wölfe und Räuber sind Hindernisse, die den Erfolg der religiösen Reise mehr als fraglich gemacht haben dürften. Ich muss mir eingestehen, was heute für mich die ursprüngliche Natur ist, ist in Wahrheit doch recht zivilisiert.

Ich komme schnell voran und treffe nach einer Weile auf Felicia. Wie verabredet steuern wir den Schatten an und gönnen uns eine gemeinsame Pause. Es ist Mittagszeit und ich esse Chorizo-Wurst und meinen Käse zusammen mit einem Baguette integrál, eine Art dunkles Baguette mit angeblich gesunden Körnern.

Es ist inzwischen sehr heiß geworden, kein Wölkchen lässt sich am Himmel entdecken. Wie üblich meiden die meisten diese Zeit des Tages, obwohl es später auch nicht kühler ist. Felicia erzählt was von 35 Grad, aber das glaube ich nicht.

Wir beschließen weiterzulaufen und treffen auf Jens. Er sitzt am Wegesrand und hat sich die Schuhe ausgezogen. Seine Blasen tun ihm zu sehr weh und wenige Minuten später ist er umringt von etlichen Pilgern mit guten Ratschlägen und angeblich unfehlbaren medizinischen Tipps. Jeder kramt in seiner Hausapotheke und packt ein Wundermittel aus. Ich habe ihm den Trick mit den doppelten Socken schon vor Tagen gesagt, aber er wollte nicht hören. Jetzt muss er die Konsequenzen tragen und braucht nicht zu jammern. Meine Meinung bleibt bestehen, Prophylaxe gegen Blasen ist so simpel wie nur was.

Wir lassen Jens schließlich allein, aber gut versorgt zurück. Der Camino führt jetzt über staubige Straßen und Hügel in ein karges Gebiet, hier ist weit und breit nichts. Es wird immer heißer, jedenfalls fühlt es sich so an. Die Erde ist rötlich gefärbt, und da es wenig zu sehen gibt, hänge ich meinen Gedanken nach und schaue mit gesenktem Kopf vor mir auf den staubigen Boden. Mein erschöpfter Körper meldet sich zu Wort, ich muss was trinken. Mein Wasser habe ich bisher regelmäßig auffüllen können, hier aber gibt es schon seit geraumer Zeit keine Brunnen mehr. Kurz gesagt, mein Wasser ist alle. Würde ich jetzt an einer Reihe von Brunnen entlanglaufen, würde ich höchstwahrscheinlich noch keinen Durst verspüren, da das aber nicht so ist, denke ich mit jedem Schritt mehr ans Trinken. Es wird anstrengend und mein Mund ist jetzt so trocken wie die Gegend um mich herum.

Ich muss wirklich kämpfen, bis mich schließlich eine Wasserstelle erlöst. Ich trinke gut einen Liter auf einmal und meine

Kraft kehrt zurück. Zumindest teilweise, dieser Tag ist wohl der heißeste bisher. Dazu kommt, dass es heute schon wieder 30 Kilometer werden, und damit ist zusätzlich mein Limit erreicht. Ein paar Kilometer sind es noch, dann bin ich in Nájera, dem Etappenziel.

Mir fehlt Maria, mit ihr verging die Zeit wie im Flug. Jetzt fühle ich mich mit meinen Gedanken doch recht allein. Ich bin mir unsicher, ob das der Sinn des Weges sein kann, allein zu gehen. Vielleicht ist gerade die Gemeinsamkeit der Schlüssel und ich bin mit meiner Suche nach dem eigenen Rhythmus auf dem Holzweg. Ich weiß es nicht, es ist einfach zu heiß für Philosophie.

Die letzten Meter durch die nicht enden wollende Stadt fordern meine letzten Reserven. Warum muss ausgerechnet die Herberge am anderen Ende sein?

Da ich Felicia aus den Augen verloren habe, folge ich den Rücken der anderen durch die Straßen. Nachdem wir eigentlich schon wieder aus der Stadt raus sind, überqueren wir gemeinsam einen Fluss, der Nájera in zwei ungleiche Hälften teilt. Die Brücke führt uns zum kleineren Teil der Ortschaft, die malerisch am Fuß roter Felswände liegt. Das wäre dann zugleich die Richtung für den morgigen Tag, wie mir mein schlauer Führer verrät.

Endlich kommen wir bei der Herberge an. Durch die Stadt hindurch haben sich mehr und mehr Pilger gesammelt und wir sind praktisch die letzten Meter im Gänsemarsch bis hierher gelaufen.

Unser Haus für die Nacht hat noch nicht offen, wir werden aber erwartet. Es ist ein Tisch aufgebaut mit Schnittchen, die mit Sardellen und Thunfisch belegt sind. Es ist umsonst und wir greifen dankbar zu. Diese Aktion besänftigt mich, zumal wir zusätzlich einen Stoffbeutel mit einer Dose Thunfisch,

Sardellen und einem Strohhut geschenkt bekommen. So viel Freundlichkeit hatte ich nicht erwartet. Das ist schon jetzt eindeutig meine Lieblingsherberge.

Nájeras „bessere Hälfte"

Die Sonne scheint noch kräftig und zaubert gleißende Lichter auf den Fluss. Kurz spiele ich mit dem Gedanken zu baden, da öffnet die Herberge ihre Türen. Ich bin der Erste und stehe vor einem freundlich dreinblickenden Mann. Er sieht meinen Pilgerpass und spricht mich auf Deutsch an. Mein Pilgervater ist Deutscher. Ich nutze die Gelegenheit und bitte ihn um ein unteres Bett, mir fehlt die Kraft zum Klettern. Mein Blick fällt kurz auf eine Flasche Rotwein neben ihm. Sie hat kein Etikett und ist mit einem Zettel versehen, auf dem steht: „1 Euro". Kann das sein, die ganze Flasche?

Ich werde später danach fragen, erst mal duschen und wieder Mensch werden. Obwohl der Schlafraum recht groß ist, füllt er sich sehr schnell. Auch hier stehen jeweils zwei Doppelstockbetten direkt nebeneinander. So hat man oben wie unten praktisch ein Doppelbett, ohne seinen Partner für die Nacht zu kennen. Während ich mir ausmale, wer wohl das Glück hat neben mir die Nacht zu verbringen, erscheint plötzlich Felicia, grinst breit und klopft mit der Handfläche auf die Matratze neben mir. Sie hat das Bett zugewiesen bekommen! Wir müssen beide lachen. Nachdem ich mich ausgebreitet habe, verschwinde ich in der Dusche. Lieber unter den Ersten sein, wer weiß, was kommt. Der Schlafsaal ist inzwischen brechend voll und jedes Bett besetzt. Schwer zu schätzen, aber wir dürften so um die 60 Mann sein. Für die Verhältnisse ist der Duschraum offensichtlich nicht gemacht. Es gibt drei Duschen und zwei Toiletten auf umgerechnet zwölf Quadratmetern. Aber ich kann mich nicht beschweren, die Räumlichkeiten sind sauber und – umsonst.

Die Herberge kostet nichts. Man wird allerdings gebeten, eine „donativo“, eine Spende zu geben. Dass es so etwas noch gibt, hat meinen Respekt.

Der Fluss vor der Tür, der Río Najerilla, lädt dazu ein die Seele baumeln zu lassen und so liege ich bald darauf auf dem Rücken im Gras und schaue in den blauen Himmel. Das war heute ein hartes Stück Arbeit. Es ging zumeist an der N120 lang oder in deren näherer Umgebung. Die N120 ist die hiesige Bundesstraße und teilweise der alte Jakobsweg, denn mit der Entstehung des Camino haben sich folgerichtig auch wichtige Handelsrouten im Norden Spaniens entwickelt. Deshalb ist der ursprüngliche, historische Camino im Lauf der Jahrhunderte manchmal zur Nationalstraße oder Autobahn geworden. Keine schöne Geräuschkulisse, wenn man Ruhe und Einsamkeit erwartet, und nicht immer angenehm zu laufen, aber eine Tatsache, die man hinnehmen muss. Ich bin mir sicher, dass der Camino über die Jahre ständig im Wandel war und die Route sich angepasst hat oder sich anpassen musste. Sollte ich die Strecke irgendwann wieder laufen, werde ich mit Sicherheit anders laufen müssen als heute.

Während ich im Gras liege und dem Rauschen des Wassers zuhöre, erinnere ich mich plötzlich an ein Erlebnis, kurz bevor ich vorhin die Stadt erreichte. Es stand ein Gedicht an der Wand, einfach auf eine Fabrikmauer geschrieben, über das Warum der Pilgerfahrt. Ein Pfarrer soll es vor Jahren verfasst haben. Ohne den Inhalt vollständig zu verstehen, war es für mich genau eins dieser Dinge, auf die man stößt und die den Weg so angenehm begleiten. Die Besonderheit des Camino ist nicht das geographisch genaue Ablaufen des Weges, sondern die tägliche Magie dieser vielen Kleinigkeiten. Dazu gehören auch die Schnittchen bei meiner Ankunft an der Herberge. Der Pilger wird wertgeschätzt und von der Bevölkerung unterstützt und freundlich empfangen. Ich bin täglich mit meinem Rucksack schwitzend in der Landschaft unterwegs und laufe unmittelbar an den Häusern vorbei, die Menschen ihr Zuhause nennen, und bin trotzdem ein gern gesehener Gast. Ich bin der Meinung, das erfordert dementsprechendes Verhalten und lässt mich bescheiden bleiben auf meiner Reise.

Nun ist es Zeit sich die Stadt anzuschauen. Der Weg zurück über die Brücke lohnt nicht wirklich und so versuche ich es auf meiner Seite des Flusses. Hier sieht es nach dem alten Kern der Stadt aus, schon nach wenigen Schritten finde ich mich wieder inmitten kleiner Gassen mit alteingesessenen Geschäften und Bars. Ich trinke zwei Bier, bummle ein wenig und kaufe für morgen ein. Netterweise habe ich mein Abendessen ja bereits geschenkt bekommen, die Sardellen und den Thunfisch. Zusammen mit meinem Restbaguette im Rucksack völlig ausreichend. Was mir jetzt noch fehlt, ist Obst und natürlich genug zu trinken für den Abend und die Nacht. Nichts ist schlimmer, als irgendwann nachts wach zu werden und nichts zu trinken zu haben. Das haben mich die vergangenen Nächte gelehrt.

So schleppe ich meine Tüten zurück zur Herberge und mein Blick bleibt wieder am Wein hängen. Ach ja, da war doch was. Diesmal frage ich nach und tatsächlich wird die Flasche Rioja-Rotwein hier zum Kampfpreis von einem Euro verkauft. Ich finde, das harmoniert gut mit meinem Fisch aus der Dose, kaufe eine Flasche und lasse es mir schmecken. Während ich so im Vorraum der Herberge an einem großen Holztisch zu essen beginne, bleibe ich nicht lang allein. Ich lerne Torsten und Martin kennen, zwei Deutsche. Torsten ist sehr aufgeschlossen und redselig, ganz im Gegensatz zu Martin, der eher einen verschlossenen Eindruck macht. Aber beide sind sehr nett und es macht Spaß sich gegenseitig die bisherigen Erlebnisse zu erzählen.

Der Raum füllt sich jetzt nach und nach mit hungrigen Pilgern. Auch Steffi war in der Stadt und hat eingekauft. Da die Herberge eine Küche hat, was im Übrigen nicht oft der Fall ist, gibt es heute bei ihr eine Gemüsepfanne. Was sonst, alle Frauen stehen auf Gemüsepfannen. Sie hat einen ganzen Berg gekocht und teilt mit Willem und Anne. Ich lehne erst dankend ab, werde aber schließlich überredet mitzuessen. Eigentlich bin ich satt, aber das kann ich nicht lange ablehnen, es duftet einfach zu gut. Und ehrlich gesagt, sehr oft habe ich in der letzten Zeit nicht warm gegessen. So lege ich mich nach einem anstrengenden Tag pappsatt zu Felicia ins Bett. Ich kann nicht behaupten, dass ich einen leichten Schlaf habe, aber der nächste Morgen ist wieder mal schneller da als gewünscht.

Nájera – Redecilla del Camino

Der Nachteil dieser Großraumschlafsäle ist nun mal, dass man wach wird, sobald die Ersten im Dunkeln in ihren Rucksäcken kramen und sich fertig machen. Ich schaue auf meinen Wecker. Es ist Viertel nach fünf. Das ist aber mal wirklich die Schmerzgrenze. Da kann ich auch bald um Mitternacht loslaufen. Tatsächlich machen das einige. Auch Felicia ist bereits wach. An Einschlafen ist nicht mehr zu denken, als hätten wir alle eine stille Verabredung, wacht einer nach dem anderen auf.

Ich habe mir schnell angewöhnt, morgens in Rekordzeit fertig zu werden. Auf das Styling der Haare verzichte ich schon seit Langem, einfach meine Kappe auf und das war's. Alles andere bereite ich abends vor und brauche in der Früh nur wenige Handgriffe. Ich verlasse den Schlafraum und stehe nun im Vorraum, in dem ich gestern noch so feuchtfröhlich mit den anderen gegessen und getrunken hatte. Um die Müdigkeit zu vertreiben, ziehe ich einen kleinen Becher Kaffee aus dem Automaten. Er schmeckt ganz gut und ist für heute mein Frühstück.

Felicia und ich treffen uns draußen und beschließen gemeinsam loszugehen. Es ist mittlerweile sechs Uhr und stockdunkel. Da unsere Seite des Ortes direkt an der Felswand liegt, sind wir sehr schnell in der Natur. Hier enden die spärlichen Lichter der Straßen und es ist nun richtig dunkel. Ich sehe kaum, wohin ich trete, geschweige denn die Hinweise am Wegesrand. Das macht keinen Spaß und ist für mich definitiv das letzte Mal. So eine Aktion braucht kein Mensch. Wir stolpern durch die Dunkelheit und die Kommunikation mit Felicia ist noch eingeschränkter als sonst, weil wir gegenseitig nur unsere Umrisse sehen.

Mir fällt der Tipp in meinem Reiseführer ein: „Man sollte

immer eine Taschenlampe dabei haben." Jetzt weiß ich auch, warum. Felicia und ich werden wohl auf die Dämmerung warten müssen. Wir laufen immer weiter auf breiten Kieswegen und ich hoffe, dass wir noch auf dem Camino sind. Bei jeder Gabelung frage ich in meinem Fantasie-Spanisch nach: „Glaubst du, dass das hier richtig ist, siehst du einen Pfeil oder ein Zeichen?" Felicia glaubt „eigentlich schon", dass wir richtig sind. Das ist das, was ich morgens um sechs nicht hören will. Sich zu verlaufen wäre ärgerlich, und das ist sehr vorsichtig ausgedrückt.

Endlich wird es heller und es stellt sich heraus, wir sind auf dem richtigen Weg geblieben. Die Dämmerung enthüllt zusätzlich, die Landschaft ist auch wieder langweiliger geworden. Felicia möchte schneller gehen und wir einigen uns darauf uns später zu treffen. Ich bin also allein und bringe Kilometer für Kilometer hinter mich. Der Camino füllt sich zusehends mit Pilgern und ich frage mich ernsthaft, wo waren die in den letzten Tagen? Es ist ein Rätsel, woher plötzlich alle kommen. Wir laufen über Stunden in einem Tross von Leuten und ich komme aus dem Grüßen gar nicht mehr raus. Viele kenne ich vom Sehen, andere Gesichter sind mir fremd. Dann entspannt es sich wieder, die Schnelleren sind vorbei, die Langsameren zurückgeblieben. Selbst nach Stunden laufe ich noch immer auf den breiten Kieswegen und auch die Landschaft ist weiterhin unverändert nichtssagend.

Der Camino führt mich durch ein Dorf, das relativ neu sein muss. Es wird hier gerade gebaut, ein Golfplatz soll entstehen. Die Häuser sehen eins wie das andere aus und sind zum Teil schon bewohnt. Es gefällt mir nicht, es wirkt kalt und hässlich. Der einzige Lichtblick ist Felicia, die am Brunnen ihr Wasser nachfüllt. Wir unterhalten uns kurz und auch sie findet den Weg heute eintönig. Bald darauf ist sie erneut zu schnell und verschwindet in der Landschaft. Unsere Laufstile passen einfach nicht zusammen, trotzdem ist Felicia ein ganz lieber Mensch, den ich gut um mich haben kann.

Das normale Etappenziel für den Tag wäre Santo Domingo de la Calzada, Felicia und ich wollen aber weiterlaufen und haben uns in Grañón verabredet. Das ist noch ein ganzes Stück und so ziehe ich meine Gurte stramm und mache mich auf den Weg. Es ist heute wolkig und kühl, mit etwas Pech könnte es regnen, also erst mal möglichst schnell nach Santo Domingo. Der Tag hat bisher noch nicht viel Positives gebracht und so knüpfe ich auch an diesen Ort keine großen Erwartungen. Das stellt sich jedoch als falsch heraus, Santo Domingo ist ein nettes Städtchen mit urigen Gassen; der Weg hinein passt allerdings zum Wetter und ist ein Labyrinth von zerfallenen Häusern, dreckigen Ecken und ärmlich wirkenden Geschäften, die sich nur mühsam über Wasser halten dürften. Der Marktplatz dagegen wirkt freundlich und ich setze mich in ein Café, um meine erste Mahlzeit am heutigen Tag zu essen. Ich entscheide mich für einen Burger mit patatas für 6,50 Euro und schaue dem Treiben zu.

Zwei deutsche Mädchen, die eine ganze Zeit vor mir gelaufen sind, setzen sich an den Dorfbrunnen in meine unmittelbare Nähe. Die dünnere von beiden hat sich wohl am Fuß verletzt und humpelt bald darauf in Richtung Herberge. Kurz darauf macht ihre Freundin das Gleiche. In dieser größeren Ortschaft werden wohl die meisten Halt machen, also macht es Sinn, wie geplant weiterzulaufen. Auf dem Platz ist gerade so etwas wie ein Flohmarkt, man kann Kleidung, Kleinigkeiten, Lebensmittel und vieles mehr kaufen, aber bei genauerem Hinsehen ist vieles Schund. Ein richtiges Schnäppchen wäre allerdings so einen regionalen Schinken mitzunehmen, aber der würde so viel wiegen wie mein Rucksack.

Die Attraktion des Ortes ist zweifellos die Kathedrale, in der es lebende Hühner geben soll. Mein Führer erzählt von einer Legende, die besagt, dass ein junger Pilger mit seinen Eltern auf dem Weg nach Santiago war und zu Unrecht des Diebstahls bezichtigt wurde. Er wurde trotzdem zum Tode verurteilt und am Galgen hingerichtet. Eine eifersüchtige Magd, die er zuvor zurückgewiesen hatte, hatte aus Rache das Silbergeschirr des Wirtes in seinem Gepäck versteckt. Als die Eltern auf ihrer Rückreise für ihren Sohn beten wollten, hörten sie ihn rufen, er lebe noch, der heilige Jakobus habe ihn beschützt. Sie wandten sich sofort an den Richter, der gerade beim Mittagessen saß und gebratene Hühner aß. Der antwortete höhnisch: „Dass euer Sohn noch lebt, ist genauso wahr, wie dass die beiden Hühner vor mir zu singen beginnen." Darauf begann der Hahn zu krähen und die Henne zu gackern. Der Richter war erschüttert und ließ den jungen Pilger vom Galgen nehmen und dafür die Magd aufhängen. Diese Geschichte ist als Hühnerwunder bekannt geworden und auf vielen Altarbildern in Jakobskirchen in ganz Europa dargestellt. Und so gibt es heute in Santo Domingo in der Kathedrale hinter einem Gitter zwei weiße Hühner, die zweimal pro Monat ausgetauscht werden.[3]

Ich stehe vor der Kirche und überlege, ob ich mir die Hühner ansehen will oder nicht. Inzwischen habe ich John getroffen und er sagt, dass es sich nicht wirklich lohnt. Ich entscheide mich dagegen, man muss sich nicht alles anschauen. Ich bin schlapp, das Bier in der Pause ist mir wie Blei in die Glieder gefahren. Dazu kommen der Blick zum Himmel und die Frage,

---

[3] Jean-Yves Grégoire, Louis Laborde-Balen: Der spanische Jakobsweg – Camino Francés: von Saint-Jean-Pied-de-Port nach Santiago; ein Pilgerführer; Tyrolia, Innsbruck/Wien 2010

ob es nicht schlauer ist, für heute Schluss zu machen und in Santo Domingo zu bleiben. Ich habe doch mein Tagesziel erfüllt und muss nicht den Cleveren spielen und zum nächsten Ort laufen, immerhin stolze 7,5 Kilometer mehr.

Es hilft nichts, ich habe es mir vorgenommen und nun mache ich es auch so. Keine Ahnung, was mich da treibt, die schwache Begründung ist nicht mal Felicia zu treffen, sie steht bereits neben mir. Nach kurzen Orientierungsschwierigkeiten verlassen wir den Ort und machen uns auf den Weg.

Es wird wieder schöner und wärmer und diesmal bleiben wir auch zusammen. Das ist sehr angenehm am Norden Spaniens. Das Wetter kann sich in Minuten ändern, die Wolken vom Vormittag sind verschwunden und der Himmel ist jetzt blau. Das muss der Einfluss vom Atlantik sein, eine eingebaute Garantie für Sommerwetter. So wandern wir gemütlich bis Grañón. Unsere Unterkunft ist eine besondere, wir werden nämlich in einer alten Kirche übernachten. Mein Führer verspricht ein besonderes Erlebnis. Ich betrete die Kirche über den Hintereingang und gehe steinerne Stufen über eine Art Wendeltreppe hinauf in einen kleinen Flur, wo ich freundlich in Englisch begrüßt werde. Die üblichen Formalitäten folgen mit dem Zusatz, dass es hier zur Regel gehört, gemeinsam zu kochen, essen und zu beten. Nun ja, solange man getrennt schläft, soll mir das recht sein. Und da stehe ich auch schon im Schlafsaal. Er ist komplett leer. Das Einzige, was ich sehe, ist Felicia auf dem Boden sitzen. Wir schauen uns ungläubig an. Es ist wahr, keine Betten. Es gibt Matratzen, aber die müssen eine Sonderanfertigung der katholischen Kirche sein, papierdünne Matten und das war es. Gelobt sei, was hart macht. Praktisch auf dem Boden zu schlafen ist ein herber Schlag nach den extra Kilometern. Ich beginne mich auf den Holzdielen irgendwie sinnvoll auszubreiten. Ein Heizungsrohr führt neben meiner

Matratze direkt durch ein viel zu großes Loch in den Boden und weckt meine Phantasie, es könnten Mäuse oder ähnliche Nager des Nachts neben meiner Bettstatt auftauchen. Fliegen sind bereits zur Genüge da. Ich muss erst mal raus hier und was Kühles trinken.

Gegenüber entdecke ich gleich einen Getränkeautomat vor einer Bar. Das haben die Spanier schnell begriffen, diese Automaten lohnen sich entlang des Camino und sind überall zu finden. Ich ziehe mir eine Cola und werde wieder Mensch. Ich werfe einen Blick in die Bar und, Moment mal, den kenne ich doch! Das ist Torsten von gestern Abend. Wir begrüßen uns und ich erzähle ihm von meiner bevorstehenden Nacht. Schnell stellt sich heraus, dass Torsten sich heute mit Martin trifft, allerdings im nächsten Ort, in Redecilla del Camino. Mein Entschluss braucht nicht lange, da gehe ich mit. Ich bitte ihn kurz zu warten, ich hole nur schnell Felicia und dann können wir los. Ich laufe die Treppe hoch, kratze mein Spanisch zusammen und erkläre Felicia meinen Plan. Ich muss sie nicht überzeugen. Entschuldigung an die katholische Kirche an dieser Stelle, aber was zu viel ist, ist zu viel.

So breche ich an diesem Tag zum dritten Mal auf, weitere vier Kilometer. Die 30-Kilometer-Marke dürfte ich gerade durchbrochen haben, dennoch fühle ich mich noch fit. Auch Torsten hat noch Kraftreserven, was er unter anderem darauf zurückführt, dass er in einer Tour salzige Sonnenblumenkerne kaut. Sie sind noch in der Schale und sehr klein. Ich erkenne die Verpackung, da stand ich auch schon im Laden davor. Aber ich dachte, es wäre irgendwas mit Fisch, und die Verkäuferin damals konnte mir nicht erklären, was es war. Seinen Salzhaushalt zu regulieren ist bei der ständigen Hitze grundsätzlich eine gute Idee. Ich esse, wenn es geht, täglich einige Oliven, Süßes kaum oder gar nicht. Dazu nehme ich am Abend eine Magnesiumtablette, wie es in einschlägigen Reiseführern empfohlen wird. Damit und mit viel Wasser bin ich hoffentlich gegen Mangel jeglicher Art gerüstet.

Schulter an Schulter machen wir uns auf den Weg und schwitzen ganz schön, bis wir endlich Redecilla erreichen. Es ist ein Nest, das lässt sich jetzt bereits sagen. Die Herberge ist schnell gefunden und macht einen gemütlichen Eindruck. Auch hier werde ich auf Spendenbasis übernachten können, selbst das Pilgermenü ist umsonst, natürlich mit der Hoffnung oder besser gesagt in Erwartung einer Spende. Diese „donativos", wie die Spenden genannt werden, finde ich völlig in Ordnung. Ich kann nicht erwarten, hier umsonst zu schlafen und zu essen, ohne zu bezahlen. Von irgendwas müssen die Menschen ja leben. Und wenn ich mich hier im Dorf umschaue, ist klar, dass jeder Euro gebraucht wird. Das ist keine Geldmacherei mit den Pilgern, sondern der Versuch, seinen Lebensunterhalt zu bestreiten.

Eine nette Spanierin mittleren Alters weist mir ein Gemeinschaftszimmer im ersten Stock zu, das Bett kann ich mir aussuchen. Das Zimmer ist hell und die Matratze frisch bezogen. Das Schöne an diesen Herbergen zwischen den offiziellen Etappen ist, dass sie meist leer sind und oft komfortabler oder zumindest idyllischer gelegen. Das ist natürlich Glückssache und man sollte sich auf keinen Fall darauf verlassen.

Während ich auspacke, hadert Felicia mit der Unterkunft. Da sie erneut aufgebrochen ist, will sie nach für sie lächerlichen vier Kilometern nicht gleich wieder Schluss machen. Ich kann sie verstehen, aber mitzulaufen habe ich jetzt keine Lust mehr. Ich versuche sie zum Bleiben zu überreden, aber erfolglos. Sie bricht auf und verschwindet in der Gasse. Felicia steht wie viele Pilger unter Zeitdruck und muss zu einer bestimmten Zeit in Santiago sein. Das kann ich hoffentlich vermeiden, meine Tage müssten mehr als reichen, wenn nichts Besonderes dazwischenkommt. Aber wie kann ich das jetzt wissen?

Gleich gegenüber ist die Kirche des Ortes und ich beschließe mir dort eine Zeitlang Ruhe zu gönnen. In der Kirche brennen Kerzen und in der Luft liegt dieser kirchentypische, etwas muffige Geruch. Ich bin allein und setze mich auf eine Holzbank. Die Ausstattung ist schlicht und simpel, aber alles scheint gepflegt und sauber. Ich hänge meinen Gedanken nach, wie weit bin ich schon gekommen, was habe ich mit anderen bereits erlebt? Diese Wanderei ist schon ein Irrsinn. Ich weiß noch immer nicht, wofür ich das überhaupt mache. Und was mir Santiago geben wird. Bin ich deshalb hier falsch, muss ich das nicht langsam wissen?

Ich bekreuzige mich und bitte still für eine gute Reise. Da habe ich noch einiges vor mir, ich bin nicht mal die Hälfte gelaufen. Werde ich wieder so gute Freundschaften schließen können wie mit Maria und den anderen? Und ist es klug, jetzt in dieser Kirche zu sitzen, statt den Anschluss zu behalten an die, die im Moment in Santo Domingo in der Herberge miteinander reden und lachen? Aber was soll's, ich habe meine Entscheidung getroffen und bin nun mal hier. Das Leben ist doch sehr vergleichbar mit dem Jakobsweg. Wie oft habe ich schon die Richtung geändert im Leben, ohne zu wissen, ob das gut war. Ich habe es einfach gemacht, eine Rückblende auf das, was eventuell gewesen wäre, gibt es nun mal nicht. Das ist auch richtig so, sonst würde man vor lauter Selbstzweifel nicht vorwärtskommen.

Mein Vorgehen auf dem Camino spiegelt mein Vorgehen im Leben, das wird mir gerade klar. Ich fühle mich ertappt und vorgeführt, so unerwartet kommt mir die Erkenntnis. Dabei bin es doch nur ich, der in den Spiegel sieht und damit allein bleibt. Wenn ich wählen könnte, würde ich wahrscheinlich nicht die ganze schonungslose Wahrheit über mich wissen wollen. Denn das würde bedeuten, mit diesem Wissen leben zu müssen und zwangsläufig Änderungen einzufordern. Dass manche Dinge bei einem halt so sind, wie sie eben sind, ist doch kein unangenehmer Gedanke. Obwohl, was wir im Laufe des Lebens gern hinter Individualität und Charakter versteckt halten, ist oftmals der fehlende Mut, hinzusehen. Der Camino kann somit ein Stück die Sicht frei machen auf das, was man ist. Allerdings muss man es zulassen.

Mit diesen Gedanken sitze ich in der Zwischenzeit schon eine Stunde in der Kirche. Es wird Zeit etwas zu essen. Ich gehe in die Herberge zurück und geselle mich zu Martin und Torsten, die ebenfalls auf das Menü warten. Wir verstehen uns sehr gut und sitzen noch lange beisammen mit einem weiteren Deutschen namens Raimo.

Das Menü habe ich zuvor wählen können und so isst jeder von uns etwas anderes. Ich habe mich für Suppe, Salat und Joghurt entschieden und bin damit zufrieden. Es ist lecker und ich gebe dafür fünf Euro ins Körbchen. Die Nacht verspricht erholsam zu werden, obwohl in letzter Minute noch ein Schwung italienische Radfahrer ankommt und die Zimmer voller macht.

Redecilla del Camino – Villafranca Montes de Oca

Ich schlafe fest und friedlich, wache aber gegen Morgen mehrmals auf. Irgendwie habe ich das Gefühl, dass es bereits sechs Uhr ist. Schließlich ist es so weit und ich mache mich fertig. Zur gleichen Zeit starten auch die Radfahrer. Irgendjemand vergisst sein Handtuch, und da ich gestern meins in der Herberge liegen gelassen habe, nehme ich eben das. So gleicht sich alles wieder aus.

Es ist eines dieser neumodischen, ultraleichten Handtücher, die in Sekundenschnelle trocknen und sich anfassen wie ein Ledertuch. Der einzige Makel ist, es ist rosa. Ich beschließe damit zu leben und mich ab jetzt allein abzutrocknen.

Der Tag beginnt und Martin, Torsten und ich gehen zusammen los. Gegen 6.30 ist es schon heller und wir können uns gut orientieren. Die beiden haben viel Humor, was mir sehr entgegenkommt. Und wie sich herausstellt, laufen wir auch gleiches Tempo. Es regnet und ich behalte meine Windjacke an. Wieder ist es nur so ein feiner Nieselregen, aber der Wind macht auch diesen Regen unangenehm. Unser Weg führt uns schnell auf Kieswege entlang der Autobahn und die ständigen Fahrgeräusche nehmen uns jede Chance auf Idylle. Es ist kalt und trotzdem schwitzig und wir suchen verzweifelt nach einem Café oder etwas Ähnlichem.

Nichts, absolut nichts hat auf, alles wirkt wie ausgestorben. In den Dörfern ist kein Mensch unterwegs, wir sind die Einzigen weit und breit. Wir kämpfen uns notgedrungen bis Belorado, dem nächsten größeren Ort. Was bleibt auch anderes übrig. Schon seit Stunden laufen wir ohne Frühstück.

Dann taucht vor uns endlich die rettende Herberge auf. Die Besitzerin fällt aus allen Wolken, so früh hatte sie noch keine Pilger erwartet. Wir bestellen erst mal heißen Kaffee, Rosinenschnecken, Saft und Bocadillo mit Schinken und Käse. Die feuchten Klamotten loszuwerden ist ein gutes Gefühl. Erstmals habe ich heute den knallroten Überzug für meinen Rucksack benutzt, der sich als sehr praktisch herausstellt. Mein Pilgerpass in der vorderen Tasche darf auf keinen Fall nass werden, ihn zu verlieren hieße, nichts in Santiago vorlegen zu können. Wir sitzen gemütlich am Fenster und schauen in den Regen. Unwahrscheinlich, dass sich das Wetter heute bessert.

Dem Café ist ein „Mini Market" angegliedert. So etwas habe ich noch nie gesehen. Dieser Mini-Supermarkt besteht nur aus einer kleinen Ecke des Cafés, praktisch ein Tresen mit einem Regal dahinter. Weiter kann man einen Supermarkt nicht runterreduzieren, wir stehen definitiv vor der Urzelle. Der Anblick hebt unsere Laune ganz gewaltig. Weniger lustig hingegen ist die Wettervorhersage im Fernsehen. Ein Mann gestikuliert vor einem Bild mit lauter Wolken drauf. Man muss nicht Spanisch können, um zu wissen, was er sagen will.

Nach circa 30 Minuten Pause stehen wir wieder im Regen. Weiter geht es auf steinigen Wegen, grasbewachsenen Pfaden und kleinen Straßen, die immer wieder die gute alte N120 kreuzen. An der N120 entlangzuwandern macht mir mittlerweile nichts mehr aus. Die Hektik des modernen Lebens und seine Spuren bekommt man auf dem Camino des Öfteren zu spüren, wenn auch in abgeschwächter Form. Das bleibt einem nicht erspart. So ist die Landstraße für mich eher ein bekannter Begleiter geworden als eine störende Altlast in der neu gewonnenen Stille der Pilgerwelt.

Es hat inzwischen aufgehört zu regnen und wir kommen erstaunlich zügig voran. Unsere geplante Übernachtung für heute ist die Herberge in Villafranca Montes de Oca. Damit haben wir die Etappe für morgen bereits heute halbiert. Das ist nicht schlecht, besonders für Martin, denn wie ich erfahre, steht auch er wie viele Pilger unter Zeitdruck. Martin hat Familie und die erwartet ihn am 22. August auf Mallorca. Er ist somit gezwungen, jeden Tag ein Mindestmaß an Kilometern zu absolvieren, denn der „normale" Etappenvorschlag seines Reiseführers ist zu knapp kalkuliert. Torsten hingegen ist ganz entspannt und hat alle Zeit der Welt. Eventuell läuft er noch weiter den portugiesischen Weg runter zur Küste, wo eine Bekannte ein Haus am Meer hat. Jetzt wird mir klar, die beiden laufen gar nicht zusammen, sondern haben sich auf dem Weg kennengelernt. Und jetzt bin ich noch dazugekommen. Ohne große Worte sind wir zu einem Team geworden, achten aufeinander und haben eine Menge Spaß zusammen. So erzählt Torsten von einem Mann, der in Saint-Jean morgens gestartet sein soll und den ganzen Tag unterwegs ist, schwitzend über die Berge klettert und gegen Abend endlich sein Ziel erreicht. Endlich in Roncesvalles, der ersten Etappe auf dem Weg. Als er sich umschaut, denkt er: „Das kenne ich doch" und stellt fest, dass er wieder in Saint-Jean ist. Er ist den ganzen Tag im Kreis gegangen. Erschöpft und weinend bricht er auf den Pflastersteinen zusammen, um dann später mit dem Taxi nach Roncesvalles zu fahren. Die Geschichte ist absolut wahr und unser running gag für den Tag. Wir liegen auf dem Boden vor Lachen. Wie bitter ist das denn? Wäre mir das passiert, ich wäre direkt auf dem Fuß umgekehrt und nach Hause gefahren. Ein schlechteres Omen für den Weg gibt es wohl nicht.

Wenigstens wir erreichen unser Ziel, Villafranca liegt vor uns. Ein mittelgroßes Städtchen tut sich auf und wir müssen steil den Berg rauf bis zur Herberge, die eigentlich wie ein Hotel aussieht. Und tatsächlich, die Anmeldung ist in der Lobby eines edel aussehenden Hotels. Kann es sein, dass wir heute in gehobenem Ambiente schlafen?

Ernüchternd müssen wir zur Kenntnis nehmen, unsere Unterkunft ist um die Ecke und der übliche Standard. Aber Essen kann man im Hotel bestellen, das Menü für sieben Euro. Es gibt Paella und Wein und wir bestellen vor.

Die Herberge ist bereits gut besetzt und ich schaue in die Gesichter auf den Betten. Das gibt's doch nicht, wen haben wir denn da? Leila lächelt mir von einem der oberen Doppelbetten entgegen. Ich mache sie mit Torsten und Martin bekannt und kümmere mich um meinen Kram. Das hat noch gefehlt, diese Frau macht mich einfach fertig. Und schon höre ich sie erzählen in diesem verständnisvollen Esoteriktonfall, ganz leise und unaufgeregt. Tut mir leid, kann ich nicht haben, damals nicht und jetzt auch nicht. Leila hat sich einen Joghurtwickel um ihr Bein gemacht und unterhält den ganzen Raum. Ihr Pendant ist eine Frau mit ihrem Mann und drei Kindern, die irgendwie auch nicht ganz auf diesem Planeten zu Hause ist. Sie übertreffen sich gegenseitig mit mystischen Berichten und homöopathischen Möglichkeiten der Heilung von geschundenen Füßen und schmerzenden Gelenken. Die Kinder geben schlaue Kommentare ab und scheinen ganz pädagogisch wertvoll erzogen worden zu sein.

Dann schlägt jemand dem Schlafsaal vor, Stadt, Land, Fluss zu spielen. Das ist mein Gong, ich gehe raus und setze mich in einen beruhigten Bereich auf ein Sofa. Hier kann ich wenigstens mein Tagebuch nachholen, ich habe schon zwei Tage nichts geschrieben. Hoffentlich hängt uns Leila morgen nicht den ganzen Tag auf der Pelle.

Als ich ein paar Gedanken aufgeschrieben habe, entdeckt mich die Mutter, setzt sich zu mir und erzählt mir ungefragt von ihren esoterischen Plänen. Anscheinend will sie ihre Familie zu mystischen Orten führen und zu den kosmischen Stätten dieser Region. In der Nähe gibt es eine Klosterruine, vielleicht ist die damit gemeint. Mir tut die Familie immer mehr leid, so einen Trip muss man schon wollen. Die Mutter erzählt weiter, sie seien den aragonesischen Weg gekommen und werden weiterlaufen bis Burgos, 400 Kilometer seien dann genug. Ich bin ihrer Meinung.

Am liebsten würde ich morgen um drei Uhr loslaufen, um nicht in die Verlegenheit zu kommen, gemeinsam mit denen aufbrechen zu müssen. Torsten jedenfalls hat sich bereits mit der Familie angefreundet und die Gelegenheit genutzt, sich von der Mutter die Füße massieren lassen. Er hat seit Tagen Schmerzen in der Achillesferse, sie ist angeschwollen und die Schwellung will einfach nicht zurückgehen. Martins und meine Vermutung ist die einseitige Belastung durch den Wanderstab, der ein Bein unterstützt, das andere aber nicht. Die optimale Lösung wäre, wenn man sich denn schon für Stöcke entscheidet, zwei zu nehmen und beide Seiten gleich zu entlasten. Wie auch immer, wir müssen abwarten, wie er sich morgen fühlt. Meine Beine hingegen waren heute zwar wieder schwer, dafür aber beschwerdefrei. Im Großen und Ganzen macht mein Körper mit, ich kann mich nicht beschweren.

Es ist übrigens auch möglich, den Jakobsweg zu reiten. Drei Italiener sollen hier irgendwo mit Pferden unterwegs sein. Das stelle ich mir anstrengend vor, für Pferd und Reiter. Da kann man ja in der Hitze nie die Stellung wechseln und ist wie angeklebt auf dem Pferderücken. Aber originell ist es schon. Ich habe heute auch einen Mann gesehen, der mit einem Esel gepilgert ist. Der Esel war vollgepackt und der Mann hat ihn geführt. Torsten hat mir von einem Esel erzählt, der sich geweigert hat über Brücken zu gehen. So musste der arme Pilger extrem große Umwege machen, um die Brücken zu vermeiden. Und die sind überall, ich bin schon über einige gegangen.

So hänge ich meinen Gedanken nach und es wird Abend. Martin, Torsten und ich sind mittlerweile frisch geduscht und ausgeruht und freuen uns auf das Essen im Hotel. Da unsere Herberge wie angeklebt an der Rückseite des Hotels liegt, ist der Weg nicht weit. Wir scheinen die Einzigen zu sein, eine einsame Kellnerin begrüßt uns in einem leeren Speisesaal. Der Koch ist noch nicht da und wir trinken zum Warmwerden erst mal eine Flasche Rotwein. Dann kommt auch die Paella. Es ist eine Enttäuschung. Wenn die frisch ist, höre ich auf zu pilgern. Da bin ich mal in Spanien und dann setzen sie einem so eine Pampe vor.

Zu allem Unglück hat es Martin auch noch ein bisschen mit dem Magen und ist die ganze Zeit schon im Bett gelegen, deshalb darf ich auch seine Portion verdrücken. Gut war es zwar nicht, aber die Masse macht's. Ich bin satt und wir trinken und reden noch eine ganze Weile.

Torsten beginnt wieder zu erzählen und Martin und ich hören gespannt zu. Dafür, dass er erst 26 ist, hat Torsten schon viel gesehen. Er berichtet von seiner Reise nach Australien, wo er mit dem Zelt unterwegs war und alle möglichen und skurrilen Jobs gemacht hat. Auch in Asien ist er gewesen und plant irgendwann mit der transsibirischen Eisenbahn zu fahren. Es ist toll zuzuhören und macht Lust auf mehr. Was habe ich in den letzten Jahren in punkto Urlaub gemacht? Nicht viel, um ehrlich zu sein. Eins ist klar, die Chance sich die Welt anzusehen hat jeder von uns nur einmal. Entweder man startet damit oder verpasst es eben. Ich nehme mir insgeheim vor, mir über meine zukünftigen Urlaube mehr Gedanken zu machen. Da ist mehr drin als bisher.

Es ist spät und wir gehen die wenigen Schritte in die Herberge zurück. Es ist kalt geworden und wir wollen schnell in unsere Schlafsäcke. Im Halbdunkeln tasten wir uns zu unseren Betten vor und machen uns wortlos fertig für die Nacht. Es gibt unter uns einen Schnarcher und ich drücke mir die Ohrstöpsel rein.

Eigenartig, ich vermisse gerade das Spirituelle meiner Reise. Ich weiß nicht, warum ich ausgerechnet jetzt darauf komme, aber ich wollte doch vor nicht allzu langer Zeit ein Stück allein gehen und ganz bei mir sein. Jetzt bin ich nach Maria fast nahtlos mit den beiden unterwegs. Gehe ich eigentlich meinen Weg oder hänge ich mich nur an andere dran? Und wenn das so sein sollte, ist vielleicht genau das mein Weg? Ich starre in das Dunkel des Zimmers und habe keine Antworten. Hoffentlich sind meine Entscheidungen gut. Mit diesem Gedanken schlafe ich ein.

Villafranca Montes de Oca – Atapuerca

Der nächste Morgen kommt und wir gehen los. Die Esoterikfamilie ist im Bad beschäftigt und noch lange nicht fertig zum Aufbruch. Auch meine Sorge, Leila könnte sich an uns dranhängen, bestätigt sich nicht. Von ihr fehlt jede Spur. Die Etappe beginnt gleich sehr anständig. Direkt ab der Herberge führt uns ein knackiger Anstieg in einen Wald hinein, der uns gleich den Atem nimmt. Selbst Torsten, der sonst immer zu Späßen und Geschichten aufgelegt ist, braucht seine Luft jetzt zum Atmen.

Ein erster kurzer Stopp nach circa einer Stunde Waldweg gibt den Blick auf die Umgebung frei. Nun sehe ich, dass wir schon ziemlich Höhenmeter gemacht haben. So weit das Auge reicht, sind die Berge mit Wald überzogen, alles ist wie in ein tiefes Grün getaucht. Wir laufen weiter leicht bergauf und setzen unseren Weg fort durch Wald und Heide.

Im Mittelalter war dieses Gebiet, die Montes de Oca, bei den Pilgern wegen seiner Wölfe und Räuber äußerst verrufen. In der jetzigen Zeit besteht natürlich keine Gefahr mehr. Aber ich kann nachvollziehen, dass dieses Gebiet unangenehm gewesen sein muss. Der Wald ist dicht und hat wenig Europäisches. Die Bäume stehen irgendwie dichter zusammen und das Unterholz scheint undurchdringlich. Wenn ich jemand überfallen wollte, würde ich auch diesen Ort wählen. Um dieses Gebiet trotzdem passierbar zu machen, haben anscheinend Bagger eine breite Schneise durch den Wald geschlagen, das lassen jedenfalls die Spuren in der Erde vermuten. So gehen wir auf und ab auf diesem durch Menschenhand geschaffenen Weg. Manche Passagen sind so steil, dass selbst die Radfahrer mit ihren Mountainbikes aus dem Sattel müssen. Torsten und ich schieben einen Italiener an, der aus eigener Kraft den Berg mit seinem beladenen Rad nicht hochgekommen wäre. Dann taucht Leila vor uns auf. Langsam und mit Mäuseschritten läuft sie ihren Weg. Jetzt sehe ich es erst, sie hat ihre Schuhe gewechselt und marschiert in Sandalen. Sein Schuhwerk zu wechseln ist einerseits konsequent und zugleich mit hohem Risiko verbunden. Ich würde das nie machen. Aber diese Frau ist anscheinend zu allem fähig. Leila muss ihrer Erzählung nach bereits um fünf die Herberge verlassen haben. Dass wir zwei Stunden später gestartet sind und sie trotzdem einholen, sagt alles über ihre Geschwindigkeit. Sie braucht ungefähr das Doppelte an Zeit, was andere brauchen. Man kann sagen, was man will, aber Ausdauer und Konsequenz beweist sie. Mitten in der Nacht hier allein in den Wald zu starten ist eine klare Entscheidung.

Wir nehmen wieder Tempo auf und lassen sie hinter uns. Torsten und Martin gehen mittlerweile in einem Rhythmus, der mir zu schnell ist. Ich falle freiwillig etwas zurück, behalte sie aber im Auge. So bin ich mit meinen Gedanken wieder allein. Kurz kommt mir der Gedanke, sie ziehen zu lassen, denn die Sonne brennt inzwischen erbarmungslos auf mich herunter. Die Pause in Ortega nimmt mir die Entscheidung ab. Ein paar Bänke vor einem Café laden zum Frühstück ein. Ich setze mich an einen Tisch zu einem älteren Pilger mit seinem Hund. Der Mann sieht aus wie ein urbayrischer Waldschrat. Er ist fast zahnlos und seine Kleidung verstaubt und abgenutzt. Die Rasse des Hundes ist nicht auszumachen und ich locke ihn mit einem Stück Gebäck zu mir und werfe es auf den Boden. Ein kurzes Schnüffeln und er lässt es liegen. Das sagt eine Menge aus über die Qualität der eingeschweißten spanischen Leckereien. Aber streicheln darf ich ihn. Er setzt sich zwischen meine Beine und genießt mein Kraulen. Für einen kurzen Moment ist es mein Hund und das fühlt sich gut an. So ein Hund kann bestimmt ein echter Freund sein auf der Reise.

Obwohl der Weg anstrengend war, bin ich eigentlich bereit zum Weitergehen und brauche keine Pause mehr. Die beiden allerdings haben es sich gemütlich gemacht und bestellen gerade ihre zweite Tasse Kaffee und so beschließe ich zur Abwechslung mal die Führung zu übernehmen. Der Weg führt mich aus dem Ort raus und wieder in eine Wald- und Heidelandschaft. Ich komme mir plötzlich wie im Urlaub vor, das Laufen ist angenehm und ich bin allein in einer sonnendurchfluteten, wunderschönen Landschaft. Das ist genau das Gefühl, das ich mir vom Jakobsweg versprochen habe, in diesem Moment passt alles. Schmetterlinge beginnen um mich herumzuschwirren und verfolgen mich hunderte von Metern. Es müssen mindestens um die zwanzig sein. Ich muss lachen, das Bild ist fast zu kitschig. Fehlt nur noch, dass Rotkäppchen mit einem Korb voll Essen aus dem Gehölz springt.

Der Wald hört jetzt auf und ich gehe auf ein kleines Dorf in einem Tal zu. Die Heidelandschaft, vereinzelte Bäume und wenige Wolken, die wie Watte am blauen Himmel stehen, geben ein erstklassiges Motiv ab für ein Foto. Was für eine friedliche Gegend, in der die Menschen hier leben. Bis zum Horizont nur leichte Berglandschaften, Felder, Wiesen und Wald. Hier scheint die Welt noch in Ordnung zu sein, ein Fleckchen, das so mancher suchen mag. Ich möchte meinen Vorsprung halten und verzichte deshalb darauf, mich einfach in die Sonne

08/03/2010

zu setzen, an einen Baum zu lehnen und zu träumen. Ich folge dem fernen Hundegebell und nähere mich dem Dörfchen, das ein gewohntes Bild abgibt. Die Häuser sind zum großen Teil sehr alt und einige in so schlechtem Zustand, dass ich bezweifle, ob tatsächlich jemand darin wohnt. Andere hingegen sind auch alt, aber gepflegt oder so hergerichtet, dass sie ihren meist bäuerlichen Zweck erfüllen.

Die Einwohner sind wie meistens kaum zu sehen. Ich betrete eine kleine Bar und komme in einen dunklen Raum mit ein paar Tischen und Stühlen. Im Eck gibt es einen kleinen Verkaufsstand mit Obst, das schon bessere Tage gesehen hat. In einer Glastheke steht die regional sehr beliebte Tarte, ein Gemüse- oder Fleischkuchen. Ich bin der einzige Gast und entscheide mich dafür den Umsatz zu steigern und bestelle ein Stück. Das Essen und die Kühle des Raums tun mir gut. In Bars wie diesen zu essen reicht völlig, Gaststätten gäbe es auch keine, jedenfalls nicht hier. Ich habe schon längst das Gefühl für die Wochentage verloren, es spielt einfach keine Rolle. So wie gerade kann ich überall essen, egal, ob Wochenende oder nicht. Was für eine Freiheit, die ich mir nehme, ich laufe, esse, bin in der Natur in der Sonne und habe keine andere Aufgabe, außer alle Eindrücke in mich aufzunehmen. Der Camino hält sozusagen „laufend Neues" bereit.

Ich verlasse das Dorf und muss nun ein Stück entlang der Straße gehen. Der Asphalt ist eine willkommene Abwechslung für meine Füße. Am Horizont kündigt sich schon der nächste Ort an. Als ich die ersten Häuser erreiche, beschließe ich auf Torsten und Martin zu warten. Ich schnalle meinen Rucksack ab und lege mich ins Gras neben der Straße. Kurze Zeit später sind sie da und wir machen erneut eine Pause im Ort, ein schönes eingezäuntes Plätzchen mit einer Wiese, einem kleinen Café und Tischen im Freien. Jeder, der vorbeikommt, rastet hier. Wir ziehen die Schuhe aus und relaxen in der Mittagssonne. Martin kämpft mit seinen Blasen, hat sich lang auf den Rasen gelegt und die Füße auf dem Stuhl. Torsten ist entspannt und genehmigt sich sein erstes Bier. Mit Alkohol bin ich erst mal vorsichtig, das zieht mir die Kraft aus den Knochen. Bis zum Abend bleibe ich bei Wasser.

Wir haben uns darauf geeinigt, noch sieben Kilometer bis Atapuerca zu laufen, dort soll es eine Übernachtungsmöglichkeit geben mit 19 Betten. Der Ort ist sehr klein, das kann ich bereits anhand meiner täglich aufgezeichneten Route in meinem Führer sehen. Das heißt, das Risiko in Kauf zu nehmen, eventuell vor einer Herberge zu stehen, die bereits voll ist, denn die paar Betten sind nicht viel und wir sind offensichtlich nicht allein unterwegs.

Wir brechen auf und kommen zu einem Teilstück, das es in sich hat. Wie heute Morgen schon geht es steil bergauf. Der Weg schlängelt sich besonders fies den Berg rauf und führt über Gesteinsbrocken und eingewachsene Wurzeln immer höher. Links durch einen Zaun getrennt befindet sich vermutlich so etwas wie ein militärisches Übungsgelände, das denke ich zumindest aufgrund der vielen spanischen Schilder. Wir erreichen nach einem langen, wortarmen Aufstieg eine Art Plateau und schauen auf die nächsten Kilometer ins Tal. Eine weite Landschaft liegt vor uns.

Jeden Tag kommt irgendwann mal der Punkt, wo man sich über die Natur nicht mehr so richtig freuen kann, einfach weil man seit Stunden nichts anderes sieht. Durch eine Postkarte zu wandern kann nach Stunden und bei 30 Grad auch mal ätzend werden. Der Punkt ist gerade da. So stehen wir schwitzend vor unserer nächsten Aufgabe. Der Abstieg ist genauso steil wie der Aufstieg. Besonders Torsten bleibt zurück und flucht, denn sein Fuß gibt ihm wieder eine „Fehlermeldung", wie er gerne sagt.

Auch ich gehe vorsichtig über das Geröll talwärts. Das sind genau die Momente, wo die Konzentration nachlässt und man besonders leicht umknicken kann. An einer staubigen Kreuzung treffen wir schließlich wieder zusammen. Und wo geht es jetzt weiter? Hier gibt es zwei gelbe Pfeile, einen nach rechts und einen geradeaus. Da hilft auch mein Führer nicht weiter. Wir müssen halt durch das Dorf X. Wir scannen die Landschaft und versuchen daraus zu schließen, welcher Weg wohl am wenigsten anstrengend sein wird. Das wäre dann geradeaus.

Wie wir bald feststellen, führen beide Wege ans Ziel, der eine durch einen vermutlich malerischen Ort, der andere über staubige Straßen, unseren Weg eben. Meine Knochen tun mir weh, als unser Ziel in Sicht kommt. Wir laufen inzwischen auf einer Teerstraße gegen die Fahrtrichtung einem Dorf am Horizont entgegen. Links taucht neben einem Unterstand einer dieser Getränkeautomaten auf. Jetzt was Kühles trinken, das kommt genau richtig. Endlich mal kein Wasser. Wir lassen unser Kleingeld im Münzschlitz verschwinden. Ich verdrücke mich aus Versehen, und was habe ich in der Hand – eine Flasche Wasser für 0,80 Cent, ohne Kohlensäure. Das hebt wenigstens die Stimmung von Martin und Torsten.

Gleich neben dem Unterstand befindet sich ein Tor und der Eingang zu einem Fabrikgelände. Eine Familie mit kleinen Kindern auf Fahrrädern kommt auf der Straße näher und hält genau auf uns zu, um dann direkt vor dem Tor zu stoppen. Wir schauen zu, wie die Kinder vom Rad springen und im hohen Gras beginnen nach etwas zu suchen. Dann heben sie eine kleine Katze aus dem Gras. Sie scheint verwildert und halb verhungert zu sein. Die Kinder sind fest entschlossen dieses kleine Ding mitzunehmen, die Eltern eher nicht. Als sie weg sind, fange ich die Katze und bringe sie zu uns an den Tisch. Sie sieht eindeutig danach aus, als wäre sie seit Wochen allein und draußen. Martin geht auf Abstand und weist mich darauf hin, dass dieses Tier unhygienisch und voller Krankheiten sein könnte. Daran hatte ich gar nicht gedacht. Ich lasse die Katze ins Gras plumpsen und nehme mir insgeheim vor, meine Hände bei der nächsten Gelegenheit gründlich zu waschen. Dann schnallen wir unsere Rucksäcke an für die letzten Meter.

Als wir auf der Hauptstraße, tatsächlich der einzigen Straße, durch das Dorf gehen, sehe ich einen schlafenden Pilger auf einer Bank liegen. Das ist schon mal gar kein gutes Zeichen. In der einzigen Kneipe trinken wir jeder ein großes Bier und fragen nach der Herberge, die wir auch nach aufmerksamer Suche nicht entdecken konnten. Sie ist ein Stück die Straße zurück, verrät man uns, und in einem Seitenweg versteckt. Bezahlen müssen wir aber in der Kneipe. Die Spanierin, die uns diese Informationen gibt, ist unfreundlich und zieht den Zorn von Torsten auf sich. Aus irgendeinem Grund lässt ihn das Thema nicht los. Immer wieder droht er mit unschönen Dingen, die passieren, wenn sie noch mal in solchem Ton mit ihm sprechen sollte. Ich kann damit leben und frage mich, wie wohl unsere Unterkunft sein wird. Meine Frage wird schnell beantwortet, sie ist einfach, verdammt einfach. Ein kleiner, stickiger Raum, vollgestopft mit 19 Betten, wobei die Matratzen ihre besten Zeiten längst hinter sich haben dürften. Alles macht den Eindruck, als sei es etwas keimig, ich habe aus irgendeinem Grund ein ungutes Gefühl hier.

Die Toilette, die Dusche und das Waschbecken passen sich dem Bild an. Zum ersten Mal beschließe ich aufs Duschen zu verzichten und mich mit einer Katzenwäsche zu begnügen. Die übrigen Betten sind schon belegt oder füllen sich recht schnell, während wir gemeinsam etwas zu essen kaufen. Es stellt sich heraus, dass der einzige Laden des Dorfes zugleich die Bar ist, in der wir angekommen sind. Als wir zum Abendessen ein paar Bier kaufen, werden wir von dem Hausdrachen erneut belehrt, dort oben keinen Müll zu hinterlassen und keinen Krach zu machen. Ich rede beruhigend auf Torsten ein. Anscheinend sind in der Herberge schon wilde Partys abgegangen und diese Ansage betrifft deshalb nicht speziell uns, denn wie Trinker und Chaoten sehen wir eigentlich, auch nach einem harten Wandertag, nicht aus.

Richtig einkaufen konnten wir nicht, so schleppen wir unsere Ausbeute von Kleinigkeiten zur Herberge zurück. Auf dem Weg vor unserer Behausung setzen wir uns ins Gras, trinken unser Bier und essen Chips. Mir fällt auf, dass die Chipstüte eine Banderole um hat. Es ist ein Gewinnspiel im Rahmen der Fußball-EM. Ich schaue spaßeshalber auf die Rückseite der Tüte. Da steht es, haltbar bis 2004. Deshalb schmecken die Chips nach nix. Torsten und ich müssen lachen und kriegen uns gar nicht mehr ein. Nachdem wir gegessen haben, genießen wir, was vom Tag noch übrig ist. Wir treffen Raimo wieder, den netten, aber etwas steifen Deutschen, und beschließen gemeinsam mit ihm vor der Kneipe unten an der Hauptstraße in der Sonne noch mehr Bier zu trinken.

Die spanische Abendsonne und das kalte Bier sind eine angenehme Mischung, das finden alle. Wir schaffen es fast die Bar leer zu trinken, wobei man erwähnen muss, dass das Sortiment nicht besonders groß war. Auch in diesem abgelegenen Dorf stelle ich mir im Stillen die Frage, was machen und wovon leben die Leute hier bloß? Vielleicht kriege ich irgendwann auf meiner Wanderung darauf noch eine Antwort. Wir machen uns angeheitert auf den Rückweg zu unseren keimigen Matratzen. Ich nehme mir vor, die Nacht so schnell wie möglich hinter mich zu bringen, obwohl das natürlich ein unsinniger Plan ist. Der Alkohol und die Anstrengungen des Tages meinen es gut mit mir, ich schlafe ein.

Atapuerca – Tardajos

Am Morgen verlassen wir als Letzte die Herberge. Torsten und Martin berichten übereinstimmend, dass ich am lautesten geschnarcht habe. Kann ich nicht abstreiten, mit Alkohol ist das bei mir immer so. Ich sehe es als Ausgleich für die vielen Nächte, in denen ich anderen zuhören durfte.

Erst gegen 7.30 machen wir uns schließlich auf den Weg. Moment, da vorne winkt doch jemand! Es ist Leila, wer könnte es auch sonst sein. Sie trägt ihre langen blonden Haare heute offen und kommt mir vor wie ein Geist aus der Vergangenheit. Sie scheint Schritt für Schritt noch spiritueller zu werden als sowieso schon. Auch heute ist sie bereits seit Stunden auf den

Beinen und läuft in aller Seelenruhe vor sich hin. Wieder wechseln wir ein paar Worte und gehen dann getrennte Wege.

Wir steuern heute auf die nächste Königsstadt zu, auf Burgos. Aber bis dahin sind es noch einige Kilometer, das wird ein strammer Marsch. Aus Übermut vor dem, was bevorsteht, tue ich so, als würde ich ein Hinweisschild auf den Camino am Straßenrand verdrehen wollen. Ein Radfahrer, der genau in diesem Moment an uns vorbeifährt, verdreht sich fast den Hals und sieht recht böse aus. Diese Spanier verstehen auch gar keinen Spaß! Aber ohne Kaffee am Morgen kommt man auf solchen Unsinn. Etwa eine halbe Stunde später bekomme ich dann mein Frühstück im darauf folgenden Ort, ein Schokocroissant und einen Café solo.

Nach dieser kurzen Rast laufen wir einen angenehmen Weg am Straßenrand lang. Unsere Schatten bewegen sich auf einem abgeernteten Kornfeld seitlich mit und sind durch die noch tief stehende Sonne extrem lang. Plötzlich höre ich hinter mir dieses Geräusch. Ein kleines, schnelles Klicken von Stöckchen auf dem Asphalt. Ich brauche mich gar nicht umdrehen, das ist Steffi. Und tatsächlich, was für eine schöne Überraschung an diesem Vormittag. Wir haben uns viel zu erzählen und die Zeit vergeht wie im Flug. Wir sind nun zu viert unterwegs und unterhalten uns im fliegenden Wechsel in allen denkbaren Zweierpaarungen und kommen auf diese Weise Burgos immer näher.

Es gibt zwei Routen in die Stadt. Die eine ist mit Sicherheit unattraktiv, denn sie führt über das Industriegebiet. Die andere führt am Ufer eines Flusses entlang und bietet die Möglichkeit, einen Abstecher zu machen und ein spätgotisches Karthäuserkloster zu besichtigen. Wie wir uns gerade eingestehen müssen, haben wir vor lauter Gequatsche die Gabelung irgendwie übersehen. Die Entscheidung ist uns abgenommen worden, das sieht hier eindeutig nach Industriegebiet aus. Und da Burgos keine Kleinstadt ist, zieht sich dieser optisch unschöne Part in die Länge.

Nichtsdestotrotz nehmen wir die Umgebung kaum wahr. Ich unterhalte mich intensiv mit Torsten über seine Zeit im Osten, seine Jugend als Punk und vor allem über seine sozial prägenden Jahre im Rugby-Team. Es ist interessant, was er schon erlebt hat und wie er die Welt sieht. Er hat bisher keine Ausbildung gemacht und jahrelang als Barkeeper gearbeitet. Dementsprechend unbeschwert geht er auch durchs Leben und ist dabei alles andere als dumm. Im Augenblick hat er noch keinen Plan für seine Zukunft, ich denke aber, das wird nicht mehr lange dauern. Wenn man älter wird, nähern sich die Wünsche im Leben, was das Grundsätzliche betrifft, doch sehr an, auch wenn man den unterschiedlichsten Background hat. Es ist auffallend, wie offen und vor allem ehrlich wir uns austauschen, durch das stundenlange Gehen miteinander kommt das ganz von selbst. Und mit der richtigen Person an der Seite ist es auch sehr schön.

Wir sind inzwischen im Stadtkern unmittelbar bei der Kathedrale. Sie ist riesig und sehr beeindruckend. Ohne den Blick darauf zu verlieren, machen wir einen kurzen Stopp in einer Bar. Auch die ist beeindruckend, über die schöne Theke gleitet mein Blick zu mehrstöckigen Ebenen mit Nischen und kleinen Holztischen. An den Wänden gibt es einiges zu entdecken, was den Raum aber gemütlich und urig macht und keinesfalls kitschig wirkt. Ich verstehe nicht, warum man solche Bars, voller Leben und mit viel Liebe betrieben, immer nur woanders findet. Dagegen wirkt so manches, was ich kenne, einfallslos. Wir sind alle hungrig und essen eine Kleinigkeit. An der Theke fällt Torstens Kennerblick auf den einheimischen Rum und wir genehmigen uns zwei Runden. Vier Zentiliter kosten ungefähr 1,50 Euro und sind damit spottbillig.

Jetzt, wo mein Körper etwas zur Ruhe kommt, merke ich, ich habe mir irgendwie den Fuß verstaucht, bin umgeknickt. Ich setze mich und dehne meine Bänder. Es ist nichts Ernstes, aber doch blöd. Ich mache ja den ganzen Tag nichts anderes als den Fuß belasten. Mal sehen, die anderen drängen auf den Aufbruch und jetzt gehen wir erst mal in die Kathedrale.

Die Kathedrale Santa María de Burgos ist eine der schönsten Europas. Innen wie außen weiß man nicht, wohin man zuerst schauen soll. Ich gehe durch das Portal aus dem 13. Jahrhundert in den kühlen Vorraum, der einen ersten Blick in die Kirche erlaubt. Es gibt zwei Mittelschiffe, einen Chorumgang, zwei Sakristeien, einen Kapitelsaal und insgesamt 17 Kapellen. Alles ist vollgestopft mit kostbaren Schätzen. Natürlich findet sich der Geist des Jakobswegs in der Kathedrale überall wieder. Es gibt die Jakobskapelle, einen in Stein gehauenen Kopf eines Pilgers auf einem Kapitell im Kreuzgang, eine Jakobsstatue und schließlich im Chor eine Darstellung der Marienerscheinung des heiligen Jakobus. Genug für mich, um auch in dieser Kirche zu stiller Einkehr zu gelangen.

Dann stehe ich wieder mit den anderen auf dem sonnigen Vorplatz. Mir fällt ein Plakat ins Auge, das den Besuch des Papstes ankündigt, und zwar sehr zeitnah. Da der 25. Juli, der Tag des Jakobus, ein Sonntag war und damit 2010 ein heiliges Jahr ist, reist der Papst anscheinend in einer Art Rundreise durch den Norden Spaniens entlang des Camino und hält Messen im ganzen Land. Das wäre natürlich die Krönung, wenn ich den Papst live erleben könnte und ihm sozusagen über den Weg laufe. Aber ich bin realistisch, das wird nicht passieren.

Wir beschließen, unseren Pilgerweg durch Burgos fortzusetzen. Die Stadt wurde 882 von Alfons III. dem Großen, König von León, gegründet. Er wollte damit seinen Siegen und dem damit verbundenen Landgewinn über die Moslems Ausdruck verleihen. So blieb Burgos lange Zeit die Hauptstadt Kastiliens, bis ein weiblicher Nachkomme der kastilischen Könige durch Heirat Spanien einte und Valladolid zur Hauptstadt wurde. Damit war die Herrschaft von Burgos zu Ende. Natürlich ist vor diesem Hintergrund die Stadt übervoll mit Geschichte und Kultur. Mein Führer rät an dieser Stelle zu einem Ruhetag, um sich das alles anzuschauen. Ob es ein Fehler ist, sei dahingestellt, aber ich ignoriere diesen Rat und gehe mit den anderen.

Martin möchte von hier seiner Frau einen Blumenstrauß per Fleurop schicken, wie sich zeigt, ein teurer Spaß von immerhin 65 Euro. Steffi, Torsten und ich warten über eine halbe Stunde auf ihn, so lange dauert die Aktion. Torsten geht schon mal vor, weil er eine Bank braucht, um Geld abzuheben. So stehen ich und Steffi allein da und warten uns langsam, aber sicher die Beine in den Bauch. In den vorbeifahrenden Bussen glauben wir den ein oder anderen Rucksack entdeckt zu haben. Das kann man natürlich machen, die Etappen abkürzen. Aber wenn ich ehrlich bin, ist das irgendwie Verrat an der Sache. Entweder du läufst das hier, oder du lässt es bleiben. Wenn ich einen Marathon laufe, fahre ich ja auch nicht zwischendurch Bus.

Die Warterei fängt langsam an zu nerven. Nach einer Weile stoßen Willem und Hermann zu uns. Hermann ist ein Österreicher um die 50 und sieht aus wie der Alm-Opa aus der Milka-Werbung. Wenn ich den typischen Pilger malen müsste, dann wäre er Hermann wie aus dem Gesicht geschnitten.

Wir beschließen endlich weiterzugehen, die anderen finden wir schon wieder. So verlassen wir Burgos und gehen erneut ein Stück mehr, als der Führer empfiehlt, denn eigentlich sollte in Burgos heute Schluss sein. In der freien Natur nimmt jeder wieder Geschwindigkeit auf und unsere Gemeinschaft zieht sich auseinander. Mittlerweile hat Martin zu mir aufgeschlossen und wir gehen zusammen. Wir reden über den Sinn des Camino und über das mögliche Ergebnis einer solchen Reise. Wieder stelle ich fest, wie unterschiedlich die Erwartungen und die Einstellung sein können, mit denen man den Weg beginnt. Martin mit seinem familiären Hintergrund ist bei sich angekommen und hat einen entspannteren Blick auf das Wandern, anders als ich. Für mich könnte ruhig ein alter Mann mit weißem Bart aus den Wolken fahren und mir ein paar Weisheiten ins Ohr flüstern. Ich finde auch die gelben Pfeile nicht schlecht, die mir den Weg weisen, auf dem ich mich dann beweise. Diese Vorgaben werden schon bald nicht mehr da sein und abgelöst werden von Entscheidungen, die mit allen Konsequenzen meine sind. Das macht eben den Weg so frei und leicht, ich muss mich um nichts kümmern. Meine einzige Aufgabe ist es, zu erleben.

Das Gespräch mit Martin tut gut und wir lassen die Kilometer hinter uns. Es ist inzwischen heiß geworden und wir schleppen uns zur nächsten Ortschaft, um dort auf Torsten zu warten. Im Schatten der Bäume legen wir uns auf zwei Parkbänke und warten ab. Ich spüre nun meinen Fuß ganz deutlich. Er signalisiert mir, dass es für heute mal langsam gut sein soll mit Wandern. Ich stimme ihm zu.

Ungefähr eine halbe Stunde müssen wir warten, dann taucht Torsten auf. Wir schleppen uns erneut alle miteinander durch die Hitze und erreichen das nächste Dorf. Ein Schild an der Straße bietet hier Übernachtungen in einem Hotel für 15 Euro an. Das Hotel ist anscheinend nagelneu, liegt aber auf einem Hügel, der erst mal erklommen sein will. Torsten ist deutlich anzumerken, er braucht diesen Anstieg nicht mehr, aber Martin und ich sind neugierig. Wir einigen uns darauf, es zu probieren.

Wir müssen uns durchfragen, keiner scheint das Hotel zu kennen und eigentlich laufen wir gerade blind durch die Stadt. Dann ist es da und wir gehen zur Rezeption. Ein etwas dicklicher Spanier scheint überrascht zu sein, dass sich jemand auf das Schild am Ortseingang bezieht und den Weg tatsächlich gefunden hat.

Kurz und gut, es stellt sich raus, dass die Zimmer in Wirklichkeit 27 Euro pro Person kosten. Es ist ein Betrug vom Allerfeinsten, den der Portier auch nicht wirklich erklären kann. Wir verschwenden nicht weiter unsere Zeit und gehen genervt den Hügel wieder runter zurück ins Dorf. Dann also kein Hotelbett, bleibt die übliche Herberge, und die ist heute etwas Besonderes. Von außen ganz normal, erwartet uns drinnen die resoluteste Herbergsmutter des Jakobswegs. Sie weiß, was sie will, und macht klare Ansagen. Wie die Schulkinder bekommen wir einen Befehl nach dem anderen. Gleich zu Beginn müssen wir unsere Schuhe auszuziehen, bekommen jeder einen schwarzen Müllsack, in den wir unsere Rucksäcke packen müssen, einen anderen, in den unsere Kleidung kommt. Der Schlafsack kommt als Einziges gleich aufs Bett, „damit jeder weiß, hier ist besetzt".

Zuerst hatte ich befürchtet, sie schmeißt die schwarzen Tüten gleich auf den Müll, aber falsch gedacht, sie werden jeweils an unsere Bettpfosten gehängt. Wir schauen uns an und können es nicht glauben. Es ist witzig und skurril zugleich. Die Erklärung kommt in der anschließenden „Besprechung", die sie mit uns abhält. Während sie eingehend unsere Pilgerpässe und Ausweise studiert, was vorher noch nie jemand gemacht hat, eröffnet sie uns, dass es vor fünf Jahren einen Wanzenbefall gegeben hat und sie seitdem vorsichtig ist. Das erklärt einiges, aber nicht alles. Wir müssen uns immer noch zusammenreißen, um nicht zu lachen und das vielleicht noch erklären zu müssen. Sie sagt uns, dass es bei ihr das Pilgermenü gibt, und ich bin mir für einen kurzen Moment nicht sicher, ob das ein Angebot oder eine Tatsache ist. Jedenfalls ist die Spezialität der Region dabei, morcilla, eine Art Blutwurst. Na danke, da verzichte ich. Auch wenn ich dann ohne Essen ins Bett geschickt werde.

Wir dürfen jetzt auf unser Zimmer gehen. Es bleibt nichts anderes übrig, als Witze über diesen Aufenthalt zu machen. Ich frage mich ernsthaft, ob es wohl verboten ist, sich vor Einbruch der Dunkelheit ins Bett zu legen. Eine Stunde später gehen wir ein paar Schritte in die örtliche Bar, um zu essen. Das Abendessen ist mehr schlecht als recht. Wir sind geschafft und der Weg zurück in „unsere Kaserne" steigt steil an. Ich humple ein bisschen, Torsten hat immer noch eine dicke Wade und Martin einige Blasen an den Füßen. Es sieht aus wie die hundert Meter der Männer bei den Paralympics.

Beim Eintritt in die Herberge hören wir gesellige Stimmen aus dem hinteren Bereich, wo die nicht Abtrünnigen der Blutwurst zusprechen. Unsere Herbergsmutter kommt, denn sie hat versprochen, sich Torstens Wade anzuschauen und speziell zu massieren.

Wenn man sich so umschaut, sind die Räumlichkeiten schon einmalig. Der Besprechungsraum von vorhin ist klein, extrem hoch und bis zur Decke mit Bildern rund um den Jakobsweg gepflastert. Hier befindet sich auch ein echter Brunnen im Zimmer. Im Flur hängen Bilder ihres Mannes, der sich als eine Berühmtheit des Camino herausstellt. Er ist den Weg schon seit den sechziger Jahren gegangen und jedes Jahr erneut unterwegs. Im Grunde verständlich, bei der Frau würde ich auch anfangen zu laufen.

Ich bin müde und lege mich ins Bett. Es ist besser, ich schone, so gut es geht, meinen Fuß. Ich creme ihn ein und versuche ihn ein wenig zu kühlen. Das wäre was, wenn ich mich bis nach Santiago humple. Der morgige Tag wird entscheiden, ob es besser oder schlechter wird. Ich drehe mich zur Wand, sonst bekomme ich noch einen Gutenachtkuss, ich kenne die Gepflogenheiten des Hauses zu wenig. Der Tag war heftig, ich bin erschöpft und schlafe.

Tardajos – Castrojeriz

Am nächsten Morgen drängen wir uns im kleinen Bad und machen uns fertig. Was ich hier zum ersten Mal bewusst wahrnehme, ist der Geist des Teilens in den Herbergen. Auf dem Fensterbrett neben dem Waschbecken steht ein kleines Körbchen, das allerlei Shampoo, Cremes und Medikamente enthält. Hier darf sich jeder nehmen, was er braucht, oder auch etwas dazulegen. Ich schaue die Sachen kurz durch, kann aber nichts Brauchbares entdecken. Ich halte es besonders morgens immer so, peinlich genau auf meine Dinge zu achten, damit ich nichts vergesse. Das Durcheinander auf dem Bett und im Rucksack ist schlecht zu vermeiden und durch den meist raschen Aufbruch vergisst man schnell das eine oder andere. Bisher habe ich Glück gehabt, vom Handtuch abgesehen, andere haben schon Sonnenbrillen, Wäschestücke und sogar Geld liegen lassen. Wenn ich mich so zurückerinnere, mit etwas gutem Willen hätte ich mich schon von den vergessenen Sachen komplett neu einkleiden können.

Wie auch immer, das kleine Bad heute lässt nur eine Katzenwäsche zu. In der Nacht war Torsten der große Schnarcher, der den ganzen Raum unterhalten hat. Wir packen müde unsere Sachen und müssen die schwarzen Säcke bei der Herbergsmutter abgeben, dann gehen wir gegen 7.30 los. Ich merke meinen Fuß jetzt deutlich und kann nur langsam gehen. In Absprache mit Torsten und Martin beschließen wir es gemeinsam langsam angehen zu lassen. Vor allem Martin hat gerade etwa eine halbe Stunde seine Zehen behandelt. Auch bei Torsten scheint die gestrige Behandlung nicht so toll angesprochen zu haben. So belasten wir auf den ersten Metern vorsichtig unsere Knochen und gehen durch das morgendliche, menschenleere Dorf. Mit dem Dorf im Rücken laufen wir auf die Meseta zu. Damit ist die Landschaft beschrieben, die uns die nächsten 200 Kilometer begleiten wird.

Die Meseta ist eine Hochebene, die flach und eintönig dem Pilger einiges abverlangt und bei manchen gefürchtet ist. Mein Führer beschreibt das so: „Die heutige Etappe kündigt schon an, was uns nun bis León erwartet: die Durchquerung der Meseta – über 200 Kilometer! Es ist eine Hochfläche auf 800 – 900 Metern Seehöhe, eiskalt und vom Westwind gepeitscht im Winter und glühendheiß, fast schattenlos im Sommer. Wenn wir jedoch früh aufbrechen, mit einer zusätzlichen Trinkflasche versehen, wird der Marsch durch diese endlose Weite, über der sich ein Himmel ohne Grenzen wölbt, alles andere als ein Leidensweg. Im Gegenteil, hier wird das Gehen zur Meditation, wo der Geist frei umherstreicht und sich in den fernsten Gedanken verlieren kann. Vom Weg abkommen können wir nicht, dafür ist er zu gut markiert. Wohin sich unser Geist bewegt auf diesen langen, monotonen Kilometern, steht natürlich auf einem anderen Blatt geschrieben …"[4]

Nun ja, auf meinem Blatt jedenfalls steht gerade geschrieben, den recht eindrucksvollen Berg vor mir zu erklimmen, um erst mal auf die Meseta zu kommen. Ich beginne mit dem Aufstieg.

---

[4] Jean-Yves Grégoire, Louis Laborde-Balen: Der spanische Jakobsweg – Camino Francés: von Saint-Jean-Pied-de-Port nach Santiago; ein Pilgerführer; Tyrolia, Innsbruck/Wien 2010

Mein Fuß hat jetzt keine Zeit mehr wehzutun, er muss funktionieren, sonst kann ich mich gleich platt auf den Schotter setzen. Der Berg ist nicht hoch, aber steil und so sehe ich nur die Schritte des Vordermanns und meine eigenen, die sich den Weg durch den Naturpfad bahnen. Für den Sonnenaufgang habe ich jetzt keinen Blick, ich bin erst eine halbe Stunde unterwegs und bereits verschwitzt. Und es ist gerade mal acht Uhr. So ist das halt auf dem Camino, der Tag fängt nicht langsam an, sondern von der ersten Minute an werde ich gefordert. Dann betrete ich zum ersten Mal das Hochplateau. Es gibt einen Aussichtspunkt mit einem zusammengezimmerten Unterstand, wo eine Menge Radfahrer Halt machen. Einige frühstücken, aber mir ist das jetzt zu früh. Und zu ungemütlich. Auf der Ebene hier oben pfeift ein ganz schöner Wind, und der ist aufgrund der fehlenden Sonne momentan kalt. Ich ziehe den Reißverschluss meiner Windjacke bis oben zu und schaue in die Runde. Mein Wanderführer hat nicht zu viel versprochen. Diese Gegend gibt wirklich nicht viel her, ist aber irgendwie eine spannende Herausforderung.

Dann mal los, zusammen gehen wir in die karge neue Welt. Zunächst geht es ein ganzes Stück bergab, erst dann bis auf Weiteres flach geradeaus. Wie meistens ist der Weg bergauf nicht weniger schwierig als der Weg abwärts. Der Schotterweg hat jetzt tiefe Furchen, die wahrscheinlich durch Regenwasser entstanden sind. Das macht das Laufen in Schlangenlinien, die man normalerweise gehen sollte, um seine Gelenke zu entlasten, schwierig. Beim Aufstieg waren meine Beschwerden eigentlich weg, jetzt sind sie wieder da. Die volle Belastung des Fußes durch das Gewicht des Körpers plus Gepäck macht jeden Schritt zu einer gut durchdachten Aktion. Immer wieder überholen uns ganze Gruppen von Radfahrern von hinten und wir müssen auf die schlechtere Seite des Weges ausweichen.

Das kostet zusätzlich Kraft und beginnt bei allem Verständnis zu nerven. Würde bei diesem schmalen Weg ein Radfahrer mit seiner Satteltasche meine Beine wegreißen, könnte ich wahrscheinlich nach Hause fahren.

Die Meseta, 200 Kilometer karge Hochebene

Zum Glück geht alles gut und wir erreichen den flachen Part, wo der Weg etwas breiter ist. Der Wind ist dagegen geblieben und ein unangenehmer Begleiter. Er kommt natürlich von vorn, woher auch sonst. Man kennt das ja auf freiem Gelände, du kannst die Himmelsrichtung wechseln, wie du willst, der Wind weht dir immer ins Gesicht. Die Sonne steht zwar mittlerweile am Himmel, aber ihre Wärme und der Wind heben sich gegenseitig auf und so laufen wir vor uns hin, bis am Horizont das erste Dorf für heute in Sicht kommt. Das bedeutet Frühstück.

So klein die Dörfer sind, sie haben immer einen kleinen

Marktplatz. In der Sonne scheinen mehrere Cafétischchen und Stühle wie für uns bereit zu stehen. Es ist windgeschützt und warm. Auch die Radfahrer haben ihre Räder entlang der Straße abgestellt und machen Pause. Als Torsten sie so auf dem Bürgersteig sitzend und stehend beobachtet, kommentiert er das nur kurz: „Auf Sitzplätze sind die wohl nicht scharf." Ich finde das witzig und wahr.

Der Ort hat zwei Bars oder Cafés und damit alles, was der Pilger braucht. Ich nutze die Chance auf die Toilette zu gehen. Das ist in den vergangenen Stunden nicht einfach gewesen, denn der Abstand zwischen uns und den anderen Pilgern betrug nur wenige Minuten und das Land ist flach und ohne Büsche. Zudem ist bei dem Wind die Richtung genau vorgegeben, in die man besser pinkeln sollte. Diese Widrigkeiten machen Dörfer am Wegesrand unter anderem überlebenswichtig. Wir sitzen also in der Sonne und genießen den ersten Kaffee des Tages. Wir lernen Simon kennen, einen Deutschen, besser gesagt einen Sachsen. Er berichtet Unglaubliches. Er ist schon seit März diesen Jahres unterwegs und bereits durch Deutschland und Frankreich gepilgert. Insgesamt hat er stolze 3.600 Kilometer seit seinem Start in Leipzig hinter sich gebracht. Ich kann es nicht glauben, das ist weit mehr als viermal hintereinander den Jakobsweg zu gehen. Und dafür sieht er echt noch fit aus. Simon ist Malermeister und selbstständig, seine Frau und seine Kinder führen den Betrieb, während er weg ist. Kann ich nachvollziehen, wer könnte sich auch sonst so eine Auszeit erlauben, ohne daheim alles zu verlieren. Über seine Intention sagt er wenig und wir verzichten darauf nachzubohren, obwohl es mich schon sehr interessiert hätte. Wieder einmal zeigt es sich, was für interessante Menschen man auf dem Weg treffen kann. Und jeder ist ein Anstoß für eigene Gedanken und damit eine Bereicherung.

Wir unterhalten uns eine Weile, dann gehe ich noch mal in den Laden zurück, um für unterwegs eine Prinzenrolle zu kaufen. Plötzlich gibt es draußen einen Tumult. Ein landwirtschaftliches Gefährt von nicht unwesentlicher Größe bahnt sich den Weg durch die Dorfstraße und droht die Fahrräder am Straßenrand einfach mitzunehmen. Wie von der Tarantel gestochen springen alle die auf, die eine Radlerhose tragen, und rennen zu ihren Rädern wie nichts Böses. Für uns Fußgänger ein lustiges Bild, aber leider nur von kurzer Dauer.

Damit ist die allgemeine Pause irgendwie vorbei und wir brechen auf. Während unseres Stopps ist auch Willem zu uns gestoßen und ein Pärchen, Christian und Elli, beides Deutsche. So beginnen wir den Weg durch die Meseta zunächst zu sechst. Sehr bald sind wir zurück auf den Kieswegen, es ist weiterhin kalt, heiß und windig. Im Normalfall hätte ich längst die Jacke ausgezogen, aber für mich ist es besser, ich behalte sie diesmal an. Ich muss neuerdings husten, der Wechsel von warm und kühl macht sich bemerkbar. Sich jetzt eine Erkältung einzufangen wäre ganz schlecht. Ich muss Torsten bewundern, ihm scheint der Wind nichts auszumachen. Er trägt jeden Tag sein gewaschenes Hemd, sein „long sleeve". Ist es morgens noch kühl, besteht seine einzige Handlung darin, den Kragen hochzuschlagen und die Ärmel runterzukrempeln. Ich bin ja wirklich nicht empfindlich, aber das wäre mir dann doch zu wenig.

Unsere Gruppe zieht sich bald auseinander, Simon ist offensichtlich ein anderes Tempo gewöhnt, verabschiedet sich und verschwindet am Horizont, dass wir nur staunen können. Ich laufe bald mit Torsten allein und wir unterhalten uns wie immer bestens. Links und rechts des Weges ziehen sich meist Weizenfelder bis zum Horizont, optisch gibt es kaum Fixpunkte. Der Wind hat sich gelegt und es ist nur noch heiß. In einer

Talsenke kündigt sich das nächste Dorf an, eine willkommene Mittagspause. Willem will mich überreden hier zu bleiben, aber ich denke, ich werde noch ein Stück gehen. Obwohl es schon verlockend ist, das muss ich zugeben. Die Herberge wirkt gemütlich und hat sogar einen Pool und der Ort ist auch recht einladend.

Wie so oft sind wir alle wieder beisammen, in den wenigen Orten des Weges trifft man sich eben. Langsam wird es zur Regel, dass ich gewisse Gesichter immer wieder sehe. Mit einigen habe ich nie gesprochen, sondern wir haben uns bisher nur freundlich gegrüßt. Aber man kennt sich und ist miteinander verbunden, auch ohne Worte.

Ich sitze am Rand der Hauptstraße in der Sonne und esse meine Reste, die ich im Rucksack finde. Dazu gibt es ein wenig Obst und Wasser. Ich fülle mein Wasser am Kirchenbrunnen auf. Das frische, kalte Wasser tut gut und ist in der Hitze das einzig wahre Getränk. Dann sitze ich wieder in der Sonne, habe meine Schuhe ausgezogen und meine Füße auf dem Stuhl. Ich beobachte hier einen Vorgang, den ich später noch öfter sehe. Das Gas wird angeliefert. Ein Laster mit offener Ladefläche fährt hupend durch die kleinen Gassen und hält hier und da. Dann kommen die Besitzer der Bars und bringen ihre leeren Gasflaschen und bekommen neue ins Haus geliefert. Die Flaschen sind knallorange und schon von Weitem gut zu erkennen. Ein Spanier mittleren Alters wuchtet die schweren Flaschen vom Wagen und die leeren hinauf. Sieht aus wie ein Knochenjob. Der Mann hat jetzt sein Geschäft gemacht und fährt laut hupend weiter. Die Hunde machen ihm nur in letzter Sekunde Platz. Bei der Wärme liegen sie mitten auf der Straße und lassen sich durch nichts und niemand stören. Ich mache ein Foto von einem kleinen Hund, dessen Rasse undefinierbar ist, der alle Viere von sich streckt und seelenruhig den Weg blockiert. Dann verabschiede ich mich von Willem und wir machen uns wieder auf den Weg.

Unser Ziel ist Castrojeriz, ein Ort, der zerstört und wieder aufgebaut wurde und zu Füßen einer um 760 n. Chr. gegründeten Ruine liegt. Aber bis dahin geht es noch ein ganzes Stück durch die Sonne. Wie immer am frühen Nachmittag ist es besonders heiß und das Weiterlaufen kostet uns Überwindung. Die Wege sind erneut schnurgerade und führen durch eine einsame, tolle Landschaft. So wandern wir über leichte Hügel zur Klosterruine San Anton. Sie liegt direkt an einer Straßenbiegung und ist der traurige Rest einer eindrucksvollen Institution, wo die Mönche früher Essen an die Pilger verteilten. 1145 wurde sie den Antonitern anvertraut, einem französischen Orden, der eigens gegründet worden war, um Kranke zu heilen, die vom St.-Antons-Feuer, dem Rotlauf, befallen waren. Diese sehr schmerzhafte Krankheit war im 10. Jahrhundert in Europa erstmals aufgetaucht. Die Kranken kamen nun zum heiligen Anton, um sich behandeln zu lassen, was das trockene Klima der Gegend begünstigte. Die Mönche damals taten ihr Bestes und sollen sogar Flöte für die Menschen gespielt haben.

Den Orden der Antoniter gibt es heute nicht mehr und so stehe ich vor einem halb verfallenen Kloster, nur ein Bogengewölbe mit eingemeißelten Skulpturen spannt sich als Überbleibsel in diesen Tagen über die Straße. Die Fassade, der Glockenturm, die Apsis und ein Stück der Mauer sind ebenfalls noch da. Man kann die Ruine betreten und ich staune nicht schlecht. Ein Deutscher und eine Spanierin betreiben hier seit einiger Zeit eine private Herberge. Wir werden freundlich begrüßt und der Herbergsvater erklärt uns alles, was wir wissen wollen. Auch diese Übernachtungsmöglichkeit ist auf „donativo"-Basis, man kann so viel Geld geben, wie man hat oder möchte.

Es ist spürbar und zu sehen, hier sind zwei Menschen mit Herz am Werk. Die Ruine ist romantisch und ein wirklich abgefahrener Ort für die Nacht. Ich möchte eigentlich bleiben, aber Torsten will unbedingt zu einer Apotheke und Martin ist der Standard zu einfach. Das ist allerdings wahr, Duschen gibt es hier nicht, nur kaltes Wasser aus der Schüssel. Die Betten wirken auf den ersten flüchtigen Blick sauber, sind aber im Grunde draußen und nur mit einer Plane abgetrennt. In der ganzen Ruine fliegen eine Menge Tauben und zum Waschen müsste man sich zum Fluss bemühen. Dagegen sind die Herbergen bisher Gold, aber eben auch nicht zu vergleichen mit diesem geschichtsträchtigen Ort.

Es läuft darauf hinaus, dass ich mich trennen müsste, die beiden sind nicht zu überzeugen. Und auch ich habe meine Zweifel, vor allem wegen der Kälte in der Nacht. Ich habe noch immer leichten Husten und will das ungern durch die Nacht hier schlimmer machen. Es ist entschieden, wir verzichten auf das Erlebnis und ziehen weiter.

Es wird anstrengend. Ich bin nun richtig erschöpft, meine Füße tun mir weh vom ewigen Gelatsche durch die Landschaft und die Sonne. Es sind von hier aus noch weitere vier Kilometer bis Castrojeriz. Das hört sich nicht viel an, ist aber eine Ewigkeit, wenn man das Ende herbeisehnt. Als wir das kleine Dorf unterhalb der Ruine erreichen, haben wir alle keine Kraft mehr. Die Meseta hat uns fürs Erste geschafft. Gleich am Ortseingang gibt es eine Bar und ich beschließe einfach mal nach einem Zimmer zu fragen. Es gibt eins, aber Torsten ist wenig begeistert, ich denke, auch weil er mit seinem Geld haushalten muss. So schleppen wir uns weiter in den Ort, aber die versprochene Herberge kommt und kommt nicht. Sinnigerweise liegt sie nahe am Ortsausgang, was meine Stimmung nicht hebt. Ich habe keine Lust mehr auf Herbergen, schon gar nicht mit der Erfahrung der letzten Nacht. Mal wieder ein richtiges Bett haben, ohne mit dem Geld unterm Kopfkissen schlafen zu müssen, das wäre schon was. Und dann sehe ich es. Eine kleine Pension taucht wie ein Geschenk direkt vor mir auf und mir ist sofort klar, hier bleibe ich. Ich gehe keinen Schritt mehr, die Herberge kann mir gestohlen bleiben. Mit der Entscheidung kommt die Kraft zu mir zurück. Ich teile meinen Entschluss den beiden mit, sie sind einverstanden.

Wir verabreden uns für später und ich betrete den kühlen Raum. Mit meinem Rucksack und den müden Knochen komme ich mir kurz wie ein Alien vor, aber der Besitzer der Pension empfängt mich freundlich und wir erledigen die üblichen Formalitäten. Dann zeigt er mir einen deutschen Personalausweis. Ob ich denjenigen kenne, fragt er mich. Ich schaue auf das Bild im Ausweis, ein untersetzter Mann mittleren Alters schaut zurück, ich kenne ihn nicht. Der Hotelier bittet mich, da er mit den Angaben auf dem Pass Schwierigkeiten hat, ob nicht ich nach meiner Rückkehr den Mann kontaktieren und ihm den Pass zurückgeben könnte. Irgendein Pilger hat anscheinend vor zwei Wochen seinen Ausweis hier vergessen. Ich bin zu müde, um klar zu denken, und stecke den Ausweis ein. Gleichzeitig bitte ich ihn mir meinen zurückzugeben. „Ach ja, bitte sehr", sagt er.

Er zeigt mir kurz die Lobby. Sie verfügt über einen großen Aufenthaltsraum und nach hinten raus über eine kleine bewachsene Terrasse, sieht gemütlich aus. Ein großer Kühlschrank zur Selbstbedienung steht in einer Nische und bietet eiskaltes Bier, Cola, Schweppes und andere regionale Erfrischungen. Ich nehme mir ein Bier und eine Cola und lege das Geld auf einen kleinen Teller daneben. Dann zeigt er mir mein Zimmer. Mit den Worten „relax as much as you can" verabschiedet er sich und lässt mich allein. Der Raum ist großzügig geschnitten und hat zwei Betten und ein großes Bad. Während ich mich umschaue, habe ich immer noch meinen Rucksack auf. Ich werfe meinen ganzen Kram auf ein Bett und lege mich nackt auf das andere. Ich mache die Dose Bier auf und werde wieder Mensch. Das war eine gute Entscheidung, dann schlafe ich ein.

Etwa eine Stunde später wache ich auf, es ist kühl geworden und ich decke mich schnell zu. Ich beschließe heute nirgendwo mehr hinzugehen. Torsten und Martin werde ich morgen schon treffen. Für das Abendessen habe ich vorgesorgt und im letzten Dorf eingekauft. Ich baue alles vor mir auf der Decke auf und esse wie ein König. Der Serranoschinken schmeckt und erhöht zusammen mit den Oliven den Salzgehalt meines Körpers. Es ist noch früh am Abend, aber die Straßen des Dorfes sind bereits still. Ich genieße die Ruhe und die sauberen Laken, stelle meinen Wecker auf 5.45 Uhr und schlafe endgültig ein.

Castrojeriz – Población de Campos

Der Morgen ist da und ich bin ausgeruht und frisch. Endlich kann ich mich wieder im eigenen Bad in Ruhe fertig machen. Ich bin so früh angezogen, dass ich warten muss, bis es etwas heller wird. Ungefähr eine halbe Stunde sitze ich da und beobachte das kräftiger werdende Morgenlicht. Als ich das Zimmer verlasse, ist es im Haus noch dunkel. Ich gehe vorsichtig die Treppe runter und komme am Frühstücksraum vorbei. Gestern hatte ich das Angebot ausgeschlagen, hier zu frühstücken. Ein kurzer Blick hat gereicht, um zu sehen, dass es außer Abgepacktem nicht viel zu geben schien. Derselbe Süßkram wie immer, das kann ich später in jeder Bar bekommen.

Als ich langsam am Raum vorbeigehe, sehe ich zwei überraschte Gäste allein am Tisch sitzen, die mich anschauen, als hätten sie gerade einen Geist gesehen. Mit einem Pilger mit Rucksack aus dem ersten Stock haben sie wohl um sieben Uhr morgens nicht gerechnet. Ich verlasse das Hotel und stehe auf der kalten Straße. Zuerst mal einfach in die Richtung, in der gestern Torsten und Martin verschwunden sind.

Ich durchquere langsam das Dorf und komme an einer Herberge vorbei, deren Tür offen steht. Gegen sieben Uhr ist überall in den Herbergen allgemeiner Aufbruch. Ich spähe durch die Tür, kann aber kein bekanntes Gesicht entdecken. Ob die beiden bereits losgelaufen sind oder nicht, lässt sich schwer feststellen, wenn ich aber von den letzten Tagen ausgehe, werden sie später starten. Die holen mich schon ein.

Ich habe jetzt keine Lust meinen Wanderführer zu studieren und so hänge ich mich mit einigem Abstand an die Nächsten dran, die sich auf den Weg machen.

Der Tag begrüßt mich mit Kälte und Wind. Mein Fuß beziehungsweise mein Schienbein meldet sich zurück mit leichtem Schmerz. Ich ziehe meinen Kopf ein und stapfe in den Morgen. Castrojeriz ist nicht groß und ich bin bald aus dem Dorf raus und wieder Richtung Meseta unterwegs. Nach einiger Zeit überholt mich Maurizio, ein kleiner, dünner Italiener mit beidseitig bandagierten Knien und seinem Markenzeichen, einem übergroßen Stock. Er ist einer von denen, die man grüßt und mit denen man ansonsten nicht in Kontakt kommt. Ich weiß von ihm nur, dass er beim Anblick der Kathedrale von Burgos geweint haben soll. Das macht ihn sympathisch und zugleich zu einem echten Pilger. Es heißt, einmal auf dem Weg kommen einem die Tränen. Ich weiß nicht, ob das stimmt oder nur eine kitschige Legende ist, bei mir war es bis jetzt jedenfalls nicht der Fall.

Maurizio und ich unterhalten uns kurz über das heutige Ziel und das Wetter, dann ist er wieder außer Reichweite. Er geht aus meiner Sicht extrem schnell, trotzdem treffe ich ihn regelmäßig wieder. Was dafür spricht, dass der Rhythmus von uns allen wohl unterschiedlich sein mag, wir aber im Wesentlichen nicht viel schneller sind als der andere.

Ob schnell oder nicht, mein Tagesziel liegt 26 Kilometer entfernt und heißt Frómista. Wie mein treuer Führer mir verrät, führt der heutige Weg weitab der Straße durch das Herz der Meseta. Zunächst geht es bergauf und ich genieße den morgendlichen Panoramablick auf die Hochebene. Der nun folgende Schotterweg ist kerzengerade und scheint nicht enden zu wollen. Der Wind sucht sich zielsicher seinen Weg durch meine Kleidung und macht keine Lust auf Pause. Wo auch, es gibt hier weit und breit kein geschütztes Plätzchen. Der Weg steigt leicht an und am Horizont scheint sich eine kleine Station abzuzeichnen, Genaues ist von hier aus nicht zu erkennen Ich komme näher und sehe jetzt einen Tisch und zwei ältere Männer, die Kaffee und Obst verteilen. Dankbar nehme ich mir einen Pappbecher Kaffee und zwei Bananen.

Die Bezahlung ist auch bei diesem Stand freiwillig. Ich krame in meinem Rucksack und gebe einen Euro. Um diese Uhrzeit und bei diesem Wind freiwillig und auf Spendenbasis Getränke und Obst auszuteilen, das fordert mir höchsten Respekt ab. Es gibt einem das Gefühl wie bei einem Marathonlauf, wenn sich der verschwitzte Läufer im Vorbeilaufen die Wasserflasche schnappt, sie sich über den Kopf gießt und dann zur Seite wirft. Nicht ausgeschlossen, dass die Männer ihre Rolle an diesem ungastlichen Platz ganz ähnlich interpretieren.

Wenige Schritte weiter endet der Kiesweg, ich laufe nun auf einer Teerstraße weiter und esse nachdenklich meine Bananen. Eigentlich keine schlechte Fügung, heute allein zu laufen. Mich interessiert schon meine Reaktion auf diese karge Weite, und das Tag für Tag. Wenn ich überlege, wie lange ich für 200 Kilometer gebraucht habe, dann wäre es besser sich mit der Meseta anzufreunden. Ich müsste mittlerweile ungefähr 350 Kilometer gelaufen sein. Wenn ich darüber nachdenke, was für eine Wahnsinnsstrecke. Und ich bin immer noch im Spiel.

Meine Straße schlängelt sich langsam durch bestellte Felder zur Einsiedelei San Nicolás, einem 1171 gegründeten Hospiz. Es heißt, es wurde von italienischen Jakobsfreunden restauriert und ist heute eine Pilgerherberge. Sieht echt urig aus und ist mit Sicherheit ein ausgefallener Platz zum Schlafen, vielleicht das nächste Mal. Wenige Schritte weiter überquere ich den Río Pisuerga. Die Brücke ist derart schmal, dass ich mir genau überlegen muss, wann ich losgehe, denn mitten auf der Brücke ist nur Platz für ein Fahrzeug oder einen Pilger. Ein Schild weist mich darauf hin, dass ich nun eine neue Provinz betrete, die Provinz Palencia. Schon nach ein paar Metern wird mir diese Region sympathisch. Vor mir erscheint ein kleiner Ort mit einer Bar und einer Sonnenterrasse. Ich beschließe zu frühstücken und auszuruhen.

Die Sonne ist inzwischen so stark, dass ich für den Rest des Tages auf meine Windjacke verzichten kann. Diese Jacke ist ein wahrer Glücksgriff, sehr leicht und trotzdem gut bei kühlem Wetter. Überhaupt ist mir meine Auswahl der mitgenommenen Kleidung absolut gelungen, es gibt nichts, was ich hätte weglassen können. Mit mir zufrieden blinzle ich in die Sonne, sehe die Pilger vorbeiziehen und genieße meinen kleinen Snack. Dann tauchen Torsten, Martin, Elli und Christian auf dem Weg auf und winken mir zu. Habe ich doch gesagt, die sind später los. Da die heutige Strecke laut Plan an nur wenigen Orten vorbeiführt, nutzen auch sie die willkommene Pause und setzen sich zu mir.

20 Minuten später sind wir wieder zusammen auf der Strecke. Unnötig zu sagen, dass wir schon wieder oder immer noch die langen Kieswege bezwingen. Nur eine Sache hat sich seit wenigen Minuten geändert. Es sind ungefähr dreimal so viele Pilger unterwegs wie bis gerade eben. Als hätte jemand still und heimlich einen geheimen Startschuss gegeben, laufe ich plötzlich Schulter an Schulter mit Gruppen, Radfahrern und landwirtschaftlichen Fahrzeugen. Die Trecker sind riesig und nehmen auf uns wenig Rücksicht. Sie behalten ihre Geschwindigkeit bei und ich muss aufpassen den Weg rechtzeitig freizumachen. Die anschließende Staubwolke liegt noch mindestens eine Minute in der Luft und es ist besser, in dieser Zeit nicht zu atmen.

Ich werde das Gefühl nicht los, dass es den Bauern Spaß macht uns Pilger ein bisschen zu ärgern, ohne jemand etwas unterstellen zu wollen. Eins ist trotzdem klar, es nervt. Das, was gerade abläuft, ist die Horrorvision des Pilgerns. Wenn das die ganze Zeit so gewesen wäre, hätte ich abgebrochen. Auch die anderen sind meiner Meinung, ich brauche bloß in ihre Gesichter zu schauen.

Es ergibt sich, dass ich heute eine längere Zeit mit Martin laufe, und wir kommen ins Gespräch und auf seinen Job zu sprechen. Er hat ein Maklerbüro in Hamburg und ist damit selbstständig. Durch eine günstige Gelegenheit hat er das Büro von einem Bekannten übernehmen können und dann aufgebaut. Die Geschäfte müssen wohl ganz gut laufen, denn Martin scheint zufrieden und bei dem, was er mir erzählt, braucht man Geld. Urlaub hat er bereits rund um die Welt gemacht.

Ich finde es toll, wie er seine Berufung gefunden hat, aber ich fühle keinen Neid. Er hat lange Arbeitstage am Computer und wenig Freizeit. Nicht, dass Engagement etwas Schlechtes wäre, aber mein Berufsfeld ist das nicht. Ich bin mittlerweile so vertieft in unser Gespräch, dass ich die Anstrengung des Weges und alles andere um uns herum völlig ausblende. Nach einer Weile schließen wir zu den anderen auf, die in einem kleinen Café Pause machen. Torsten fängt schon wieder an zu essen, was mich betrifft, ich bin noch satt vom Frühstück.

Eine Bayerin setzt sich zu uns und hat eine Gitarre dabei. Sie ist sehr gesellig und fängt ungefragt zu spielen an. Ich erinnere mich an die akustische Mutprobe von Jens und erwarte nichts Gutes. Aber ich muss meine Meinung revidieren. Sie spielt sehr gut und hat eine außergewöhnlich gute Stimme. Sie erzählt uns, dass sie Jazzgesang in Salzburg studiert. Das hört man. Minutenlang kriegen wir nun ein Konzert im Biergarten geboten und lassen uns still mit unseren Gedanken treiben.

Das sind die kleinen Erlebnisse nebenbei, auf die ich zu Beginn meiner Wanderung gehofft hatte. So was kann man nicht beeinflussen, es passiert einfach und kann einem den ganzen Tag verschönern. Davon abgesehen ist Musik etwas, was ich auf dem Weg vermisst habe, das spüre ich gerade ganz deutlich. Viele haben elektronische Geräte dabei, ich habe ganz bewusst darauf verzichtet. Ich stehe nach wie vor dazu, auch wenn ich in dem Pulk von Menschen vorhin gerne Kopfhörer gehabt hätte.

Unsere Sängerin hat sich ihre Gitarre auch auf dem Weg gekauft, genauso wie Jens, der in diesem Moment zu uns stößt. Angelockt von dem Gesang holt er seine Gitarre raus. Aber er muss schnell einsehen, dass er es hier mit einer Klasse zu tun hat, zu der er nicht gehört. In der Zwischenzeit bekommen wir ein Lied nach dem anderen zu hören. Sie hört und hört nicht auf. Zwar laden die Lieder zum Träumen ein, aber der Punkt ist gekommen, an dem ich wieder in die Realität zurück will. Im Augenblick bin ich eher genervt. Die Kunst bei jedem Vortrag ist, ein gutes Ende zu finden. Was sie uns über ihre gesangliche Ausbildung berichtet, ist einerseits beeindruckend, aber auch ein wenig Angeberei. Mein charakterlicher Schnelldurchlauf in Sachen Kompatibilität für den Camino sagt mir: netter Gesang, aber nicht geeignet über den Tag.

Es ist Zeit an den Aufbruch zu denken und wir finden uns wieder auf dem guten alten Kiesweg. Bis Frómista wollen wir auf jeden Fall, wenn es geht, sogar noch einen Ort weiter. In der Hitze wird der Weg unerwartet quälend lang, ich weiß nicht, zum wievielten Mal er uns die letzten Reserven kostet. Aber wir erreichen schließlich das, was wir uns vorgenommen haben.

Wir stehen in Población de Campos und finden das Haus, das unsere Unterkunft sein müsste. Es ist niemand da, nur vom Rasen aus winken uns zwei junge Pilger zu, ein Junge und ein redseliges Mädchen. Sie haben ihre Sachen bereits gewaschen, auf der Leine aufgehängt und relaxen jetzt auf dem dazugehörigen Grün. Wir erfahren, dass wir uns im Hotel um die Ecke anmelden müssen, um in der Herberge schlafen zu können. Dort angekommen empfängt uns eine nette Spanierin mittleren Alters. Sie redet schnell und ausgiebig, obwohl ihr klar ist, dass wir sie nicht verstehen können. Das scheint sie nicht zu stören. In fließendem Spanisch erklärt sie uns alles Wissenswerte für unseren Aufenthalt.

Christian und Elli nehmen sich ein Zimmer im Hotel, wir versuchen es mit der Herberge. Eigentlich sind die Räume in Ordnung und gut in Schuss. Wir sind fast allein bis auf etwa fünf andere. Die Herberge hat sogar eine Küche, was uns in dem Entschluss bestärkt, heute endlich zu kochen. Torsten und ich wollten das schon die ganze Zeit, aber die Gelegenheit war nie da.

Gleich nach dem Duschen beginnen wir mit der Suche nach einem Supermarkt. Der Ort ist sehr übersichtlich und der einzige Laden schnell gefunden. Leider hat er geschlossen, wir schauen durch das staubige Schaufenster und sehen in eine traurige Auslage. Der Einkauf wird überschaubar werden, so viel ist bereits jetzt klar. Und wann öffnet der Laden eigentlich wieder? Ich kann von außen nichts entdecken, was mit Öffnungszeiten zu tun haben könnte. Wir beschließen, dass wir in der Bar gleich vorne an der Straße genauso blöd rumstehen können wie hier. Torsten lässt mich zudem wissen, dass sein Wadenmuskel kurz davor ist zuzumachen, und wir bestellen erst mal prophylaktisch zwei Bier.

Hinter der Bar steht eine nette junge Spanierin und informiert uns, dass der Laden so zwischen 18.00 und 20.00 Uhr öffnen wird. Na super, es ist eben 16.00 Uhr geworden. Da wir nichts weiter vorhaben, trinken wir noch ein Bier. Torsten entdeckt wie in Burgos den Rum hinterm Tresen und wir beschließen unser Repertoire zu erweitern. Die Zeit vergeht und wir sind mittlerweile beim Thema Frauen und Beziehungen angelangt. Es ist ein offenes und ehrliches Gespräch und jeder von uns weiß, das Gesagte ist beim anderen gut aufgehoben.

Gegen sechs versuchen wir es erneut beim Laden. Der hat jetzt auf und sieht von drinnen nicht besser aus als von außen. Vom Alkohol beflügelt spekulieren wir über die Möglichkeiten des Abendessens. Schnell werden wir abgelenkt durch die Theke, denn der Laden ist zugleich auch eine Bar. Das trifft sich gut, da steht ja derselbe Rum wie drüben! Als Christian zu uns kommt, ist die nächste Runde schnell eingeschenkt.

Wir kaufen darauf alles, was man braucht, um Nudeln mit Soße zu kochen, mehr gibt der Laden nicht her. Mit mehreren Tüten in der Hand treffen wir auf dem Weg zur Herberge auf Martin, der sich inzwischen gefragt hat, wo wir bleiben. Wie es der Zufall will, stehen wir vor der Bar, die wir gerade verlassen haben, und setzen uns. Jetzt gibt Martin einen aus, dann noch mal Christian. Langsam ist es mir wurscht, ob heute noch gekocht wird oder nicht.

Schließlich landen wir doch in der Küche und machen Salat, Nudeln mit einer mediterranen Tomatenfischsauce und einer Melone zum Dessert. Wir sind inzwischen alle betrunken und ich muss mich am Herd festhalten, um nicht das Gleichgewicht zu verlieren. Irgendwie gelingt es uns den Tisch zu decken und auch Elli ist mittlerweile da. Das Essen kann serviert werden! Dafür, dass wir ohne den Anflug von einem Plan drauflos gekocht haben, schmeckt es ausgezeichnet.

Población de Campos – Calzadilla de la Cueza

Ich weiß nicht, ob ich noch zum Dessert gekommen bin, jedenfalls ist das Nächste, was ich weiß, dass ich in meinen Klamotten plus Schuhe und Kappe aufgewacht bin. Der klassische Filmriss. Die anderen erzählten mir später, dass ich kurz auf die Toilette gehen wollte und sie mich dann schlafend im Bett gefunden hätten. Sie haben mich schlafen lassen und sind noch mal in die Bar gegangen, was trinken. Alles in allem ein denkwürdiger Abend.

Am Morgen wache ich also in meinen Sachen auf und liege ganz komisch verdreht im Bett. Meinen Wecker habe ich nicht gestellt, ich finde ihn irgendwo im Rucksack. Er zeigt an, dass es noch vor sechs ist. Im Bett gegenüber liegt Torsten, er schläft noch. Auch alle anderen in der Herberge sind noch nicht wach. Ich bringe mich so geräuschlos wie möglich in Rückenlage und analysiere die Situation. Der erste Griff geht zu meiner Bauchtasche, sie ist noch da, Gott sei Dank. Ich kontrolliere den Inhalt und mein Geld. Wenn jemand mich bestehlen wollte, er hatte seine Chance.

Als hätten wir uns verabredet, werden jetzt meine Mitstreiter munter und wir beginnen wie immer die morgendlichen Rituale. Heute mal etwas wortkarger als sonst. Gegen 7.30 sind alle Sachen gepackt und wir beschließen, im Hotel mit Christian und Elli zu frühstücken. Im Rausgehen werfe ich einen Blick in die Küche, sie ist sauber. Reife Leistung, Jungs, ihr habt gestern noch gespült!

Verkatert gehen wir die paar Schritte in der kühlen Morgenluft, dann betreten wir zusammen den Frühstücksraum des Hotels. Die redselige Spanierin ist auch heute wieder da und empfängt uns mit offenen Armen. Anscheinend hat sie nicht allzu viele Gäste, denn sie gibt sich große Mühe uns das Frühstück schmackhaft zu machen. Das muss sie gar nicht, wir haben Hunger und setzen uns. Der Preis beträgt pro Person 2,50 Euro, das wird demzufolge wohl kein Buffet sein. Sie gießt uns heißen Kaffee in die Tassen, im Vertrauen die schlimmste Brühe, die ich je getrunken habe. Dazu serviert sie ein Körbchen mit Zwieback und hartem Baguette, Erdbeermarmelade und Butter. Wer was anderes will, muss woanders hingehen. Das war's, mehr gibt es nicht fürs Geld. Ich esse das, was da ist, und sehe zu Christian und Elli. Sie sehen auch nicht besser aus als mein Frühstück.

Wir verabschieden uns und machen uns verkatert auf den Weg. Mein schlaues Buch klärt mich darüber auf, dass der größte Teil des heutigen Camino unter Asphalt liegt. Das bedeutet Straße und ist für mich eine gute Nachricht.

Schon bald bewahrheitet sich die Ankündigung und wir laufen entlang einer stark frequentierten Landstraße vor uns hin. Als Pilger hat man in einer solchen Situation grundsätzlich zwei Möglichkeiten, entweder man benutzt den extra angelegten Sandweg neben der Straße oder man geht am schmalen Seitenstreifen entlang direkt auf ihr. Ich entscheide mich, wie sich schnell herausstellt, als Einziger für die Variante auf der Straße. In regelmäßigen Abständen fahren Autos nur knapp an mir vorbei. Da diese Straße schnurgerade ist, höre ich bereits lange, bevor die Fahrzeuge da sind, das immer lauter werdende Geräusch der Motoren. Mit der Zeit versuche ich möglichst frühzeitig zu erraten, ob es sich um einen Pkw oder einen Lastwagen handelt, ohne mich umzudrehen.

Irgendwie beschleicht mich bei größeren Fahrzeugen ein komisches Gefühl. Ich habe Bedenken, ein Riemen meines Rucksacks oder Ähnliches könnte sich beim Vorbeifahren am Auto verfangen und mich ruckartig mitreißen. Ich schließe nicht aus, dass das tatsächlich schon passiert sein könnte. Ein weiteres Angstgefühl beschleicht mich bei dem Gedanken, ein Kleinlaster könnte auf seiner Ladefläche sperriges Gerät transportieren, das seitlich übersteht und mir unvermittelt einen Schlag versetzt. In südlichen Ländern nimmt man die Sicherheitsbestimmungen bestimmt nicht so ernst. Meine Güte, was für eine Paranoia, die ich mir hier einrede, aber es hilft nichts, ich kann die Gedanken nicht abstellen. So drehe ich mich des Öfteren um und vergewissere mich, was gleich an mir vorbeifährt. Sicherlich wäre es einfacher schlichtweg auf den Sandweg zu wechseln, aber nach endlosen Stunden auf diesem Untergrund tut der Asphalt richtig gut.

Anfangs machen wir noch Witze und reden, aber mit der Zeit fängt jeder von uns an mit der Strecke zu kämpfen. Wir erreichen eine kleine Kuppe und man kann nun das volle Ausmaß des kommenden Weges erahnen. Was ich sehe, ist schnell beschrieben, es geht geradeaus. Und nicht nur das, die Straße führt wie mit dem Lineal gezogen direkt in den Horizont hinein, zu allem Unglück weiter leicht bergauf. Den Schatten zu suchen kann ich mir sparen, es gibt nichts, nur Hitze und Eintönigkeit für die nächsten 16 Kilometer.

Ich laufe auf die eine oder andere Gruppe auf und überhole eine kleine Japanerin oder Chinesin. Sie ist höchstens 1,50 Meter groß. Wenigstens ein kleiner Sieg für mein Ego heute, ich habe eine Zwergin hinter mir gelassen.

Wie immer, wenn der Weg Kraft zu kosten beginnt und die Unterhaltungen seltener werden, gehen wir mit jedem Kilometer sichtbarer ein unterschiedliches Tempo und es zeigt sich, wer gute Reserven hat. Ich bin erstaunt, dass ich zurückfalle, denn ich habe mir bisher eingebildet ein relativ schneller Geher zu sein. Aber es ist in Ordnung langsamer als die anderen zu sein. So komme ich zum Nachdenken, diese Strecke lädt geradezu dazu ein, in seine ganz persönliche Trance zu fallen.

Ab und zu überholt mich ein Radfahrer und ich schaue ihm lange nach. Für mich immer noch unverständlich, was jemand dazu bringt den Camino mit dem Rad zu fahren. Alle haben diese aerodynamischen Tour-de-France-Trikots an und machen den Eindruck, den Weg möglichst schnell hinter sich bringen zu wollen. Ich habe noch keinen gesehen, der die Umgebung auf dem Rad genießt und gemütlich durch die Landschaft radelt. Alles läuft hier unter dem sportlichen Aspekt. Im Rückblick müssten die Radfahrer doch einen gänzlich anderen Eindruck vom Jakobsweg haben als wir Fußpilger. Meine Meinung ist, sie verpassen eine Unmenge von kleinen Dingen, die diese Wanderung so nachhaltig machen.

Aber ist der Camino letztlich nicht Sport? Egal, mit welchen Mitteln man den Weg zurücklegt, ein Spaziergang ist das nicht, das darf ich mittlerweile guten Gewissens behaupten. Mein Blick zum Horizont ist seit gefühlten Stunden gleich, flirrende Hitze auf einer geraden, nicht enden wollenden Straße. Ich laufe weiterhin allein, halte allerdings den Blickkontakt zu den anderen.

Endlich zeichnet sich ein Ort in der Landschaft ab und verspricht die ersehnte Pause. Richtig fies ist, dass ich den Ort schon sehe, aber noch mindestens 45 Minuten brauche, bis ich da bin. Es fühlt sich an wie der Sprung nach den Trauben, die zu hoch hängen. Ein Sprung mit Rucksack und Restalkohol bei 30 Grad ohne Schatten. Diese quälend lange Strecke ist definitiv eine neue Qualität auf dem Weg und fordert mich. Anstrengend war es bisher oft genug, aber diese Anstrengung ist etwas anderes. Ich kämpfe heute weniger mit dem Weg an sich als vielmehr mit der Distanz. Und das zermürbt ganz gewaltig.

Endlich erreiche ich die ersten Häuser, überquere die Straße und gehe in den Ort hinein. Die anderen habe ich letztlich doch aus den Augen verloren und so folge ich einem Schild, das auf eine kleine Bar verweist. Den Getränkeautomat vor dem Lokal begrüße ich im Stillen wie einen alten Freund. Das muss die Mitte des Dorfes sein. Zu meiner Linken liegt ein großes Rasenstück mit schattigen Bäumen, ein idealer Platz zum Ausruhen. Ich kaufe eine Kleinigkeit und lege mich unter eine Trauerweide in den Park. Ich entdecke Christian und Elli. Sie müssen getrennt gelaufen sein, denn ich bekomme einen kleinen Streit mit, in dem es wohl darum geht, wer wann mit wem nicht mitlaufen wollte.

Die Beziehung der beiden durchschaue ich nicht. Sie sind anscheinend so etwas wie ein Paar auf Probe. Elli ist den Camino vor Jahren bereits einmal gelaufen und eine junge Frau, die man in den sechziger Jahren wahrscheinlich als Hippie bezeichnet hätte. Christian ist mehr der Kopfmensch, von Beruf Polizist und zum ersten Mal auf einer solchen Wanderung. Es heißt ja, dass der Camino für Paare eine echte Feuerprobe sein kann. Wer hier miteinander zurechtkommt, der schafft das auch im Alltag. Und umgekehrt, wenn man zusammen gestartet ist und sich dann in die Haare kriegt, geht man nicht selten solo nach Hause. Es stimmt anscheinend doch, der Weg legt frei, wer man ist, die guten Eigenschaften wie auch die schwierigen Charakterzüge. Ich werde mich hüten es laut zu sagen, aber ich gebe den beiden auf lange Sicht keine Chance.

Meine Gedanken schweifen umher, während ich durch die Blätter des Baumes in den blauen Himmel schaue. Trauerweiden habe ich schon immer gemocht, sie sind zusammen mit Birken meine Lieblingsbäume. Sie haben etwas Beschützendes und sind gleichzeitig romantisch. Es gibt einen bestimmten Moment in meiner Kindheit, wo ich dieses Gefühl zum ersten Mal entwickelt habe. An das Gefühl erinnere ich mich gut, aber nicht mehr an die Situation.

Ich beobachte weiter die Blätter, es ist absolut windstill. Es bewegt sich auch nichts im Dorf, es ist mittags und jeder meidet die Hitze, so gut er kann. Im Moment haben wir uns in dem kleinen Ort aus den Augen verloren. Während ich, mittlerweile mit Martin, in dem kleinen Park liege und Christian und Elli ein Stück die Straße rauf sind, ist Torsten verschwunden.

Nach etwa einer Stunde bekomme ich Hunger und gehe auf der gegenüberliegenden Straßenseite in eine Bar. In der Auslage der Kühltheke wird auch hier eine Kartoffeltarte angeboten. Ich esse ein Stück zusammen mit etwas Brot. Die Bar ist fast leer, nur ein paar alte Männer sitzen an der Theke vor ihrem Bier. Es gibt einen Billardtisch und Automaten, an denen man sein Geld verlieren kann. Der Fernseher läuft auf einem Musikkanal und dudelt die schlimmsten spanischen Schnulzen. Das ist in fast allen Bars so, die Unterhaltung kommt aus der Röhre. Diese spanische Hitparade muss so eine Art Dauersendung sein, dagegen ist der Musikantenstadl Kunst. In Videoclips werden alle Klischees bedient, die man sich vorstellen kann, und auch ein paar, die man sich nicht vorstellen möchte. Was soll's, den Spaniern gefällt es.

Ich lege mich wieder zu Martin auf die Wiese. Wir beginnen den Tag beziehungsweise den Nachmittag zu planen. Da Mittag ist, beginnt nun der heißeste Abschnitt des Tages. Obwohl der Weg bis hierher anstrengend genug war, sind wir eigentlich noch nicht besonders weit gekommen. Im Schatten der Trauerweide fassen wir den tollkühnen Plan weitere 18 Kilometer zu laufen. Damit hätten wir die 400-Kilometer-Marke geknackt, das bedeutet Halbzeit!

Ich verdränge den Gedanken, dass wir die Kilometer durchlaufen müssten, es gibt auf der Strecke keine Ortschaft mehr, dafür verspricht mein Führer eine kleine Versorgungsstation auf der Hälfte des Weges. Das ist ganz klar zu schaffen!

Unser Ziel fest im Blick, machen wir uns auf den Weg. Noch im Ort treffen wir kurz ein deutsches Mädchen wieder, das ich nur vom Sehen her kenne. Man hat mir erzählt, dass sie Depressionen hätte und den Camino vor Tagen abbrechen wollte. Nun steht sie vor uns und wir wechseln in paar Worte. Wie sie uns erzählt, ist sie mit dem Bus mehrere Stationen gefahren und will nun wahrscheinlich doch weiterlaufen. Schnell macht sie von mir und Martin ein Foto, weil sie später eine Collage anfertigen will von allen, die sie auf dem Weg getroffen hat. Wir wünschen ihr alles Gute und verlassen den Ort.

Wie sich herausstellt, ist die Ortschaft doch größer als gedacht, denn wir finden von den anderen keine Spur. Zwar hatten wir vorher das Etappenziel nicht explizit besprochen, aber es dürfte klar sein, dass wir heute die Hälfte anpeilen. Schon Wahnsinn, 400 Kilometer zu Fuß. Da kann ab jetzt kommen, was will, mein Ergebnis sieht doch richtig gut aus, selbst wenn ich möglicherweise nicht bis zu Ende laufen könnte.

Ich überquere mit Martin mehrere Zufahrtsstraßen und wir laufen eine ganze Weile an geraden, geteerten landwirtschaftlichen Wegen entlang. Die Sonne brennt auf uns runter und wir sehen außer einem Traktor hier und da niemanden. Das heißt, so ganz stimmt das nicht, ein Sanitäter vom Roten Kreuz in voller Montur kommt uns auf dem Fahrrad entgegen. Was der wohl hier will? Auf Streife zu sein oder so was kann ich mir nicht vorstellen, das wäre doch sehr spartanisch, außerdem hat er keinen Koffer dabei. Ich denke bei mir, schade, dass er uns entgegenkommt und nicht in unsere Richtung fährt, für alle Fälle. In dem Moment bemerkt Martin: „Ich bin froh hier nicht allein zu laufen, wenn man hier Probleme kriegt, ist keiner da." Ich schaue mich um und muss ihm recht geben. Dass außer uns um diese Tageszeit kein Schwein zu sehen ist, hat Gründe. Wer clever ist, bleibt in den Mittagsstunden im Schatten. Ich kriege langsam das Gefühl, dass unser Vorhaben keine so gute Idee ist. Wie war das noch mal, es kommt außer der Versorgungsstation die nächsten 18 Kilometer nichts mehr? Und wie viel sind wir gelaufen, zwei vielleicht? Ich bin jetzt schon fertig, die lange Pause hat nicht gutgetan.

Eine ganze Zeit lenken wir uns ab, indem wir über Musik und Konzerte reden, und ich stelle fest, dass unser Geschmack und unser Wissen sehr nahe beieinander liegen. Kein Wunder, wir sind der gleiche Jahrgang. Da ich mit Musik über viele Jahre wertvolle Erinnerungen verbinde, ist das gemeinsame Stöbern in den guten alten Zeiten einfach schön. Es ist angenehm jemanden wie Martin zu treffen, der die Bands und Songs „von früher" kennt. Nicht selten werde ich verständnislos angesehen, wenn ich Bandnamen und alte Songs aus den Achtzigern nur erwähne.

So vergeht die Zeit und mir wird immer klarer, wir stehen

am Beginn eines nicht enden wollenden Weges. Seit geraumer Zeit laufen wir schon wieder auf einem Kiesweg, der sehr überschaubar in den Himmel vor uns führt. Die Schattenplätze, die es anfangs noch vereinzelt gab, sind jetzt einer kargen Weite links und rechts des Weges gewichen. Wir laufen im Grunde frei durch die Landschaft zwischen riesigen Weizenfeldern in der prallen Sonne.

Ich habe das Gefühl die Hitze doppelt zu spüren, weil ich mir der schattenlosen Gegend und der noch zu gehenden Kilometer absolut bewusst bin. Mit diesem Wissen vergehen die Kilometer extra langsam. Hoffentlich kommt der verdiente Stopp bald in Sicht.

Plötzlich sehen wir eine Gestalt auf dem Weg vor uns. Es ist Torsten! Wir begrüßen uns mit großem Hallo. Er hat kurz eine Pause gemacht und wollte gerade wieder starten. Auch er sieht aus, als wenn er am liebsten schon in der Herberge wäre. So langsam kommt die gute Stimmung zurück und wir machen Witze über unsere Situation in dieser Einöde. Je länger wir auf dem Kiesweg schwitzen, umso sicherer bin ich mir, dass außer uns keiner so dumm war die 18 Kilometer noch in Angriff zu nehmen. Würde man jetzt auf die Gegend aus der Vogelperspektive blicken, dann würde man nichts sehen außer drei kleinen Punkten und das wären wir.

Dann endlich zeichnet sich in der flimmernden Hitze ein Haus ab, das ist bestimmt der Versorgungspunkt, auf den ich schon sehnlichst warte. Wir kommen näher und mir schwant Böses. Das sieht verdammt verlassen aus. Und so ist es, wenn hier überhaupt jemals etwas war, dann ist es heute geschlossen. Das blöde Haus steht da, als könnte es nichts dafür. Ich eröffne den anderen, dass mein Wasser alle ist. Sie können es nicht fassen, dass ich mit 0,75 Litern unterwegs gewesen bin. Torsten und Martin kriegen sich gar nicht mehr ein vor Lachen. Schön, dass ich zur allgemeinen Erheiterung beitragen kann. Ich verkneife mir zu erwähnen, dass die Flasche beim Verlassen des Dorfes nicht mal voll war. Na ja, Gutgläubigkeit ist wohl keine gute Ausrede in dem Fall. Ich habe mit Versorgung auf der Hälfte des Weges halt gerechnet, was soll ich sagen.

Der Kiesweg in der Weizenhölle ohne Schatten

Das ist im Übrigen auch eine Tatsache, der ich ins Auge sehen muss. Von der Hälfte des Weges sind wir noch weit entfernt. Torsten entdeckt einen Kanister mit Flüssigkeit im Graben, den jemand anscheinend weggeschmissen hat. Es sieht so aus, als wäre Wasser drin, aber wer kann das mit Bestimmtheit sagen? Ich traue der Sache nicht und werde mich hüten, davon zu trinken oder mir etwas davon in meine Flasche abzufüllen. Die beiden müssen wieder lachen und machen ihre Witze. Aber Spaß beiseite, so viel Wasser haben beide auch nicht mehr. Es wird eng werden, so viel ist klar. Und es wird heiß bleiben, auch das ist Fakt. Wir gehen weiter und die Meseta zeigt sich von ihrer unbarmherzigen Seite. Dieser Weg, der nur geradeaus führt, ist mörderisch. Und zusammen mit der Hitze laugt er mich aus. Bis eben hatte ich noch einen Minischluck Wasser, jetzt bin ich auf die Hilfe meiner Begleiter angewiesen. Ganz ehrlich, ohne die beiden würde ich in richtige Schwierigkeiten geraten. Diese Gegend ist einsam und verlassen, wenn ich hier kollabiere, findet mich so schnell keiner. Über Kilometer hinaus sind wir hier mit Sicherheit die einzigen Menschen.

Je weniger Wasser ich habe, umso mehr Durst bekomme ich jetzt. Die Witze und Gespräche werden mit jedem Kilometer weniger und uns wird klar, wir haben uns übernommen. Aber was bleibt uns übrig, wir müssen weiter. Die Alternative wäre sich platt in den Kies zu setzen. Es geht weiter und weiter und wir scheinen gar nicht voranzukommen, die Gegend verändert sich kein bisschen und der Weg führt weiterhin pfeilgerade zum Horizont. Es ist deprimierend und das Wasser wird nun bei allen knapp. Das war mal ein richtig böser Fehler. In ein paar Jahren werden andere Pilger drei Skelette finden, die noch ihre Rucksäcke aufhaben, und sagen: „Schaut mal, das waren bestimmt Deutsche, so blöd in der Mittagshitze zu wandern ist sonst keiner." Und sie hätten damit absolut recht.

Torsten erwähnt, dass wir gerade die Hälfte geschafft haben. Na super, diese Information habe ich gebraucht. Ein Blick in meinen Wanderführer informiert mich darüber, dass das rettende Örtchen irgendwo vor uns daran zu erkennen sein wird, dass man bereits von Weitem die Spitze des Kirchturms sehen kann. Von da an läuft man dann noch mal eine Stunde und schon ist man da. Ich kneife meine Augen zusammen und spähe den Kiesweg entlang, nichts zu sehen. Das wird ab jetzt mein Lebensinhalt werden, über den Kies zu latschen und zu spähen. Ich trinke ein Schlückchen aus Torstens Wasserflasche. „Sei vorsichtig, verbrenn dir nicht den Mund", sagt er. Sehr witzig.

Wie lange sind wir wohl schon unterwegs? Schwer zu sagen, aber die gefühlte Zeit dürfte um einiges länger sein.

Wir kommen zu einem kleinen Unterstand, wo wir uns in den Schatten setzen. Es gibt hier einen Brunnen, aber die Freude darüber währt nur kurz, ein Schild erklärt: „Agua no potable". Aber wir kühlen zumindest unsere Körper ein wenig runter, indem wir uns mit dem kalten Wasser abreiben und die Kleidung nass machen. Wir beschließen relativ zügig wieder zu laufen, zu lange im Schatten zu sitzen bringt nichts und macht nur müde. Also wieder zurück zum Kieselzählen. Noch immer keine Spur von dem Kirchturm. So langsam sollte er zu sehen sein, ich bin schlapp und erschöpft und der gelegentliche Schluck Wasser reicht schon seit Stunden nicht mehr aus meinen Durst zu löschen. Wir gehen jetzt stumm nebeneinander her. Das einzige Geräusch ist das Knirschen der Steinchen unter unseren Schuhen. Ich beobachte eine kleine Windhose, die sich direkt vor uns aus dem Nichts bildet und genauso schnell wieder verschwindet. Für einen Moment denke ich, Leila hat sich spirituell weiterentwickelt und materialisiert sich direkt vor uns. Zum Glück war es nur die Windhose. Wie kündigt sich eigentlich ein Sonnenstich an? Und die Pixel da am Horizont, sind das vereinzelte Bäume oder ist das eventuell doch ein Kirchturm?

Dann endlich die Erlösung, wir sehen etwas, das einem Turm ähnelt. Was nicht zu sehen ist, ist das passende Dorf dazu. Wir kommen näher und näher, immer noch kein Dorf. Dann, völlig überraschend und wie ein Geschenk, erscheinen in der Talsenke vor uns Häuser. Und das erste muss die Herberge sein, ich sehe Christian und Elli, die in der Tür stehen und die La-Ola-Welle machen. Was für eine Freude, gerade eben wollte ich noch „Scheiße, wir verrecken hier" in den Kies schreiben und jetzt haben wir es geschafft.

Wie bestellt steht ein großer Getränkeautomat vor der Herberge. Ich ziehe mir als Allererstes zwei eiskalte Dosen Eistee. Das war knapp. Erschöpft lassen wir unsere Rucksäcke fallen und genießen für einen langen Moment den Schatten. Wir sind in Calzadilla de la Cueza angekommen. Die Herberge macht einen guten Eindruck. Sie ist recht ordentlich besetzt und bietet Platz auf zwei Etagen. Wir finden unsere Betten oben und ich lasse mich auf meine Matratze fallen. Nach dem Duschen nehme ich meine Sachen unter den Arm und gehe die Treppe runter in den Hinterhof des Hauses, um meine Wäsche zu waschen. Ein paar Stufen führen mich auf eine Rasenfläche herunter, in der ein kleiner Pool eingelassen ist. Müde und erschöpfte Pilger sind in der Sonne versammelt und ruhen sich aus. Auf mindestens fünf Wäscheleinen sind T-Shirts, Hosen, Strümpfe und Unterwäsche verteilt und trocknen in der Sonne vor sich hin. Martin hat sich als Einziger in den Pool gewagt, der allerdings gefühlte Minusgrade hat. Ich stelle mich mit den Beinen rein, aber zum Schwimmen fehlt mir gerade der Antrieb.

Nach entspannenden Minuten am Beckenrand entschließe ich mich dazu nach der Bar des Ortes zu suchen, was gar nicht so einfach ist. Ich finde sie etwas versteckt am Rand des Dorfes, von wo aus man einen wunderschönen Blick auf die ewigen Weizenfelder hat. Mit einem kalten Bier in der Hand wirkt diese Weizenhölle fast romantisch. Wie abgesprochen finden sich nach und nach alle ein und wir prosten uns zu, was für ein Tag. Für mich der bisher härteste. Aber das, was heute Thema war, ist erreicht. Wir feiern Bergfest, die Hälfte des Caminos ist bezwungen! Das erklärte Ziel ist nun Santiago.

Zum ersten Mal wage ich ernsthaft daran zu denken, bis zum Ende zu laufen und anzukommen. Es ist realistisch, der scheinbar unbezwingbare Berg von Kilometern ist halbiert und machbar geworden. Und mein Körper spielt mit, ich bin noch am Start und weiterhin fast ohne eine einzige Blase. Das ist bei den anderen nicht so. Vor allem Elli hat mit zahllosen Blasen zu kämpfen. Da ich nicht müde werde mein Geheimrezept für reibungsloses Wandern unter die Pilger zu bringen, weiß auch sie von meinen doppelten Söckchen. Aber statt sich welche anzuziehen, läuft sie lieber mit Schmerzen rum und jammert uns die Ohren voll. Das ist eine Sache, die ich nie verstehen werde.

So wird es langsam Abend und wir unterhalten uns angeregt in netter Runde. Zu Beginn meiner Wanderung habe ich mich oft gefragt, wie es wohl sein würde, wenn ich die Hälfte hinter mir habe. Mit Freunden bei gutem Essen und Bier zu sitzen und die untergehende Sonne zu betrachten, das wäre mein Wunsch gewesen. Schön, dass es wahr geworden ist. Müde und erschöpft gehe ich in die Herberge zurück. Ich hole aus dem Rucksack mein Tagebuch und setze mich vors Haus. Mein Blick fällt auf den Weg, den wir gekommen sind. Jetzt sieht alles friedlich und harmlos aus. Was ich zu diesem Zeitpunkt noch nicht weiß, ist, dass eine Radfahrerin heute wohl um einen Platz in der Herberge gebeten haben muss und keinen bekam. Daraufhin soll sie geweint haben und vor Erschöpfung zusammengebrochen sein, weil sie einfach nicht mehr weiter konnte. Man hat ihr dann doch eine Möglichkeit zum Übernachten gegeben. Eine derartige Verweigerung eines Schlafplatzes ist gar nicht ungewöhnlich, denn die Herbergen sind in erster Linie für die Fußpilger da. Erst ab einer bestimmten Uhrzeit und bei entsprechender Auslastung werden auch Radpilger in den albergues aufgenommen. Bis dahin kann kein Pilger mit Rad sicher sein einen Platz zu bekommen. Ich denke aber, dass diese Regelung in den meisten Herbergen locker gehandhabt wird und meistens kein Problem darstellt. Ich jedenfalls bin froh ein Bett zu haben. Als ich in den Schlafraum gehe, sind bereits einige eingeschlafen. In dem abgedunkelten Raum steige ich vorsichtig die hölzerne Wendeltreppe hinauf und finde meinen Schlafplatz. Der Raum hat leider nur winzige Fenster und die Luft ist schon jetzt durch die vielen Personen verbraucht und stickig. Ich werde diese Nacht meinen Schlafsack nur als lose Decke benützen.

Möglichst geräuschlos gehe ich durch die Bettenreihe ins Bad und mache mich fertig für die Nacht. Ein letzter Blick aus dem Fenster ist der Abschluss für heute. Das Weizenfeld wiegt seine Ähren im Abendwind. Es wirkt auf mich, als würde es sich für den morgigen Tag vorbereiten, auf der Lauer liegen. Heute nicht mehr, mein Freund, wir sehen uns morgen früh! Ich lege mich ins Bett und versuche zu schlafen.

Calzadilla de la Cueza – Calzada del Coto

Die Nacht verläuft, wie ich es vermutet habe. Ich habe kaum schlafen können, erst haben irgendwelche Italiener mindestens eine halbe Stunde lang gekichert, dann gab es einige Schnarcher, die ziemlich laut waren. Ich habe in der Nacht meine Stöpsel nicht mehr finden können und das Konzert in ganzer Länge genießen dürfen. Zudem hat sich der Raum wie erwartet enorm aufgeheizt. Schließlich habe ich doch ein paar Stunden Ruhe gehabt. Nun liege ich wach und warte, bis die anderen beginnen aufzustehen. Wie üblich ist das große Rascheln schon früh losgegangen und ziemlich viele sind bereits wieder auf der Strecke.

Bis wir alle beim Frühstück in der Bar sind, ist es acht Uhr.

Ich glaube, das ist Rekord, so spät war ich morgens noch nie dran. Obwohl, vielleicht ist es Zeit die Dinge mal lockerer zu sehen und mit Gelassenheit den Tag zu beginnen. Also entspanne ich mich und gebe meine Bestellung an die Thekenkraft weiter. Der heiße Kaffee tut mir gut, auf die bekannte Auswahl der eingeschweißten Küchlein kann ich verzichten. Witzig ist ein Automat in der Ecke, der ausnahmslos Heilsalben, Pflaster, Fußsprays und andere Artikel aus der Apotheke verkauft, eben alles, was der gepeinigte Pilger so braucht.

Wir lassen uns Zeit und machen uns dann auf den Weg. Hatten wir gestern noch unter der glühenden Sommersonne die Calzada de los Peregrinos bezwungen, so hieß der 18-Kilometer-Trip, so laufen wir heute relativ zügig durch die Landschaft.

Unser Ziel am heutigen Tag ist zunächst die „Wüstenstadt" Sahagún, die ihren Beinamen wegen der vermutlich recht farblosen Backsteinbauweise erhalten hat. Elli erinnert sich an ein uninteressantes und staubiges Städtchen, mein Führer erzählt aber von einer eindrucksvollen Stadt. Ich bin gespannt, der Name klingt jedenfalls so gar nicht spanisch. Auch heute geht der Weg wieder entlang der N120, der Straße, die uns partout nicht loslassen will. Der Fußweg neben ihr wird liebevoll Pilgerlaufband genannt, was eine mehr als passende Bezeichnung dafür ist. Die Route in meinem Führer bietet uns Alternativwege an, die weniger gut beschildert sind, dafür aber landschaftlich schöner sein sollen. Und in diesem Fall auch nicht länger. Dafür entscheiden wir uns und so führt der Weg über mehrere kleine Dörfer, was ein angenehmer Wechsel im Vergleich zu gestern ist, wo weit und breit nichts in der Nähe war. Ich hatte eigentlich für den heutigen Tag dasselbe vermutet wie gestern und mich auf die Weizenhölle zweiter Teil vorbereitet, aber die heutige Etappe ist weitaus angenehmer als gedacht, wenn auch nicht weniger heiß.

Die Brunnen in den Dörfern, die ich seit Beginn meiner Wanderung regelmäßig nutze, haben in der Regel Trinkwasserqualität und können gefahrlos benutzt werden. Sollte das mal nicht der Fall sein, dann steht es dran. Entweder dass es „Wasser ohne Garantie auf Sauberkeit" ist, oder einfach nur, dass es definitiv „kein Trinkwasser" ist. Aus unerfindlichen Gründen habe ich ein grenzenloses Vertrauen zu den örtlichen Wasserquellen entwickelt, sie sind wie kleine Lebensadern, kühle Freunde, die mir durch den Tag helfen.

Durch die Abwechslung vergeht die Zeit schnell und wir laufen bald auf Sahagún zu. Schon von Weitem sieht man die Stadt. Sahagún hat die Form eines Dreiecks, die westliche Seite liegt an einem Fluss, an der südlichen Seite läuft der Camino entlang. Die Kirchen der Stadt befinden sich laut meinem Führer in den drei Ecken. Es sind Backsteinkirchen und alle im Stil der Mudéjar-Romanik erbaut. Eine von ihnen ist im Laufe der Zeit zu einer Pilgerunterkunft umgebaut worden. Die Anfänge dieser Stadt reichen bis zur Römerzeit zurück. Und der Name, der mir so fremd vorkam, leitet sich ab vom Märtyrer San Facundo, der damals gelebt haben soll.

Arabische Feldherren zerstörten Sahagún im 9. Jahrhundert, nach dem Wiederaufbau siedelten sich dann Mönche aus Córdoba in der Stadt an und Sahagún wurde mit seinem Kloster zu einem der bedeutendsten Spaniens. In diesem Klima lebten Franken, Juden und Mauren friedlich zusammen bis zum großen Brand 1835, welcher das Kloster und das Miteinander zerstörte.[5]

---

[5] Jean-Yves Grégoire, Louis Laborde-Balen: Der spanische Jakobsweg – Camino Francés: von Saint-Jean-Pied-de-Port nach Santiago; ein Pilgerführer; Tyrolia, Innsbruck/Wien 2010

Gegen Mittag erreichen wir die Stadt an ihrer Südseite und ich muss Elli zustimmen, der Stadtrand sieht wenig einladend aus. Das galt eigentlich für alle größeren Städte bisher, soweit ich das beurteilen kann. Wie so oft schaue ich auf verlassene oder verfallene Bauten, deren Zweck nicht zu erahnen ist, und auf Mauern mit Graffiti und Müll und Schrott zwischen den Häusern auf der Erde. Vielleicht erwarte ich auch zu viel, wer hat mir denn versprochen, dass hier alles nach Urlaub aussehen muss? Sehr wahrscheinlich hätten auch die Spanier denselben Eindruck bei vielen unserer Städte.

Wie dem auch sei, wir müssen eine Weile durch das ungepflegte Randgebiet gehen, bis wir in den Stadtkern gelangen, der sich dann doch gelungener präsentiert. An einer befahrenen Straßenbiegung machen wir Halt, um in einem Lebensmittelladen einzukaufen. Zugegeben, Sahagún ist historisch bestimmt interessant und sehenswert, aber das interessiert mich momentan wenig. Ich bin geschafft vom Wandern und zu Sightseeing nur bereit, wenn das Objekt direkt vor mir auftauchen würde. Da das nicht der Fall ist, hole ich mir was zu essen. Für eine schöne Pause ist es allerhöchste Zeit. Wir setzen unsere Rucksäcke ab, Torsten und Martin überqueren die Straße und verschwinden in einem kleinen Laden. Ich lehne inzwischen an einer hüfthohen Mauer mit dem Rücken zu einem Straßencafé und warte zusammen mit den Rucksäcken.

Sahagún hat schon richtig was von einer Stadt, das muss man sagen, auch wenn bei Städten dieser Größe der Dorfcharakter doch irgendwie immer durchscheint. Aber gerade das ist sympathisch und für mich das Typische an Spanien, das ich vermissen würde, wenn es anders wäre. Ganz ähnlich verhält es sich mit dem städtebaulichen Eindruck. So wie die Landschaft schlagartig wechseln kann, so ist auch die Architektur in den Städten einem Wandel unterworfen und oft nicht einheitlich.

Innerhalb eines Straßenzuges können moderne Gebäude zusammen mit verwahrlosten und traditionellen Häusern stehen. Nicht dass es woanders nicht genauso wäre, aber mir fallen besonders hier immer wieder Ecken auf, wo dieses Nebeneinander fast ein bisschen fehl am Platz wirkt.

Während ich so in Gedanken umherschaue, fällt mein Blick wieder auf den Laden. Ich warte inzwischen schon eine ganze Weile und mir tun vom Stehen die Füße weh. Mal kontrollieren, ob mein Pilgerpass noch in der vorderen Tasche meines Rucksacks ist, ich hole ihn raus und klappe ihn auf. Ich sehe mir die Stempel an, den Beweis meiner vielen Mühen. Mittlerweile habe ich zwei Pässe, der erste ist voll. Mit etwas Nachdenken könnte ich zu jedem Stempel im Pass die entsprechende Geschichte erzählen, er ist für mich bereits jetzt ein wertvolles Dokument von hohem ideellem Wert.

Dann plötzlich sind die beiden wieder da und ich bin dran in den Laden zu gehen. Wieder stehe ich vor diesem typisch spanisch flächendeckenden Angebot von irgendwie alles in einem. Es gibt eine Metzgertheke, die auch etwas Käse verkauft und um die man herumgehen kann. Im Rücken des Verkäufers stehen auf dem Boden Kartons und kleine flache Kisten aus Sperrholz mit Gemüse, Kartoffeln, Obst und anderen Sachen. In den Regalen an den Wänden gibt es verschiedene Bereiche, zum Beispiel einen Wandbereich mit Süßwaren, Kaffee und Keksen, daneben eine Tiefkühltruhe und ein weiteres Regal mit Waschmittel, Pflastern, Thunfischdosen und Colaflaschen. Alles ist auf kleinstem Raum aufgestapelt. Es gefällt mir, weil es Charme hat. Die reduzierte Variante davon sind die noch kleineren Tante-Emma-Läden, die ich schon oft auf meinem Weg gesehen habe. Richtige Supermärkte gibt es natürlich auch. Sie unterscheiden sich von unseren in nur einem Punkt, nämlich in der Kundenbetreuung an der Kasse. Die Kassiererin nimmt sich Zeit. Ich habe beobachten können, wie vor allem mit den älteren Kunden geredet wurde, auch wenn die Schlange immer länger wurde. Außerdem wird der Einkauf auf Wunsch eingepackt, was den Kassiervorgang noch mal verlängert. Das Erstaunliche ist, dass es die Spanier nicht stört, es wird akzeptiert und gehört anscheinend zur Kundenfreundlichkeit. Wo bitte bringt jemand bei uns an der Supermarktkasse diese Geduld auf? Da wird man lange suchen müssen. Die Menschen hier haben keine Eile, alles geht „con la tranquilidad", mit Ruhe eben. Eigentlich logisch, bei der ständigen Wärme sollte man seine Energie gut einteilen.

Ich habe meine Einkäufe zusammen und stehe an der Wursttheke, die zugleich die Kasse ist. Seit einigen Tagen habe ich Trinkjoghurt für mich entdeckt, ich bilde mir ein dass er gesund und nahrhaft ist. Kann mich auch täuschen, jedenfalls sind die Flaschen groß und es ist mal was anderes als Wasser. Ich gehe zu Martin und Torsten zurück und gemeinsam suchen wir uns ein nettes schattiges Plätzchen. Kurze Zeit später kommen auch Christian und Elli zu uns. Die beiden haben sich einiges vorgenommen und wollen noch etliche Kilometer laufen. Sie wollen unbedingt an einem bestimmten Tag in Santiago sein und haben so die Kilometer durch die Zeit geteilt. Das Ergebnis ist, dass sie pro Tag mindestens 30 Kilometer gehen müssen. Na dann viel Spaß, allein der Gedanke erschöpft mich. Wenn ich Christian so anschaue, scheint es ihm genauso zu gehen.

Ungefähr eine Stunde liegen wir essend im Schatten, dann ist unsere Pause vorbei und wir beschließen alle noch ein Stückchen zusammen zu laufen. Die Sonne gibt sich wie immer um diese Tageszeit besonders viel Mühe und ich spüre bereits nach den ersten Schritten die Anstrengung dieser Extratour in jedem Knochen. Ich verdrehe meine Schulter in jede denkbare Richtung, aber die Schulterriemen drücken die obere Hälfte meines Körpers erbarmungslos nach hinten.

Aber was soll's, weiterzulaufen macht Sinn, denn das nächste empfohlene Etappenziel heißt Mansilla de las Mulas und ist 37,4 Kilometer entfernt! Für geübte Pilger mag das ein Klacks sein, für mich aber ist das in einem Rutsch nicht vorstellbar. Was Christian und Elli heute noch vorhaben, weiß ich nicht, für unser eingeschworenes Dreierteam wird nach fünf Kilometern in Calzada del Coto definitiv Schluss sein.

Wir laufen los und es braucht seine Zeit, bis wir Sahagún verlassen. Eine ganze Weile laufen wir durch die Stadt und kommen uns wie Touristen vor. Von unserem Pärchen haben wir uns mittlerweile verabschiedet und laufen allein. Schon seit geraumer Zeit habe ich Schwierigkeiten mit meiner Hose bekommen. Diese Art Freizeithose hat vorne nur einen Druckknopf und keine Schlaufen für einen Gürtel. Aus unerfindlichen Gründen hält der Druckknopf nicht mehr und ich habe alle Mühe, sie oben zu halten. Ich muss mir unbedingt eine Sicherheitsnadel besorgen und das reparieren, in der Hitze brauche ich das Problem nicht auch noch. Martin und Torsten haben zudem das Tempo angezogen und wollen anscheinend einen neuen Rekord aufstellen. Das ist jetzt nur noch Kilometer fressen, die Umgebung interessiert gerade niemanden. Im Gänsemarsch laufen wir mit gesenkten Köpfen in die Sonne und schauen nur auf die Füße des Vordermanns. Ich halte nur mit Mühe den Anschluss, auch weil ich ständig den Sitz meiner rutschenden Hose korrigieren muss. Im Moment hätte ich gute Lust, den ganzen Kram auf den Boden zu schmeißen und es für heute gut sein zu lassen. Aber die fünf Kilometer werden auch bei schlechter Laune nicht kürzer, ganz im Gegenteil ist es doppelt nervig, alle fünf Minuten an die Ankunft zu denken.

Es ist unnötig auszusprechen, dass wir gerade alle unter der extremen Hitze leiden und jeder von uns nur noch ankommen möchte. Wir reden kaum und bringen es hinter uns.

Auf dem letzten Stück holen wir eine junge Französin ein, die mir Tage zuvor schon mal aufgefallen ist. Sie lief meistens allein und immer sehr zügig. Sie stellt sich als Catherine vor und schließt sich uns an. Catherine ist groß und sehr schlank, anfangs vermutete ich bei ihr sogar Magersucht. Jedenfalls ist sie nett und lässt unsere Stimmung wieder etwas steigen.

Dann endlich kommt unser Dorf in Sicht, wir sind da. Alles sieht verlassen und irgendwie traurig aus, wer hier nicht unbedingt durch muss, wird es bestimmt nicht freiwillig tun. Auch die Herberge lässt sich nicht ausmachen. Wir schnallen unsere Rucksäcke im Schatten ab, setzen uns auf den dreckigen Bürgersteig und schauen in die Runde. Irgendwo hier muss die Unterkunft sein, aber wo? Zum Fragen ist mal wieder keiner zu sehen. An der schmuddeligen Mauer eines kleinen Häuschens finden wir den ersten Hinweis „Albergue". Für eine Herberge ist das Häuschen zu klein, aber ein Pfeil in irgendeine Richtung ist auch nicht zu erkennen. Torsten rafft sich auf und sieht sich das Ganze genauer an. Nach einer Weile kommt er zurück und grinst. Wir haben die Herberge gefunden, sie steht in voller Größe vor uns. Es muss dieses Häuschen sein, das wir die ganze Zeit anstarren. Wir können es nicht glauben, unsere Unterkunft hat die Ausmaße eines Toilettenhäuschens. Hier zu übernachten wäre die Krönung aller mittelmäßigen Unterkünfte bisher. Aber wir haben selber Schuld, immer dieser Wahn noch weiter zu laufen, als es empfohlen wird. Natürlich steht nicht in jedem Kuhdorf ein Wohlfühltempel für die verwöhnten Pilger aus Deutschland. Ich bin erschöpft und genervt, auch Martin eröffnet uns jetzt, dass er auf keinen Fall dort übernachten wird. Hier wird es doch eine Pension oder so was geben. Wir brauchen uns nicht umzuschauen, die Antwort ist klar.

Nicht, dass es allein schon ein Wunder ist, dass es hier eine Herberge gibt, noch überraschender ist, dass hier immer noch Menschen leben. Wenn wir hier bleiben, dann das oder gar nichts. Irgendwer schlägt die Möglichkeit vor, weiterzulaufen. Wir entscheiden gemeinsam, dass das keine gute Idee ist, die nächste Ortschaft ist über acht Kilometer entfernt und auch da kennen wir die Qualität der Herberge nicht. Einzig Martin hätte sich wohl noch mal aufgemacht, er ist sichtlich sauer. Zum ersten Mal sehe ich ihn verärgert, ausgerechnet Martin, der sonst immer so ausgeglichen und ruhig gewesen ist. Torsten hat wie immer schon Schlimmeres gesehen und zudem die Dorfkneipe entdeckt, dort müssen wir den Schlüssel für die Herberge abholen.

Wir lassen uns unseren Stempel geben und erledigen das Übliche. Da wir schon mal an der Theke stehen, trinken wir eine Runde Bier. Die Bar ist für die Tageszeit überraschend gut besetzt. An den Tischen sitzen die spanischen Männer, unterhalten sich und spielen Karten. Die meisten Tische sind recht klein und viereckig und auf die Tischfläche sind verschiedene Brettspiele aufgemalt. Ich habe das Gefühl, das halbe Dorf hat sich versammelt, um sich vor dem Tag zu verstecken. Wir setzen uns auf die kleine, schmutzige Vorterrasse der Kneipe und bestellen die zweite Runde Bier. Martin ist wortkarg und immer noch sauer. Ich kann ihn verstehen, unter einen gewissen Level dürfte auch bei mir der Standard nicht sinken. Allerdings muss einiges passieren, um die Grenze zu unterschreiten. Martin hat offensichtlich seine gerade erreicht. Er klammert sich immer noch an den Gedanken, dass es doch noch eine andere Möglichkeit zum Übernachten geben müsse. Wie auch immer, die Gesamtsituation ist es wert, jetzt zu Schnaps überzugehen.

Ich komme mit Catherine ins Gespräch, sie kommt wie ich aus dem sozialen Bereich und erzählt, dass sie wahrscheinlich einen Behinderten im Rolli im nächsten Jahr auf eine Reise nach Asien als Betreuerin begleiten wird. Ich berichte ihr von meiner Arbeit als Gruppenleiter in einer Behindertenwerkstatt und wir tauschen uns angeregt aus.

Sie hat auch einiges zu erzählen, was den Trip auf dem Camino angeht. Gleich in den ersten Tagen hat sie in einer Herberge ein Mann angesprochen, der wohl Yoga unterrichtet, und ihr eine kostenlose Stunde versprochen. Sie hat sich darauf eingelassen und feststellen müssen, dass er was ganz anderes wollte als Yogaübungen machen. Sie hat aber die Lage souverän meistern können. Das zeigt, was passieren kann, vor allem, wenn man als Frau allein läuft.

Catherine ist ein taffer, ein wenig maskuliner Typ und schwer einzuschätzen, aber ich mag sie, irgendwas hat sie, wenn man genauer hinschaut. Langsam werden wir betrunken und es wird Zeit die Straße zu überqueren und den Tatsachen unseres Nachtquartiers ins Gesicht zu sehen. Also werfe ich mir den Rucksack über die Schulter und los geht's. Wir schließen die Tür auf und betreten den Vorraum des Häuschens. Rechts und links liegen zwei kleine Schlafräume, in der Mitte getrennt durch zwei gemeinsame Bäder. Die Aufteilung bedeutet wohl so viel wie die Trennung von Männern und Frauen, aber darauf achtet keiner. Nirgendwo gibt es diese Trennung in einer Herberge, als Pilger sind wir alle gleich. Catherine kommt mit zu uns und lässt sich auf einem Bett nieder. Ein spanischer junger Mann namens José ist der Einzige in der Herberge. Er ist Radpilger und hat sein Bike mit ins Zimmer gestellt. Wir begrüßen ihn und suchen uns ein Plätzchen für die Nacht aus. Da wir die Einzigen sind, teilen wir uns so auf, dass jeder von uns sein eigenes Hochbett hat.

Ein Blick von mir genügt, um festzustellen, dass ich heute Nacht aufpassen muss, mir keine Krankheiten einzufangen. Normalerweise sind die Matratzen in den Unterkünften mit einem sauberen Laken überzogen, hier leider nicht. Ich bezweifle, dass überhaupt in der letzten Zeit irgendwer ernsthaft den Zustand der Herberge überprüft hat. Die Matratzen sind extrem weich und ich versinke darin, auch weil die Sprungfedern ausgeleiert sind. Ich will mir gar nicht vorstellen, wie viele Pilger schon in die Matratze reingeschwitzt haben. Geht man davon aus, dass die Matratze hier schon drei Jahre liegt, und diese Schätzung ist sehr optimistisch, und dass in der Woche vier Pilger darauf schlafen und jeder in der Nacht mindestens einen halben Liter Schweiß in der Matratze lässt, dann liege ich heute auf 312 Litern Körpersäften von 624 Pilgern. Na dann mal gute Nacht, John Boy.

Unser heimeliges Plätzchen für die Nacht liegt etwas versetzt zur Straße auf einem kleinen Rasenstück gleich neben einem kleinen Sportplatz. Im Moment spielen einige Jugendliche und Kinder des Dorfes auf dem Hartplatz und werfen ein paar Körbe. Gegenüber gibt es einen Frontonplatz. Dieses Spiel ist hier typisch und bei uns weitgehend unbekannt. Dabei wird ein Ball in der Größe eines Tennisballs gegen eine Betonwand geschleudert, mit einem sichelförmigen Handschuh wieder gefangen und erneut so geworfen, dass der gegnerische Spieler den Ball nicht erreichen kann. Es funktioniert ganz ähnlich wie Squash, aber ohne die Schläger. Die Plätze habe ich schon vorher gesehen, aber leider noch nie jemand, der darauf gespielt hätte.

Ich vertreibe mir die Zeit und schaue den spielenden Kindern zu, die von uns keine Notiz nehmen. Da vor der Unterkunft ein Tisch mit zwei Bänken steht, beschließen wir dort unsere kulinarischen Habseligkeiten miteinander zu teilen. Wir laden José ein mit uns zu essen und er nimmt gerne an. José ist mit dem Rad in Frankreich gestartet und fährt nach Santiago, wo er wohnt. Er sieht diese Tour als sportliche Herausforderung und als eine Art Training an. Kein wirklich edler Grund den Camino zu bezwingen, aber es dürfte kein ganz außergewöhnlicher sein, ich denke, viele Radpilger sind mit einer sehr verwandten Intention unterwegs.

Wir essen, lachen und flirten ein bisschen mit Catherine, bis es dunkel wird. Torsten kümmert sich jetzt um seine Schuhe. Er ist mit bequemen Wanderschuhen gestartet, die er schon ein paar Jahre hat und die sich jetzt aufzulösen beginnen. Unkompliziert, wie er ist, hat er sich einen Kleber besorgt und flickt damit nun seine Sohlen in der Abendsonne. Ich sehe ihm skeptisch zu, wie er zuerst seine Schuhe reinigt und dann mit Alkohol aus der Kneipe entfettet. Wenn das funktioniert, bin ich ehrlich beeindruckt. Der Abend kommt und ich mache mich im Bad fertig für die Nacht. Hier ist alles keimig, die Toilette und die Dusche erst recht. Eigentlich ist die Dusche nur ein Brausekopf, der provisorisch an der Wand festgemacht wurde. Im Boden darunter befindet sich ein Abfluss mit den Haaren der letzten hundert Pilger. Ich beschließe zum zweiten Mal nicht zu duschen. Ich hätte das Gefühl schmutziger rauszukommen, als ich reingegangen bin. So bleibt mir nur eine Katzenwäsche am Waschbecken, die noch sparsamer ausfällt als sowieso. Pausenlos werde ich das Gefühl nicht los, dass mich von allen Seiten die Keime der letzten Jahre anspringen.

Noch nie habe ich mich so ungern ins Bett gelegt wie heute. Es ist heiß und stickig geworden in dem kleinen Raum und jeder von uns versucht geräuschvoll die richtige Position zum Schlafen zu finden. In den Schlafsack zu kriechen ist nicht drin, dann sterbe ich den Hitzetod. Also liege ich auf ihm, um etwas zwischen mir und der Matratze zu haben. Allerdings sinke ich mit meinem Körpergewicht so tief ein, dass ich die Seiten der Matratze fast an meinen Ohren habe. Dazu ist der Sportplatz in der Nacht mit Lampen erleuchtet und eine scheint mir voll ins Gesicht. Es ist wie bei Loriot, wenn es nicht so real wäre.

Ich beschließe mein Bett zu wechseln und ziehe mit meinem Schlafsack auf die keimige Nachbarmatratze um. Es ist dasselbe in Grün, bis auf das Licht in meinem Gesicht. Ich schlafe hier wie das Würstchen in einem Hot Dog. Mit Verlaub, dieser Schlafplatz ist beschissen. Und es ist unerträglich heiß. Ich muss einfach aufstehen. Ich taste mich zur Tür, öffne sie leise und bin im Vorraum. Dann stehe ich in der kühlen Nachtluft. Für einen kurzen Moment denke ich daran draußen zu schlafen, beispielsweise auf dem Tisch. Aber vielleicht sollte ich das lieber bleiben lassen, wer weiß, wer oder was abends durchs Dorf schleicht.

Ich genieße noch eine ganze Weile die frische Luft, dann gehe ich ins Bad und reibe meinen Körper mit kaltem Wasser ab. So gehe ich wieder zurück, die Wärme im Raum ist inzwischen wie eine Wand. Ich kann nicht verstehen, wie die anderen bei der Temperatur schlafen können. Ich lege mich auf mein Bett und schaue in das dunkle Zimmer. Das ist eben der Camino in all seinen Facetten, heute halt mal nicht so komfortabel. Ich habe mich auf den Weg gemacht, es ist meine Entscheidung hier zu sein. Das ist kein Urlaub, das müsste doch mittlerweile klar sein. Landschaft, Stimmungen, Situationen können sich täglich ändern und mich an meine Grenzen bringen. Genau das habe ich doch gewollt, oder nicht? Na also, dann meckere auch nicht. Mit diesem Monolog finde ich schließlich doch noch meinen Schlaf.

Calzada del Coto – Mansilla de las Mulas

Die Nacht war kurz und wir stehen früh auf. Ausgemacht ist heute um sechs Uhr zu starten, die Etappe ist lang und in diesem Ort hält uns nichts. Schnell sind die Sachen gepackt, während Catherine noch im Bett liegt und schläft. Ich fülle noch rasch meine Wasserflasche am Dorfbrunnen auf, dann laufen wir in die Dunkelheit. Leider hat in diesem Nest um diese Uhrzeit kein Café offen und so können wir erst in rund neun Kilometern frühstücken. Kein erhebender Gedanke.

Ich quäle mich ein bisschen, fühle mich müde und unwohl, vielleicht weil ich nicht duschen konnte. Wie gestern legen Torsten und Martin schon früh am Morgen ein flottes Tempo vor, wobei ich mir immer weniger sicher bin, ob ich dem noch folgen kann und will. Die Etappe heute ist eine Marathondistanz, so steht es in meinem Wanderführer. Ich werde über eine weite, schattenlose Ebene laufen, also mit anderen Worten die Meseta at its best.

Allerdings haben wir zwei Varianten zur Auswahl. Einmal eine mit Rastplätzen gut versorgte, aber langweilige Strecke, das „Pilgerlaufband", oder die alte Römerstraße, nicht domestiziert und laut Führer „ein reines Abenteuer". Wir haben uns für die langweilige Version entschieden, einmal in der Weizenhölle gewesen zu sein reicht.

Langsam geht die Sonne auf und wir sehen jetzt, wo wir hinlaufen. Das könnte mit kleinen Abstrichen auch das ländliche Bayern sein. Ich falle leicht zurück und verliere langsam den Anschluss. Es tut gut und ist irgendwie befreiend wieder mein eigenes Tempo zu bestimmen. Als die beiden über eine Kuppe laufen und ich weit und breit alleine bin, bleibe ich stehen und genieße die Ruhe. Es wird mir auf einmal klar, ich stehe hier auf einem Kiesweg irgendwo in Spanien mitten auf dem Camino um sieben Uhr morgens. Das muss wohl Freiheit sein, so fühlt es sich zumindest an. Ruhig und friedlich brechen die Sonnenstrahlen in diesem Augenblick durch einen Teil der Wolken und sehen wie eine Muschel aus, die allein für mich strahlt. Ich weiß jetzt, was für ein Gefühl ich habe, ich bin glücklich.

Langsam gehe ich den Weg weiter und genieße jeden Schritt. Schließlich kommt das Dorf in Sicht und damit der ausgemachte Treffpunkt für unsere Frühstückspause. Eine breite Straße führt mich an den ersten Häusern vorbei. Dieses Dorf könnte für viele Dörfer auf dem Camino stehen, es empfängt einen mit einer Mischung aus Ausgestorbensein und fernem Hundegebell. Ich schaue nach rechts und links und suche nach der erstbesten Gelegenheit zur Rast. Da ist es, ein Café. Ich komme näher und stelle fest, es ist die hiesige Pilgerherberge. Das wäre unsere nächste Option gewesen, wenn wir gestern weitergelaufen wären. Und es hätte sich gelohnt, das Haus schaut gepflegt und sauber aus. Ich gehe hinein und sehe Martin und Torsten am Tisch sitzen. Sie haben bereits ein deftiges Frühstück bestellt und sind damit die Einzigen an diesem Morgen.

Die Herbergsmutter begrüßt mich freundlich und ich wähle aus der Karte beidseitig gebratene Spiegeleier mit Speck. Der Tag wird anstrengend werden, da kann ein deftiges Frühstück nicht schaden. Die freundliche Dame des Hauses verschwindet in der Küche und ich höre sie am Herd werkeln. Sie schmeißt den Laden allein und ist Bedienung, Köchin und Ansprechpartner in einem. Die Herberge hat ein gutes Angebot an Speisen, in Ermangelung von Übersetzungen gibt es von jedem Gericht ein Bild, man braucht demnach kein Spanisch, um hier zu bestellen. Ich schaue in die Runde, alles sieht sauber und gepflegt aus. Ohne es zu sehen, bin ich davon überzeugt, dass in der Küche alles frisch gemacht wird. Schon kommt sie mit meinen Eiern um die Ecke. Sie sind ausgesprochen lecker, der Speck ist kross gebraten und ein echtes Plus für meinen Salzhaushalt. Ich komme auf den Geschmack und gönne mir im Anschluss noch ein bisschen Kuchen zum Kaffee. Martin ist bereits fertig und will schon vorausgehen. Er ist entschlossen heute Strecke zu machen und will das Tempo anziehen. Ich glaube, er hat mal grob überschlagen, ob er in dem bisherigen Tempo rechtzeitig in Santiago ankommt, und festgestellt, dass dem nicht so ist. Er hat einen Termin mit seiner Familie und ich verstehe ihn. Torsten und ich beschließen noch sitzen zu bleiben und lassen ihn ziehen. Wir sind sicher ihn später auf dem Weg oder in der Herberge zu sehen. Dann brechen auch wir auf. Ich kaufe noch eine Flasche Wasser, besser ist besser.

Als wir aus dem Dorf rauskommen, wird die Landschaft plötzlich karger, die Meseta schickt ihre ersten Vorboten. Wir laufen auf einer langen Teerstraße dem Horizont entgegen, rechts und links des Weges scheint sich die Umgebung förmlich mit jedem Kilometer zurückzuziehen und Platz zu machen für gewaltig große Felder von Weizen. Wir laufen so gut wie allein, nur ein Pärchen ist vor uns. Der junge Mann hat eine kurze Hose und grüne, lange Kniestrümpfe an, seine ganze Kombi sieht irgendwie daneben aus. Die Frau ist recht zierlich und scheint schon jetzt konditionelle Schwierigkeiten zu haben. Als wir zu der Stelle kommen, wo die Straße aufhört und der gute alte Kiesweg beginnt, halten beide an und beginnen zu diskutieren. Wir nutzen die Gelegenheit und ziehen an ihnen vorbei. Wir haben schon seit etlichen Minuten etwas überheblich beschlossen, dass diese beiden als Begleiter nicht zu uns passen.

Wir gewinnen schnell Abstand und finden uns nun in einem Meer aus Weizen wieder. Der Weg ist absolut identisch mit dem vor ein paar Tagen, nur dass ich diesmal besser bei Kräften bin. Im Moment jedenfalls noch. Wieder scheint die Sonne, als wollte sie uns was beweisen. Wir machen unsere erste Pause am Wegesrand, lassen die Rucksäcke in den Kies plumpsen und setzen uns drauf. Während wir unser Wasser trinken und uns den Weizen anschauen, kommt eine Gruppe auf uns zu. Es sind mehrere Männer mit einem kleinen Kind. Dem Erscheinen nach sehen sie wie Hippies oder Zigeuner aus. Es ist offensichtlich, auch sie gehen den Camino. Die Männer sind jung, haben alle lange Bärte und tragen abgenutzte Kleidung und Wanderstäbe mit allerlei Zeug dran. Vorneweg geht das Kind, das höchstens elf oder zwölf sein dürfte. Es hat strubbelige Haare und entpuppt sich als Mädchen. Die Kleine trägt einen Rucksack, der so groß ist wie sie selbst. Als sie an uns vorbeigeht, hebt Torsten anerkennend den Daumen und sagt: „She's a pilgrim." Die Gruppe lächelt freundlich und setzt ihren Weg fort.

Später an diesem Tag sollen wir diesen eigenwilligen Trupp wiedertreffen und sie erzählen uns, dass das Mädchen unbedingt mit auf den Camino wollte. Sie geht den Weg schon seit ihrem fünften Lebensjahr, wollte nicht mehr kuscheln, hat ihren Teddy weggeworfen und darauf gedrängt mitzulaufen. Anscheinend ist einer der Männer ihr Vater und läuft den Camino wohl regelmäßig.

Schon beim ersten Treffen auf dem staubigen Kies muss ich über ihren Zusammenhalt und ihre Gemeinsamkeit nachdenken und dass die Art ihres Laufens irgendwie besonders ist. Diese familiäre Verbundenheit hält ganz eigene spirituelle und lebenspraktische Erfahrungen bereit. Wenn ich diesem kleinen Mädchen ins Gesicht schaue, dann sehe ich Individualität und Stärke, die ihresgleichen sucht. Sie ist anderen Mädchen in ihrem Alter um Lichtjahre voraus. Es braucht wenig, um seinem

Kind das Richtige mit „auf den Weg" zu geben. Man muss da sein, sich kümmern, lieben und loslassen können, das ist eigentlich alles. Ich bin überzeugt davon, ein Kind mit einer solchen Basis wird sich die Bildung holen, die es für sein Leben braucht, und glücklich werden.

Wir schnallen uns wieder die Rucksäcke um und machen uns auf den Weg. Der Untergrund wird jetzt steinig und holprig. Es ist extrem anstrengend länger auf diesem Boden zu laufen und ich sage spaßeshalber zu Torsten: „Ein Glück, dass wir nicht auf der Römerstraße laufen." „Das tun wir doch", antwortet er trocken. Ich denke, ich höre nicht recht. Was soll das denn bitte heißen? Wir sind hier nicht auf der Strecke mit den Wasserstellen und den Rastplätzen? Wir laufen gerade auf der nicht domestizierten alten Römerstraße, auf der Strecke, die in meinem Reiseführer als „reines Abenteuer" beschrieben wird? Genauso ist es, schöne Scheiße.

Torsten klärt mich auf. Als ich morgens am Dorfbrunnen Wasser geholt habe, haben Martin und er ausgemacht doch die interessantere Route zu laufen. Sie haben vergessen es mir zu sagen, sorry. Ich schaue mich um, na klar, das ist die Römerstraße. Wie konnte ich das nur nicht sehen? In meinem Führer steht doch eindeutig: „… wo alle neun Meter ein Busch gepflanzt und alle zwei Kilometer ein Rastplatz mit Betonmobiliar und Trinkwasserstelle aus dem Boden gestampft wurde …"[6] Wo bitte soll das hier sein? Ich schaue in das Meer aus Weizen und es fällt mir wie Schuppen von den Augen. Ich weiß nicht, ob Weizen grinsen kann, aber ich glaube gerade so etwas zu sehen. Die Meseta hat mich, zum zweiten Mal.

Ich schaue auf die Karte, wieder 18 Kilometer unter der un-

---

[6] Jean-Yves Grégoire, Louis Laborde-Balen: Der spanische Jakobsweg – Camino Francés: von Saint-Jean-Pied-de-Port nach Santiago; ein Pilgerführer; Tyrolia, Innsbruck/Wien 2010

barmherzigen Sonne im ewigen Getreideland. Und ich habe noch eine halbe Flasche Wasser. Der Feldweg bleibt indessen weiterhin schlecht. Hier sind mit Sicherheit schon Asterix und Obelix gelaufen, und die hatten wahrscheinlich auch schlechte Laune. Wir gehen und gehen und der Weg führt immer wieder bis zum Horizont, hier ist weit und breit niemand. Seit Stunden laufen Torsten und ich allein. Wir nähern uns jetzt Bahnschienen und laufen parallel daran entlang. Es handelt sich um die Strecke von Palencia nach La Coruña. Endlich ein bescheidenes Zeichen von Zivilisation. Aber der Weg führt wieder davon weg und erneut in die Einöde der Weizenfelder. Wir machen noch mal am schattenlosen Wegesrand eine Pause und Torsten teilt mit mir seine letzte Orange. Ich sauge sie aus, wie ich noch nie eine Orange ausgesaugt habe. Für diese Hölle brauche ich jedes Quäntchen Vitamin.

Wir laufen weiter ins Nichts ohne nennenswerte Anhaltspunkte, die man bewusst ansteuern könnte. Ein Blick in meinen Führer bringt mich auf den neuesten Stand. Diese Gegend nennt sich Monte de Valdelocajos und war früher für Wölfe, Wildschweine, Füchse und Raubvögel bekannt.

Das fehlt mir noch, dass mich ein Vieh aus dem Busch angreift. Aber da ich sowieso zu schlapp zum Wegrennen bin, ist mir das völlig egal. Dann werde ich eben gefressen, bitte schön. Wohin sollte ich auch rennen? Etwa ins Weizenfeld mit Rucksack und ohne Wasser? Dann lieber dem Tod ins Auge sehen. Aber genug mit dem Fatalismus. Ich bin mit Torsten darüber einig, wir müssen es irgendwie bis Calzadilla de los Hermanillos schaffen, die einzige Oase auf dem Weg bis zum nächsten richtigen Ort. Wir setzen uns noch mal in den Kies und machen eine letzte Pause. Auch Torsten muss inzwischen zugeben, er hat diese Strecke unterschätzt. Ich trinke meinen letzten Schluck Wasser. Das war's, hinter der Anhöhe da vorne muss das Dorf in Sicht kommen, sonst habe ich ein Problem. Wir überqueren die Anhöhe und sehen … nichts. Wieder nur der Kiesweg bis zum Horizont. Dann erkenne ich ein Auto am Wegesrand, endlich Menschen. Wir kommen näher ran und sehen zwei Arbeiter, die in der glühenden Hitze einen Weidezaun reparieren. Ich bin kurz davor nach Wasser zu fragen oder danach, ob sie uns eventuell mitnehmen, aber ich komme davon ab. So verzweifelt ist die Lage nun auch wieder nicht.

Die Kieswege verzweigen sich jetzt immer öfter und ich frage mich, ob wir überhaupt noch auf dem richtigen Weg sind. Sich zu verlaufen könnte uns Stunden kosten. Torsten und ich diskutieren darüber, ob Martin wohl so weit vor uns sein kann, dass wir ihn nicht einmal am Horizont zumindest erahnen. Ich bin skeptisch. So viel später sind wir doch nicht los. Torsten glaubt die Fußspuren von seinen Schuhen im Sand gefunden zu haben. Ich schaue ungläubig auf den Boden, da ist ein Teil einer Hacke und ein paar Zentimeter Profil. Aber Torsten besteht darauf: „Nein, nein, die Spur kenne ich", wenn das stimmt, dann Respekt dafür. Ich laufe schon mehrere Tage mit beiden, aber die Abdrücke ihrer Sohlen habe ich nicht im Gedächtnis. Ich käme nie auf den Gedanken mir das merken zu wollen.

Wir laufen wortlos und Schulter an Schulter weiter durch die immer noch gleiche Landschaft und werden langsam müde. Zum zweiten Mal muss ich auf das Wasser von Torsten zurückgreifen. Zu verdursten muss grausam sein, ich stelle mir das als einen quälend langsamen Tod vor. Der Gedanke an das rettende Dorf macht mich fertig, es will einfach nicht auftauchen. Dann teilt sich der Weg plötzlich und wir stehen vor der Wahl, eigenartigerweise zeigt ein Pfeil sowohl in die eine als auch in die andere Richtung. Obwohl ich keine große Lust dazu habe, schnalle ich meinen Rucksack ab und wühle nach meinem Führer. Aber er stellt sich als keine große Hilfe heraus. Wir müssen eine Entscheidung treffen. Geradeaus über den Hügel zu laufen wäre eine Möglichkeit, dann kämen wir aller Wahrscheinlichkeit nach in das Dorf. Oder aber rechts runter in die Ebene, das müsste schneller gehen.

Es ist nervig und ich bin gerade wenig in der Stimmung, meine letzten Kräfte mit einer falschen Entscheidung zu verpulvern. Wir beschließen schließlich in die Ebene zu gehen, und tatsächlich, da in der Ferne tauchen Häuser auf. Jetzt, wo sie in Sicht kommen, stellt sich mein Körper schon auf die Pause ein und jeder Schritt fällt mir doppelt schwer. Unser Wasser ist mittlerweile wirklich alle und wir hätten bei der Wärme nicht mehr als ein oder zwei weitere Stunden durchhalten können. Das ist wie schon mal Rettung in letzter Minute. An die regelmäßigen Rastplätze mit den Brunnen darf ich gar nicht denken, ich hätte einen lockeren und entspannten Tag haben können. Was soll's. Als ich an den ersten Häusern vorbeigehe, muss ich zugeben, der andere Weg hätte uns direkter ans Ziel gebracht. Wir sind praktisch um den Ort herumgelaufen und kommen nun von Süden rein.

Torsten und ich stehen jetzt im Zentrum. Vor einer Bar ist eine Rasenfläche angelegt mit Sonnenschirmen, Tischen und Stühlen. Im Schatten liegen und sitzen etliche Pilger und geben ein Bild der Ruhe ab. Es ist so, als käme man an einem sturmgepeitschten Regentag von draußen in die gute Stube an den bullernden Ofen. Wir lassen gemeinsam den Rucksack ins Gras fallen und holen uns erst mal ein kühles Bier.

Ich hatte erwartet, dass uns Martin in Empfang nimmt, aber er ist nirgends zu sehen. Eigentlich seltsam, er muss definitiv hier vorbei. Der Ort ist nicht wirklich groß, der Rasen mit der

Bar ist offensichtlich das Highlight hier, ansonsten gibt es nur einfache Bauernhäuser. Langsam regeneriere ich und gebe meinem Körper zurück, was er durch die lange Wanderung verloren hat. Was auch immer noch mit mir auf dem Camino passieren mag, die Tage in der Meseta werden in Erinnerung bleiben, so viel ist sicher.

Torsten hat sich auf dem Rasen platt hingelegt und ich mache es ihm nach. Nicht mehr das Gepäck zu tragen ist eine enorme Erleichterung, ich spüre meine Schultern und meinen verspannten Hals auf dem kühlen Gras. Ich habe schon überlegt mich irgendwann massieren zu lassen, was ja in manchen Herbergen angeboten wird. Im Grunde mag ich das überhaupt nicht, aber vielleicht ist es notwendig, bevor ich dauerhaft Schmerzen bekomme.

Während ich so überlege und mich mit Torsten über den Tag unterhalte, hören wir plötzlich bekannte Stimmen. Wir staunen nicht schlecht, das sind Christian und Elli! Na, weit sind die ja nicht gekommen. Wir begrüßen uns herzlich, damit, sie noch mal zu sehen, hatte keiner von uns gerechnet. Elli hat wieder die altbekannten Probleme mit ihren Füßen und schimpft lautstark über ihre Blasen. Sie tun ihr bei jedem Schritt weh und sind verständlicherweise bei der Hitze und dem holprigen Weg eine Qual. Trotzdem haben sie sich heute noch mehr vorgenommen. Sowohl Elli als auch Christian wollen und müssen heute noch nach Mansilla de las Mulas. Torsten ist von diesem Plan anscheinend angetan, jedenfalls redet er so, als wäre es klar, dass „wir" mitlaufen. Ich muss gestehen, darüber habe ich noch nicht nachgedacht. Ich bin momentan sehr zufrieden, dass ich hier bin und mein Bier im Schatten trinke, statt mich über den Kiesweg zu schleppen. Es gibt hier eine Herberge, das habe ich mittlerweile herausgefunden. Warum denkt keiner darüber nach in den kühlen Morgenstunden zu laufen, anstatt zum wiederholten Mal zu planen, in der größten Hitze des Tages weitere Kilometer zu gehen? Wann werde ich eigentlich klug und lerne dazu?

So wie es aussieht, ist dieser Tag nicht heute, denn ich beschließe gerade im Stillen mitzugehen. Ich kann mir den Grund selber nicht erklären. Ich bin ein Mitläufer, das muss ich mir hier und jetzt mal eingestehen. Bin ich überhaupt schon mal konsequent meinen Weg gegangen und andere haben sich nach mir richten müssen? Die Frage erschreckt mich, auch die mögliche Antwort. Wer will schon mit der Nase darauf gestoßen werden, in seinem Leben nicht die eigene Speerspitze zu sein? Die Rolle des Lemmings ist bequem, aber nicht gerade cool. Ich liege auf dem Rasen und hoffe, ich urteile zu hart, aber das sind wohl Erkenntnisse, die der Camino einem mitgibt, allerdings nicht die erhofften.

Wir einigen uns auf zwei Stunden Pause, um dann das letzte Stück in Angriff zu nehmen. Torsten und ich sind inzwischen wieder so weit hergestellt, um die Besonderheit des Örtchens unter die Lupe zu nehmen. Es gibt nämlich einen Grund, warum diese Rastmöglichkeit kein Pilger auslässt, denn hier gibt es etwas, was man sonst nirgendwo findet. Neben unserer Bar befindet sich eine zweite, die ein alter Spanier führt, der es auf dem Camino zu besonderer Berühmtheit gebracht hat. Er wird der Elvis des Camino genannt, zum einen, weil in seiner Bar dauernd dessen Songs laufen und dieses Kleinod zudem ein ganz besonderes Flair hat. Jeder Führer empfiehlt nachdrücklich seine Bar zu besuchen. Bereits von draußen sieht es abenteuerlich aus. Der Name „Torre Bar" und andere Informationen sind in bunten Farben und Schreibschrift an die weiße Hausmauer geschrieben, als hätte man dabei nicht den geringsten Plan gehabt. Ein großer blauer Pfeil weist darauf hin, dass der Eingang ums Eck ist. Hier ist jeder willkommen, was der gut gemeinte Hinweis „We espeak English" verrät. Über der Tür ist das Bild von Obelix auf die Mauer gemalt und wir müssen lachen. Das passt zu unserer Idee auf dem Römerweg, dass bereits Asterix und Obelix dort langgelaufen sind.

Elvis' Bar im Nirgendwo

Die Bar ist ein einziger, nicht besonders großer Raum, aber der ist abgefahren und gemütlich. Hinter der großen Holztheke steht tatsächlich der bärtige Besitzer zusammen mit einem lässig wirkenden Gehilfen, der einen selbst gedrehten Joint raucht. Aus der Anlage kommt Musik von James Brown, nach der sich beide im Takt bewegen. Es ist offensichtlich, die beiden führen den Laden genau, wie sie es wollen, und haben keinen Kompromiss gemacht. Die Wände der gesamten Bar sind überzogen mit Botschaften, Sprüchen, Grüßen und Statements unzähliger Pilger. Dazu hängen Mitbringsel, Postkarten und Kleinkram jeder Art in der ganzen Bar. Selbst auf dem Steinboden finde ich Botschaften. Diese Torre Bar hat wirklich den Spirit des Jakobsweges eingefangen. In einer Ecke gibt es sogar einen kleinen Mini Market, wo man Obst, Gemüse und Getränke kaufen kann, was aber nicht das Gesamtkonzept schmälert, es bleibt trotzdem eine Bar. Wir setzen uns an die Theke, bestellen ein Bier, kommen ins Gespräch und bekommen jeder einen Joint angeboten. Torsten lehnt ab, weil er Angst hat, dass er dann hier versumpft, ich aus Prinzip. Ich habe Kiffen probiert, hat mir nichts gegeben und dabei ist es geblieben. Wer sich irgendwas in den Tabak krümeln muss, um sich gut zu fühlen, ist letztlich ein armes Würstchen. Ich habe das noch nie für cool gehalten, sondern immer schon für eine Schwäche. Darauf trinke ich noch ein Bier, und da wir schon mal da sind, beschließen wir in der Bar ein Bocadillo zu essen, mit Serrano-Schinken und Manchega-Käse.

Während wir uns unser Baguette schmecken lassen, überlegen auch wir einen Spruch für die Ewigkeit zu hinterlassen. Wenn das alle machen, dann verewigen wir uns natürlich auch. Wir denken an den heutigen Tag zurück, an die Römerstraße, es dauert nicht lange und unser Text steht fest. Direkt in der Mitte der Theke am Fußboden ist eine etwas breitere Kante, auf der ab jetzt zu lesen steht: „We met Obelix today, he said: This road sucks for ages." Dann verlassen wir die Bar.

Es ist Zeit aufzubrechen, wir wuchten die Rucksäcke ein letztes Mal für heute auf den Rücken und sagen Christian und Elli Bescheid. Dann laufen wir los. Die letzten Kilometer nach Mansilla verlaufen am Rande einer Straße, der Weg ist schnurgerade und an einer Seite von Bäumen gesäumt. Ich gehe etwas gesondert und will es hinter mich bringen. Auf Gespräche habe ich keine Lust mehr, die sechs verbleibenden Kilometer zerren plötzlich an meinen Nerven. Ich gehe schneller und überhole schließlich sogar Torsten, der sonst immer vorneweg ist. Ich merke, wie ich mich bemühe den Vorsprung auszubauen oder zumindest zu halten, einholen lassen werde ich mich bis zur Herberge nicht mehr.

Im Grunde ein Blödsinn, dieses kleine Rennen am Ende des Tages, aber für mich ist es irgendwie von Bedeutung. Ich erreiche Mansilla zuerst und folge den Pfeilen zur Herberge. Es ist gleich eins der ersten Häuser und sieht einladend aus. Ich betrete einen kleinen Innenhof mit Tischen, Rasen, Wäscheständern und einem stillgelegten Springbrunnen, deponiere meinen Rucksack auf einem Stuhl und gehe in das Haus. Der Empfang gleicht mehr einer Verkaufstheke, man kann hier offenbar allerlei Wurstspezialitäten aus der Region erwerben. Ich schaue mich um und es wird klar, ich stehe vor einem Schaufenster. Diese Herberge ist offensichtlich zugleich oder in erster Linie ein Laden. Torsten kommt herein und hat offenbar denselben Eindruck. Eine junge Frau erklärt uns mit fester Stimme die Regeln des Hauses, dann stellen wir unsere Wanderschuhe unter die Treppe und finden im ersten Stock mehrere weitläufige Räume, die fast alle leer sind. Hier ist erst mal keiner, fast jedes Bett ist unbenutzt.

Alles ist sauber und gepflegt, und nachdem wir uns Raum und Schlafplatz in Ruhe ausgesucht haben, lege ich mich aufs Bett und strecke mich aus. Das ist mal wieder ein Tag. Ich bin bedient und brauche jetzt Entspannung.

Was ist das für ein Rhythmus, dass mir schon nachmittags die Augen zufallen? Und der nächste Tag ist bereits in Sicht, wenn man es genau nimmt. Aufstehen, wandern, ausruhen, wieder aufstehen und wieder wandern, das ist alles, was ich seit Tagen mache. Es ist so wie in dem Film „Und ewig grüßt das Murmeltier", ich bin gefangen in formalen Ritualen. Mein Blick wandert im Raum umher, ich schaue mir die dunklen Holzrollläden vor den Fenstern an, die leeren Doppelstockbetten, meinen blauen Rucksack neben dem Bett.

Es ist ein komisches Gefühl, ich laufe bereits so lange und weiß nichts. Ich weiß nicht, wohin mein Weg mich führt und was er bedeutet. Vielleicht gab es Momente, wo ich mir sicher war etwas verstanden zu haben, aber im Augenblick habe ich den Eindruck, ich weiß gar nichts. Ich werde erst mal duschen, um auf andere Gedanken zu kommen.

Wie die ganze Herberge ist auch das Bad großzügig und sauber. In den frischen Klamotten fühle ich mich gleich viel wohler und verlasse mit Torsten die Herberge, um in die Stadt zu gehen. Wir laufen aufs Geratewohl durch die Gassen auf der Suche nach einer guten Einkaufsmöglichkeit und finden in der Nähe des Marktplatzes einen großen Supermarkt. Es tut gut aus dem Vollen zu schöpfen, hier gibt es endlich mal wieder alles, was mein Herz begehrt, und ich kaufe meine Vorräte für die kommenden Tage. Mittlerweile habe ich meine Erfahrungen mit den Lebensmitteln und kaufe schlau ein. Dosenfisch ist eine beliebte Notration, die sich lange hält, auch abgepackter Schinken und vor allem Oliven, die hier in Spanien super schmecken. Baguette muss ich kaufen, es gibt einfach keine Alternative. Auch Käse lohnt sich manchmal, aber nur am Stück und nicht zu groß, weil man ihn einmal angebrochen bei der Hitze schnell essen sollte. Und dann natürlich meinen Trinkjoghurt und mehrere Dosen diverser Marken für den Abend. Ich rate trotzdem jedem Pilger auf zu viel Essen im Rucksack zu verzichten, es erhöht das Gewicht und ist unnötig. Zum einen bekommt man in der Regel überall die Möglichkeit sich Kleinigkeiten zu kaufen, zum andern habe ich oft erst abends gegessen oder das Zeug tagelang unnötig rumgeschleppt. Aber es ist ein gutes Gefühl, für den Fall der Fälle etwas dabeizuhaben.

Auf dem Rückweg treffen wir Catherine, der ich in bestem Französisch den Weg zum Supermarkt beschreibe. Wir treffen Christian auf dem Marktplatz, er und Elli sind in einer anderen Herberge abgestiegen. Wir teilen uns ein Bier und warten auf seine bessere Hälfte. Dann sehen wir sie. Elli kommt um die Ecke und hat sich ein paar neue Schuhe gekauft. Es sind Badelatschen und sie sind quietschgrün. Sie sind so grün, dass die Passanten in ihrer Nähe wie mausgraue Spießer aussehen. Torsten und ich amüsieren uns köstlich, Christian senkt nur noch schüttelnd den Kopf. Er hat anscheinend schon so was geahnt. Grinsend setzt sich Elli zu uns und präsentiert ihre Errungenschaft, während wir so tun, als würden wir die Schuhe gut finden.

Es ist später Nachmittag und es gibt für uns nichts zu tun, also bleiben wir sitzen und schauen uns die Leute an. Dann gehen wir in Richtung Herberge zurück und verabreden uns für später zum gemeinsamen Pilgermenü bei uns. Es könnte sich hier wirklich lohnen, wenn ich an die Wurstspezialitäten denke. Der Tag war hart und ich ruhe mich aus, am späten Abend schließlich treffe ich die anderen am Tisch.

Ich bin hungrig und hoffe deshalb auf ein reichliches Mahl. Ich bestelle spanischen Kartoffelsalat, die Schinkenplatte und zum Nachtisch Eis. Wie erwartet ist der Schinken sehr lecker, ich finde mindestens fünf verschiedene Sorten auf meinem Teller. Es ist ein gelungener Abend, wir tauschen unsere E-Mail-Adressen aus und versprechen zu schreiben. Elli spricht die Verbindung von mir und Torsten an und dass wir schon so viele Tage zusammen wandern. „Ihr müsst doch schon zusammen duschen", fragt sie lachend. „Würde ich auch", verrate ich, „aber Torsten möchte nicht." Es ist ein lustiger Abend und ein Abschied. Wir spüren es, ohne dass es jemand ausspricht.

Dann neigt sich auch dieser Tag seinem Ende zu und ich mache mich fertig für die Nacht. Der Schlafsaal ist in der Zwischenzeit etwas voller geworden und es ist warm im Raum. Irgendwas ist mit meinem Kissen, ich kann einfach keine angenehme Position finden. Ich kann es auch nicht weglassen. Irgendwann ist es egal und ich schlafe ein.

Mansilla de las Mulas – León

In der Nacht kriege ich wenig Schlaf und der Morgen ist schneller da als gedacht. Müde schnüre ich mein Bündel und krame meine Schuhe unter der Treppe hervor. Wenigstens ein Kaffee ist in dieser Herberge drin, bevor wir starten.

Unser Ziel ist heute León, eine weitere Königsstadt auf dem Camino, und mein Führer klärt mich auf. Den Namen hat die Stadt von der VII. römischen Legion, die im Jahr 68 n. Chr. dort ihr Lager aufstellte. Es entstand daraus eine kleine stadtähnliche Siedlung, die im Laufe der Jahrhunderte durch mehrere Hände ging und schließlich von einem spanischen Herrscher zur Hauptstadt seines Königreichs gemacht wurde. Als León letztlich im 3. Jahrhundert unter Ferdinand III. mit dem Königreich Kastilien verschmolz, verlor es seine Vormachtstellung. Diese Stadt anzuschauen wird sich lohnen. Und das Gute ist, sie ist nur 18,7 Kilometer entfernt und damit eine der leichteren Etappen.

Wir verlassen die Herberge und überqueren die Straße. Auf der anderen Straßenseite steht das Denkmal einer Pilgergruppe, das Verzweiflung und Erschöpfung darstellt. Schon gestern sind wir daran vorbeigelaufen und haben sofort Freundschaft geschlossen mit unseren in Stein gehauenen Leidensgenossen.

Nun zeigen Torsten und ich unser schauspielerisches Talent und setzen und legen uns so dazu, als ob wir Teil dieser Inszenierung wären, und fotografieren uns gegenseitig. Schon mal kein schlechter Start in den Tag. Wir lassen die Stadt hinter uns und gehen über grünes Ackerland einen recht angenehmen Weg. Der Camino ist nicht mehr so schnurgrade wie sonst, sondern nimmt wieder normale Ausformungen an, die ich aus Tagen vor der Meseta kenne. Wir beginnen darüber zu philosophieren, wo Martin mittlerweile wohl sein mag. Ich finde es schade, dass ich ihn höchstwahrscheinlich auf dem Weg nicht mehr sehen werde. Wir haben uns nicht wirklich verabschieden können, dafür habe ich aber seine E-Mail. Ich werde mich mit Sicherheit melden, wie bei inzwischen so vielen. Ich habe an den unmöglichsten Stellen Adressen aufgeschrieben, ich hoffe, ich finde sie zu Hause alle wieder.

Der Weg ist mittlerweile nicht mehr so schön, es ist spürbar, dass wir in die Nähe einer großen Stadt kommen. Hier und da tauchen bereits industrielle Bauten auf, die das Flair des Pilgerweges erheblich stören, weiterhin unterbrochen von angenehmeren Teilstrecken. Wir kommen an einem Waldstück vorbei und ich merke plötzlich, wie mich ein Tier verfolgt. Ich drehe mich um und erblicke einen kleinen, abgemagerten Hund. Er reagiert auf jede Bewegung von mir und weicht zurück, sobald ich zu schnell auf ihn zugehe. Meine Versuche ihn anzulocken und zu streicheln scheitern. Dieser Hund hat offensichtlich schlechte Erfahrungen gemacht oder ist geschlagen worden. Ich gehe weiter und der Hund folgt in gebührendem Abstand. Als wir eine Wasserstelle erreichen und Rast machen, sind Catherine und Hermann bereits da und sitzen bequem im Schatten. So sieht man sich wieder. Die beiden scheinen sich gefunden zu haben, was das Miteinander-Wandern angeht.

Kurz darauf taucht noch ein alter Bekannter von mir auf, Jens ist wieder da, mit zwei deutschen Mädchen im Schlepptau. Wir unterhalten uns eine ganze Weile und machen unsere Späße. Der Hund ist immer noch in meiner Nähe. Er mustert mich und traut sich langsam ein Stück näher, dann versichert er sich wieder, ob es für mich okay ist. Das ist wirklich ein echter Schisser. Ich tue so, als ob ich ihn nicht bemerke, dann plötzlich mache ich eine kleine ruckartige Bewegung auf ihn zu. Es war als Spaß gemeint, aber das arme Tier hopst wie von der Tarantel gestochen in die Luft und rennt um sein Leben. Weg ist er, nun ja, nur die Starken überleben, so ist das in der Natur und im Leben.

Meine Flasche ist gefüllt und Torsten und ich sind wieder auf der Stecke. Wir erklimmen eine staubige Anhöhe und müssen nun durch ein Bauland, auf dem Bagger und andere Maschinen fahren. Ich kann nur hoffen, dass das bald ein Ende hat. Der fehlende Schlaf macht sich bei mir bemerkbar und mein ganzer Körper fordert eine Pause. Ich bin einfach ausgelaugt durch die Anstrengungen der letzten Tage. Und jetzt auch noch der Weg durch den Baulärm, das ist nach der Stille des vergangenen Weges ein Kulturschock vom Feinsten. Es ist unübersehbar, wir sind mitten im industriellen Randgebiet von León.

Bisher gelang mir bei größeren Städten immer eine alternative Routenplanung, die dem Wandern auf dem Jakobsweg gerecht wurde, das ist kurz vor León nicht der Fall. Die Zufahrtsstraßen und der Autolärm sind so massiv, dass uns der Weg direkt daran entlangführt. So überqueren wir auf einer neuen Betonbrücke die Autobahn und kommen auf der gegenüberliegenden Straßenseite nach León rein.

Ich setze mich bei der ersten Gelegenheit auf eine Bank, um mich kurz auszuruhen, und nehme einen kräftigen Schluck aus meiner Wasserflasche. Ich weiß, dass ich heute wenig gelaufen bin, aber ich fühle einfach, dass ich eine Pause brauche, für mich ist in León Schluss. Torsten hat offenbar noch Energie und kündigt an weiterzulaufen, trotzdem verspricht er sich die Herberge in der Stadt zumindest anzuschauen.

León bietet mehrere Unterkünfte für Pilger an, ich entscheide mich für die Herberge im Benediktinerkloster mit 180 Plätzen an der Plaza Santa María. Der Entschluss ist spontan, ich finde einfach den Namen schön. Nach einer Weile sind wir da und betreten unter einem großen Torbogen den Klosterbereich. Es sind ein paar Stühle und Tische aufgestellt und ich muss mich anstellen, bis ich dran bin. Wie sich herausstellt, ist die Übernachtung umsonst und wieder läuft die Finanzierung auf Spendenbasis. Der Kirche sei Dank. Während ich mich bereits angemeldet habe, hat sich Torsten den Schlafsaal und alles andere angeschaut. Sein Urteil ist wenig positiv, er findet alles zu voll und will nicht bleiben. Ich folge ihm über eine kleine Seitentreppe ins Haus und komme in einen Vorflur, der bis zur Hälfte voller Schuhe steht. Geradeaus sind die Waschräume und Toiletten, weiter rechts geht es in den einen Schlafsaal von insgesamt zweien. Das ist wirklich ein Saal, das muss ich zugeben, aber nicht unüblicher als alle anderen zuvor. Ich wähle mein Bett am Fenster, hier habe ich sogar ein kleines Nachttischchen. Das hatte ich noch nie, ich weiß gar nicht, was Torsten hat. Aber sein Entschluss steht, also beschließen wir gegenüber was essen zu gehen und trinken ein letztes Bier.

Wenn ich morgen etwas mehr laufe und Torsten sein Tempo beibehält, sehen wir uns morgen Abend wieder. Die Verabredung steht und wir wünschen uns bis dahin alles Gute. Ich sehe ihm nach, wie er über den Platz läuft und mit anderen Pilgern ins Gespräch kommt, da muss ich kein schlechtes Gewissen haben. Wenn jemand ohne Probleme Anschluss bekommt, dann ist das Torsten. Keiner von uns nimmt dem anderen hierbei etwas übel, solche Situationen bringt der Weg mit sich. Ich bestelle noch ein Bier und bin mir sicher die richtige Entscheidung getroffen zu haben.

Der Tag ist noch ungewöhnlich jung, gerade mal Mittag. Ich bin müde, gehe in den Schlafsaal zurück und schlafe.

Unverzichtbar – gute Schuhe

Nach ein oder zwei Stunden wache ich auf. Der Raum hat sich noch mal gefüllt, ist aber immer noch angenehm kühl. Ich denke, nicht mehr lange und alle Betten sind vergeben, was bei der großen Anzahl einiges heißt. Wo sind bloß diese Leute, wenn ich unterwegs bin? Das geht in meinem Kopf nicht zusammen, die Einsamkeit des Weges tagsüber und abends die überfüllten Herbergen.

Ich beschließe mich draußen ein bisschen umzuschauen. Ich setze mich neben die Anmeldung am Torbogen in die Sonne und genieße die Wärme. Als ich mir gerade die Füße mit Hirschtalg eincreme, spricht mich ein älterer Mann an: „Entschuldigen Sie, sind Sie Deutscher? Ich frage das, weil ich gerade Ihre Creme sehe." Ich sage ja und warte ab. Der Mann entpuppt sich als ein Führer für Radpilger und will als Erstes wissen, ob diese Creme zu empfehlen ist. Ich halte zum wiederholten Mal meine kleine Rede über die Wichtigkeit der Pflege der Füße und die an mir erprobte Qualität meiner Salbe. Wir unterhalten uns eine ganze Weile. Einen Radführer habe ich bisher noch nicht gesehen, auch keine wissentlich geführten Gruppen, aber es scheint so was zu geben. Ich lerne, dass je nach Klientel die Schwierigkeit der Etappen neu geplant werden muss, wobei der eigentliche Camino oft großzügig umfahren wird, wenn es notwendig ist. Ich finde das zunächst schade und irgendwie nicht original, andererseits, was ist überhaupt der originale Camino? Wie sicher kann ich sein, einer jahrhundertealten Spur zu folgen, nur weil ich gelben Pfeilen nachlaufe? Zeit und Landschaft ändern sich und beugen sich logischerweise dem Wandel. Es spielt letztlich keine allzu große Rolle, wenn man darüber nachdenkt, die Richtung stimmt jedenfalls.

Der Mann erzählt mir von einer Messe, die von den Nonnen des Klosters in ein paar Minuten abgehalten wird. Er und einige aus seiner Gruppe wollen daran teilnehmen. Immer wieder unterbricht er unser Gespräch und schielt zum Eingang, um den Startschuss ja nicht zu verpassen. Ich finde ihn nett, aber eigenartig vergeistigt, ich würde lieber alleine radeln als mit ihm. Dann ruft eine ältere Nonne die Gruppe zusammen und sie verschwinden gemeinsam um die Ecke. Ich überlege einen kurzen Augenblick mitzugehen, aber instinktiv entscheide ich mich dagegen. Es ist nicht wirklich mein Wunsch dabei zu sein.

Dann sehe ich ein bekanntes Gesicht, Willem kommt mit offenen Armen auf mich zu und wir umarmen uns. Er ist total nass geschwitzt und hat offensichtlich alles gegeben. Er erzählt mir, dass seine Reise hier und heute zu Ende ist. Irgendwann in diesem Jahr ist er in León gestartet und bis Santiago gelaufen. Jetzt hat er praktisch den ersten Teil der Wanderung nachgeholt. Heute ist er stolze 40 Kilometer gelaufen, um die Strecke komplett zu machen und die Reise abzuschließen. Er sieht zufrieden und zugleich erschöpft aus. Er hat Glück und bekommt ein Bett, es ist genau neben meinem. Willem ist seit zwei Jahren auf dem Jakobsweg unterwegs, immer wieder mit kurzen Unterbrechungen. Morgen wird er nach Holland zurückfahren, aber ich denke, er kommt in absehbarer Zeit wieder. Er ist einer von denen, die sich vom Jakobsweg nicht wirklich lösen können. Und er ist die Strecke schon mehrmals gelaufen und kennt León. Er beschließt zu duschen und mir dann die Stadt zu zeigen. Damit bin ich sehr einverstanden. Kurz darauf gehen wir los und erkunden die Altstadt mit ihren kleinen Gassen und Geschäften. Dann steuern wir die Kathedrale an, das gotische Herzstück der Stadt. Das Innere der Kirche ist wunderschön. Um 1203 begann man mit ihrer Errichtung und sie gilt als ein bauliches Wunder der damaligen Zeit. Die Kathedrale besitzt 125 Fenster und 57 Rundöffnungen, das entspricht einer bemalten Glasfläche von rund 1800 Quadratmetern, durch die an einem solchen Tag wie heute das Sonnenlicht in den Innenraum fällt. Das hat im Kirchenbau der Gotik einen ganz klaren Sonderstatus. Ich weiß gar nicht, wohin ich zuerst schauen soll, der Blick nach oben ist ein Farbenmeer. Der einfache Bürger der damaligen Zeit dürfte sich schwergetan haben angesichts dieser Schönheit die Existenz Gottes in Frage zu stellen. Ich nehme eine neutrale Stellung zu diesem Thema ein, aber berühren tut mich diese eindrucksvolle

Stimmung, die kühle Luft und die flüsternden Menschen. Wir alle genießen diesen Ort und staunen über die kraftvolle Präsenz, die über die Jahrhunderte wie konserviert erscheint. In meinem Führer ist zu lesen, dass es in León außer der Kathedrale eine weitere sehenswerte Kirche aus der Epoche der Romanik gibt, San Isidoro, in der sich 23 Königsgräber befinden sollen. Dort zieht es mich aber heute nicht mehr hin.

Willem und ich stehen nun wieder auf der Straße und besuchen eine Bar, in der die Schinken über der Theke hängen und man leckere Tapas essen kann. Wir müssen den Besuch der Kathedrale erst mal verdauen. Ich bin gespannt auf die Kathedrale in Santiago, ich kann mir eine Steigerung hierzu kaum vorstellen. Ein bisschen wehmütig werde ich schon, wenn ich daran denke, dass das Ende meiner Wanderung im Prinzip genau so eine Kathedrale sein wird. Ich bin bis jetzt 475 Kilometer gelaufen, noch gute 325 Kilometer und ich werde vor „meiner" Kathedrale stehen.

Die Geschichte des Pilgerns ist übrigens ganz interessant, auch dazu lässt sich in meinem Führer einiges nachlesen. Im 13. und 14. Jahrhundert war die Blütezeit des Jakobsweges, überall in Europa entstanden jetzt entlang der Pilgerwege Kirchen, Hospize und andere Einrichtungen, die von den Benediktinern, den Johannitern und Templern getragen wurden. Auch im 15. Jahrhundert blieb das Pilgern nach Santiago populär. Das 16. und 17. Jahrhundert wiederum war geprägt von Religionskriegen und die erbauten Kirchen und Hospize wurden Opfer dieser Auseinandersetzungen. Wer jetzt pilgerte, brauchte Mut und wurde in den entstehenden Nationalstaaten als Fremder betrachtet und auch so behandelt. Die Französische Revolution brachte erneut Unruhe mit sich und im darauf folgenden Jahrhundert betrieb der spanische Staat gegenüber der Kirche eine harte Politik der Enteignung, was die Pilgertradition fast zerstörte. Dazu kam an der Schwelle zur Moderne eine Skepsis gegenüber der Reliquienverehrung und dem Glauben an sich.[7] Und heute boomt der Jakobsweg wieder und ich bin ein Teil davon. Auch wenn ich ein unbedeutendes Pixel in dieser historischen Entwicklung bin, mit meinem kühlen Bier und dem Blick auf die Kathedrale von León ist das ein Gefühl der Zugehörigkeit, ein gutes Gefühl.

In der Nähe der Herberge setzen Willem und ich uns vor ein kleines Café in die Sonne und unterhalten uns. Willem ist sehr nett und spricht mehrere Sprachen, was ich sehr bewundere. Wie so viele auf dem Jakobsweg, die länger als die übliche Strecke laufen und Monate hier verbringen, ist auch er selbstständig und kann sich die Auszeit anscheinend leisten. Und er nutzt die Zeit, um Frauen kennenzulernen. Er ist damit der Erste auf der Wanderung, der mir das offen erzählt. Ich bin nicht sicher, ob es Sinn macht sich mit der Intention auf den Weg zu begeben. Es gibt Frauen, die allein unterwegs sind, so viel ist sicher, aber ich denke, 30 Grad im Schatten ist nicht die geeignete Umgebung, um Frauen anzumachen. Es ist auch sehr unwahrscheinlich, dass die Frauen hier auf Männersuche sind. Ich höre trotzdem Willem weiter zu und denke mir meinen Teil. Vielleicht irre ich mich auch gewaltig und bekomme nur nichts mit. Was ich aus meiner bisherigen Erfahrung sagen kann, ist, dass ich den Camino nicht als Partnerbörse erlebt habe, was nicht heißt, dass man keine weiblichen Bekanntschaften macht, ganz im Gegenteil.

Nachdem wir gegessen haben, schauen wir uns die anderen

---

[7] Jean-Yves Grégoire, Louis Laborde-Balen: Der spanische Jakobsweg – Camino Francés: von Saint-Jean-Pied-de-Port nach Santiago; ein Pilgerführer; Tyrolia, Innsbruck/Wien 2010

Pilger an. Das Café liegt am Rande eines großen Platzes und bekannte Gesichter kommen und gehen. Auch die Hippiegruppe mit dem kleinen Mädchen ist hier und sie besprechen gerade ihre weitere Vorgehensweise. Ich glaube nicht, dass sie in León bleiben werden, ich tippe darauf, dass sie weiterlaufen.

Was mich reizen würde, ist, einmal eine Nacht durchzulaufen, was viele angeblich auch tun. Nachts in der Einsamkeit der Landschaft unterwegs zu sein muss eine ganz eigene Faszination haben, es ist schon tagsüber so. Noch ist die Gelegenheit da. Willem ist müde, verabschiedet sich und geht in die Herberge, um seine Sachen für die morgige Heimreise vorzubereiten. Ich bleibe im Café sitzen, schreibe meine Notizen und hänge meinen Gedanken nach. Die Sonne steht tief und verschwindet langsam hinter den Häuserreihen. Es wird kühl und mich befällt das Gefühl, wieder auf mich gestellt zu sein. Es ist ungewohnt und spannend, werde ich morgen noch Torsten treffen oder kommt es ganz anders?

Ein Blick in meinen Führer macht mir klar, dass ich morgen 36 Kilometer laufen müsste, um eventuell den Anschluss zu kriegen. Das wäre dann mein persönlicher Rekord. Mittlerweile nehme ich meine 21. Etappe in Angriff, die meiste Zeit war ich nicht allein. Die Tage vergehen so schnell und ich könnte höchstens die Ereignisse von gestern und vorgestern erzählen, was davor war, weiß ich in der zeitlichen Abfolge nicht mehr. Wann bin ich das letzte Mal allein morgens losgelaufen? Ich kann es nicht sagen. Ich zahle und gehe in den Schlafsaal zurück. Er ist inzwischen proppenvoll. Ich lege mich ins Bett, ein kühler Lufthauch kommt durch das gekippte Fenster herein und wird mich durch die Nacht bringen. Morgen wartet eine Asphaltstrecke von mindestens 30 Kilometern auf mich, das heißt, um sechs Uhr gehe ich los. Ich ziehe meinen Schlafsack bis zum Hals und schlafe ein.

León – Hospital de Órbigo

Es ist sechs Uhr und ich stehe mit meinem Rucksack unter dem Torbogen des Klosters. Diese Straße muss ich rauf, dann rechts und irgendwie schräg links weiter. Mit mir verlassen nach und nach ein paar Pilger die Herberge und verschwinden in der Dunkelheit und auch ich gehe die ersten Schritte des Tages. Während ich durch die Altstadt gehe, ist es ruhig, ab und zu geht irgendwo ein Licht an und in manchen Gastrobetrieben beginnt die Arbeit. Ich komme an San Isidoro vorbei, das hätte ich mir eigentlich anschauen müssen, ist gar nicht so weit weg, wie ich dachte.

Ich komme bereits jetzt ins Randgebiet der Stadt, überquere Straßen, eine Brücke und der Autoverkehr nimmt hörbar zu. Die ganze Zeit über halte ich Sichtkontakt zu einer kleinen Gruppe vor mir, falsch zu laufen kann ich heute nicht brauchen. In Städten wie León die Orientierung zu behalten ist schwieriger als auf dem Land, die Hinweise auf den Camino sind besonders im Dunkel des frühen Morgens wie immer schwer zu erkennen.

Meine Straße führt mich zielsicher über eine Steigung aus der Stadt raus und ich kann mittlerweile mit jeder Minute meine Umgebung besser wahrnehmen. Was habe ich doch für ein Glück, so problemlos nach Hunderten von Kilometern hier über den Asphalt zu laufen. Die Pause hat mir gutgetan und ich spüre neue Kraft in mir. Die Marathonstrecke heute ist zu schaffen, ich komme bereits richtig voran und dabei ist die Sonne kaum aufgegangen.

Nach kurzer Zeit bin ich in der nächsten kleinen Stadt, in Virgen del Camino. In einem Café machen die ersten Pilger Pause, ich grüße und gehe weiter. Ich habe keinen Hunger, ich habe gerade einen Lauf und will meinen guten Start nicht mit

Frühstück vertrödeln. Wie immer habe ich die rausgerissenen Seiten mit der Wegbeschreibung für den Tag in meiner Bauchtasche. Bei jeder Kreuzung oder Gabelung gleiche ich gewohnheitsgemäß die Richtigkeit der Hinweisschilder mit meinem Führer ab. Das hat mir bisher schon viel Ärger und Umwege erspart.

Heute stehe ich vor einer wichtigen Entscheidung, was den Weg betrifft. Mein Ziel ist Hospital de Órbigo, bis dahin sind es die bereits erwähnten 36 Kilometer. Der Weg dahin führt durch eine etwas weniger wüstenartige Meseta als bisher, aber es ist eine lange und ebene Strecke. Die Region wird El Páramo genannt, was so viel wie kalte, öde Gegend bedeutet. Das ist mal eine Ansage, die sich gewaschen hat.

Den Weg da durch kann ich selber entscheiden. Entweder über den sogenannten Camino Reál, einen Weg an der N120 entlang, oder über die Calzada de los Peregrinos abseits der Hauptstraßen, die allerdings um einiges länger ist. Wie auch immer, bis zum nächsten Ort muss ich auf jeden Fall an der Ausfallstraße bleiben. Ich werde den kürzeren Weg gehen, ganz klar. Diese Marathonstrecke noch zu verlängern kommt nicht in Frage. Das Einzige, was jetzt wichtig ist, ist die richtige Strecke zu erwischen. Ich schaue in meinen Führer und lese: „Bei der Gabelung verlassen wir den Asphalt, die Calzada de los Peregrinos führt nach links weg (die Abzweigung zum Camino Reál bleibt rechts). Nach 100 Metern queren wir eine kleine Straße, unser – nicht asphaltierter – Weg führt geradeaus weiter."[8]

Ich stehe an der Gabelung und bin mir unsicher. Auf dem Asphalt der Straße geht der Pfeil für den Camino Reál gerade-

---

[8] Jean-Yves Grégoire, Louis Laborde-Balen: Der spanische Jakobsweg – Camino Francés: von Saint-Jean-Pied-de-Port nach Santiago; ein Pilgerführer; Tyrolia, Innsbruck/Wien 2010

aus und der Pfeil für den langen Weg irgendwie auch. Und außerdem gibt es keinen Weg, der unasphaltiert nach links wegführt. Ein Auto kommt vorbei und ein älterer Mann zeigt mit seinem Finger vehement in eine Richtung. Soll wohl so viel heißen wie „Da geht's weiter". Er hat geradeaus gedeutet. Ich folge seinem Rat und laufe die asphaltierte Strecke entlang der Autobahn und komme auf einen Feldweg, der in einer lang gestreckten Linkskurve bergab verläuft. Ich schaue erneut in den Führer, der lange Weg führte doch auch nach links weg, oder? So ist es, danach soll eine Hochspannungsleitung kommen, ich schaue nach oben und da ist sie, und das da vorne ist definitiv die Unterführung der Autobahn A66. Ich bin falsch, so eine dämliche Beschreibung. Ich überlege kurz weiterzulaufen, der ganze schöne Vorsprung durch das frühe Aufstehen schmilzt dahin. Aber das tue ich mir nicht schon wieder an, die Römerstraße hat mir gereicht. Ich will partout den kurzen Weg, und wenn es das Letzte ist, was ich tue. Es hilft nichts, ich drehe um.

Es ist ein blödes Gefühl, den anderen zu begegnen, die eigentlich hinter mir waren. Ich diskutiere noch kurz mit einem jungen Mann, der mich zu Recht erstaunt fragt, was ich da tue. Aber ich bin überzeugt, ich muss an der Gabelung rechts weg. Was für eine Zeitverschwendung, ich werde jetzt sauer. Wenn ich schon hier langlaufe, dann doch bitte den richtigen Weg. Auf Suchspielchen habe ich am frühen Morgen wirklich keine Lust.

Endlich stehe ich wieder an der Gabelung und versuche den Unsinn der Pfeile am Boden zum zweiten Mal zu entziffern. Für mich ist die Sache klar, rechts muss der Weg zum Camino Reál sein. Ich gehe durch eine kleine Unterführung und folge der Straße. Hier ist keinerlei Hinweis auf den Camino zu finden, vielleicht weiter vorne. Ich gehe weiter und weiter und laufe in dieselbe Richtung wie gerade eben, nur auf der anderen Seite der Autobahn. Langsam beschleicht mich das Gefühl, dass ich vollkommen falsch bin. Das hier ist es nicht, mein Führer beschreibt nicht mal ansatzweise meinen Weg. Ich bleibe stur und gehe fast bis zur nächsten Autobahnauffahrt. Nichts, das war der falsche Weg. Was für eine Pleite. Ich gestehe mir ein, ich bin zu blöd einer detaillierten Beschreibung zu folgen. Wo bitte schön soll die andere Strecke sein? Für was soll ich mich entscheiden, wenn es sowieso nur einen Weg gibt? Jetzt muss ich den ganzen Weg zurücklaufen, um dahin zu kommen, wo ich bereits vor einer Stunde war. Ich habe die Nase gestrichen voll.

Ich ziehe das Tempo an, dass meine Beine schmerzen, so sehr ärgere ich mich über mich selbst. Von den vereinzelten Grundstücken am Wegesrand dringt Hundegebell zu mir herüber. Mühsam kämpfe ich mich ein Stück die Anhöhe zurück. Dann bleibe ich stehen. Auf der anderen Seite laufen die Pilger meinen alten Weg, zwischen uns liegt nur die Autobahn. Mir kommt eine Idee, ich werde abkürzen, das bringt mindestens eine halbe Stunde.

Ich stehe etwas erhöht auf meiner Seite der Straße und brauche nur den kleinen Abhang bis zur Leitplanke runter. Der Untergrund ist hart und besteht aus dieser typischen roten Erde, auf dem Boden wächst so gut wie nichts. Ich beschließe vorsichtig auf allen Vieren mit dem Bauch nach oben und den Füßen voran mich heruntergleiten zu lassen. Den Rucksack behalte ich auf, ihn in der Hand zu balancieren wäre Unsinn. Langsam rutsche ich in die Steigung, meine Füße finden keinen Halt auf dem festen Boden. Plötzlich rutsche ich schneller. Ich versuche zu bremsen, aber es gelingt mir nicht, stattdessen verlagert sich mein Gleichgewicht nach rechts, mein linkes Bein bleibt hängen und ich verdrehe mir mein Knie. Ich gebe einen kurzen Schmerzenslaut von mir und bleibe halb auf meinem Rucksack liegen. Ich bin unten, aber die Aktion hat mich praktisch umgedreht. Ich liege zwischen den Büschen mit meinem verdrehten Knie und sortiere meine Gliedmaßen. Ich merke sofort, das war nicht gut.

Ich versuche mein Bein zu bewegen, es klappt. Anscheinend habe ich mir nichts ausgekugelt oder gebrochen. Tja, wenn ich jetzt einen Bänderriss habe, dann ist hier Endstation. Ich muss aufstehen und prüfen, wie schlimm es ist. Langsam und vorsichtig richte ich mich auf und belaste mein Bein. Ich humple zwar etwas, aber es geht. Ich klopfe meine Sachen notdürftig ab, erst mal weg hier.

Den Hügel zurück hochzulaufen kann ich mir sparen, bleibt nur der Weg über die Autobahn. Habe ich ein Glück, sie ist sechsspurig. Vorsichtig hebe ich mein lädiertes Bein über die Leitplanke und stehe am Rand der Autobahn. Ich gehe beherzt los und erreiche die Mitte. Ich schaffe auch den zweiten Teil und ein älterer Pilger hilft mir auf den ursprünglichen Weg zurück. Ich lasse mir nichts anmerken, bedanke mich höflich und gehe erneut den Feldweg, der immer noch in einer lang gestreckten Linkskurve bergab verläuft. Ich spüre mein Knie bei jedem Schritt, aber was soll das bringen, jetzt anzuhalten. Hier ist erst mal nichts. Ich werde warten müssen, bis wir in einen Ort kommen, und dann weitersehen.

Jetzt sehe ich, wo ich längst hätte sein können. Irgendwie bin ich nun doch auf der richtigen Strecke gelandet, ich laufe wie gewollt auf dem Camino Reál. Aber die Gabelung habe ich immer noch nicht verstanden. Die Beschreibung ist genauso verdreht wie mein Knie. Nach einer Weile geht es erstaunlich gut, wenn ich mich ernsthaft verletzt hätte, dann könnte ich nicht so laufen, wie ich es tue. Aber es ist ärgerlich, ich kann überhaupt nicht sagen, wie sich das Ganze bis zum Abend entwickelt. So ein Mist kann unmöglich das Ende meiner Reise sein. Ich werde laufen, bis es wirklich nicht mehr geht.

Schließlich erreiche ich einen kleinen Ort entlang der N120 und mache Halt in einem Café. Ich kaufe mir eine Cola und kühle mit den Eiswürfeln im Glas mein Knie. Ich habe für einen solchen Fall nichts an Erste Hilfe dabei und das Knie zu kühlen ist alles, was ich im Moment tun kann. Ich lerne Caroline kennen, eine Deutsche, die meine bescheidene ärztliche Versorgung beobachtet hat. Ich erzähle ihr von meinem Missgriff und wir unterhalten uns eine Weile, dann beschließe ich weiterzugehen.

Als ich aufstehe, wird mir klar, dass Pausen meinem Knie nicht guttun. Mein Bein ist steif, ich habe das Gefühl, es ist besser, mich gleich wieder zu setzen und es sein zu lassen. Ich versuche trotzdem zu laufen, und zwar so, dass ich es möglichst wenig belaste. Aber seien wir ehrlich, das ist wohl mehr Einbildung als Tatsache. Dass ich heute die längste Etappe überhaupt laufen muss, lässt mich zweifeln. Da drüben ist eine Herberge, vielleicht ist es schlauer das Bein zu schonen und bis morgen zu warten.

Ich beschließe für heute nicht Schluss zu machen und zu laufen, jetzt auf dem Bett zu liegen und sich das Knie zu halten bringt nichts. Und es läuft sich doch mit etwas gutem Willen fast wie vorher. Lieber werde ich ständig in Bewegung bleiben und rausfinden, wie sehr ich mein Knie belasten kann. Wenn ich nicht abbrechen will, werde ich wohl oder übel laufen müssen. Sollte es morgen schlimmer werden, dann mache ich eben einen Tag Pause und sehe weiter. Mit diesen Gedanken humple ich vor mich hin.

Die Sonne brennt mittlerweile vom Himmel und die Straße hält, was sie verspricht, es ist ein langweiliger Weg. Ich folge mal rechts, mal links der N120 und komme an Autobahnraststätten vorbei, an kleinen und kleinsten Siedlungen entlang der Straße. In der Umgebung gibt es nichts zu sehen, was erwähnenswert wäre. Im Gedanken zähle ich die Kilometer, was aber mit der Zeit mehr frustrierend als aufbauend ist.

Im Augenblick bin ich schlapp und glaube nicht, dass ich jemals Hospital de Órbigo erreichen werde. Ein passender Name übrigens, das Hospital könnte ich jetzt auch ganz gut gebrauchen. Stattdessen stehe ich im Staub der Straße und blinzle den nächsten Kilometern entgegen. Ich beschließe an einer der Raststätten Halt zu machen, ich brauche irgendwas zu essen. Auf den Stufen zum Eingang spüre ich wieder mein Knie. Ich gehe zur Theke, bestelle ein Sandwich und ein Bier und setze mich damit ans Fenster. Das Bein auszustrecken tut gut. Ich betaste mein Knie und kann nichts Ungewöhnliches finden. Es ist nicht geschwollen. Sieht aus, als hätte ich Glück im Unglück gehabt. Ich weiß nicht, wie knapp es war, aber ich bin mit Sicherheit nur um Haaresbreite an einem Bänderriss vorbei. Und das wäre das Aus gewesen. Wie schnell so was passieren kann, eine blöde Aktion und du kannst nach Hause fahren. Da kann ich vorher noch so sorgsam die Berge runtersteigen, von einem Augenblick zum nächsten kann ganz unerwartet Schluss sein. Ich werde abwarten müssen, ob mir mein Dickkopf die ganze Tour versaut hat.

Die ersten Schritte aus der Raststätte sind wieder recht steif, dann normalisiert sich mein Laufstil zum zweiten Mal. Weiter geht's durch die pralle Sonne die Straße lang, der Weg ist jetzt asphaltiert und lässt mich angenehmer laufen.

Plötzlich sehe ich einen Mann vor mir auf dem Weg sitzen. Er scheint einfach nur so dazusitzen, ohne eine erkennbare Aktion. Als ich näher komme, frage ich ihn: „Do you need some help?" Er antwortet, dass alles okay ist. So richtig nehme ich ihm das nicht ab, aber ich lasse ihn sitzen, ich habe heute selbst Probleme genug.

Ganz wohl ist mir bei der Sache nicht, aber der Weg hat schnell wieder meine ganze Aufmerksamkeit. Die Strecke führt mich immer noch an der Straße lang, aber der Verkehr ist spärlich und die Landschaft wird jetzt interessanter und hügeliger. Phasenweise vergesse ich sogar meine Knieprobleme und genieße den Weg. Ich finde die monotone Straßenführung sogar ganz anregend, sie hat etwas Meditatives und strahlt Ruhe aus. Ich esse ein paar Schokokekse, trinke mein Wasser und probiere ein paar kraftsparende Laufstile aus. So erreiche ich die ersten Ortschaften, die nun wieder größer sind, und somit erneut die Herbergen. In einer treffe ich die jungen Spanierinnen wieder, die mit ihrer Mutter wandern. Ich überlege kurz zu bleiben, aber der Ehrgeiz hat mich gepackt die gesamte Strecke zu schaffen, auch um Torsten wiederzusehen.

Die Wegführung des Caminos ist oftmals schon sehr eigenwillig. So führen einen manche Wege nicht direkt durch ein Städtchen, sondern in die Nebenstraßen des Ortes über die Felder und an den Bauernhäusern vorbei. Ich bin schon ein paar Mal darauf reingefallen, man läuft einen Umweg und ist schließlich doch wieder auf der Straße, auf der man vorher war. Nur selten lohnt sich der Weg wirklich. Aber ich folge trotzdem immer gutgläubig dem gelben Pfeil, was werde ich bloß machen, wenn diese Hinweise plötzlich nicht mehr da sind? So gehe ich auch diesmal unbeirrt dem einen oder anderen Pfeil hinterher.

Ich bin mittlerweile viele Stunden unterwegs und die Hitze schafft mich langsam, aber sicher. Die Kilometer, die vorhin noch an mir vorbeiflogen, ziehen sich jetzt quälend in die Länge. Ich brauche eine Pause im Schatten und setze mich dazu in den Straßengraben auf der anderen Seite. Ich lasse meinen Rucksack fallen und schaue mich um; ich bin der Einzige weit und breit, nur ab und zu kommt ein Auto vorbei. Ich muss mal und kämpfe mich durch ein hüfthohes Kraut, um mein Geschäft zu verrichten. Als ich fertig bin und wieder zurück an meinem Platz, sehe ich Hunderte von kleinen, klebrigen Kügelchen, die sich in den Haaren meiner Beine verfangen haben. Dieses Kraut hat es offensichtlich in sich. Mein erster Gedanke ist es dabei zu belassen und weiterzulaufen, aber das würde doch ziemlich blöde aussehen. Also setze ich mich und nehme auch diese Prüfung des Tages auf mich. Ich brauche eine ganze Zeit, um mich von jedem einzelnen Kügelchen zu befreien. Dann ist auch das geschafft und ich setze meinen Weg fort.

Ich bin auf den letzten Kilometern. Es erwartet mich gleich ein kleines, sympathisches Dorf mit einer Besonderheit des Jakobsweges, ich werde die berühmteste und älteste Brücke des Caminos überqueren, so verspricht es mein Führer. Es geht noch etwas an der N120 lang, dann verlasse ich die Straße und beginne einem Güterweg zu folgen, überquere einen Kanal und treffe nun mit der Calzada de los Peregrinos zusammen. Das ist der Beweis, den Weg gibt es also doch!

Ich kann jetzt von Weitem die Dächer der Häuser von Hospital de Órbigo sehen, ich habe es geschafft. Erschöpft passiere ich einen kleinen Bewässerungskanal und stehe endlich vor der Stadt. Die berühmte Brücke bietet heute einen traurigen Anblick. Sie wird restauriert und ist von unten bis oben in eine Art hässliches Plastik gehüllt. Dabei ist ihre Geschichte eine besondere. Sie führt über den Río Órbigo, an dessen Ufern schon legendäre Schlachten geschlagen wurden. Laut meinem Führer wehrten hier bereits 456 die Westgoten die Angriffe ihrer Feinde ab und im 10. Jahrhundert besiegte an der Stelle Alfons III. ein maurisches Heer. In der Mitte der berühmten romanischen Brücke, die im Übrigen 20 Bögen auf 240 Metern Länge besitzt, erheben sich zwei Steinsäulen, deren Inschrift von einem berühmten Ritterkampf erzählt.

Im Jahr 1435 forderte ein Mann namens Don Suero de Quinones zu Ehren einer Dame gemeinsam mit neun Kumpanen jeden Ritter zum Kampf auf, der die Brücke überqueren wollte. Er verteidigte den Weg einen ganzen Monat. Im Laufe der vielen Kämpfe wurde er schließlich vom Großvater der Frau von Cervantes getötet. Es wird vermutet, dass Cervantes von diesen beiden Kämpfern zu seiner späteren Romanfigur Don Quijote inspiriert wurde.[9]

Auch ich fühle mich, als hätte ich einen Kampf mit den Windmühlen hinter mir. Langsam trotte ich über das Kopfsteinpflaster der Brücke in die Stadt. Jetzt, wo ich mich genauer umsehe, ist es eher ein Dorf. Ich frage mich schnell nach der Herberge durch und stehe kurz darauf davor. Ich trete in einen kühlen Vorhof, an der Wand steht ein kleines Tischchen, das wohl den Empfang darstellen soll. Da niemand da sitzt, setze ich mich und warte ab. Eine freundliche ältere Dame kommt aus einer Tür und begrüßt mich. Ich muss mich anstrengen noch mal aufzustehen und meinen Pilgerpass hervorzukramen. Ich spüre plötzlich den Tag in allen Knochen. Was für ein Wahnsinn, ausgerechnet am Tag der längsten Etappe mit einem verdrehten Knie 36 Kilometer zu laufen.

---

[9] Jean-Yves Grégoire, Louis Laborde-Balen: Der spanische Jakobsweg – Camino Francés: von Saint-Jean-Pied-de-Port nach Santiago; ein Pilgerführer; Tyrolia, Innsbruck/Wien 2010

Endlich da, die Herberge in Hospital de Órbigo

Der Vorhof mündet in einen Innenhof, von dem die Schlafräume und die Bäder abgehen. Kaum bin ich da, sehe ich Torsten mit freiem Oberkörper in der Sonne stehen und seine Wäsche waschen. Er freut sich mich zu sehen und begrüßt mich
mit einem „Du hast es geschafft". Anscheinend hat er nicht
damit gerechnet, dass ich den Gewaltmarsch heute bewältige.
Wenn ich ehrlich bin, überrascht es mich auch. Torsten erzählt
mir, dass er aufgrund seines zeitlichen Vorsprungs den vermeintlich interessanteren Weg gewählt hat, die Calzada de los
Peregrinos. Ich gestehe ihm etwas kleinlaut mein Unvermögen
ein, den Weg überhaupt gefunden zu haben, und berichte von
meinem kleinen Unfall. Torsten zeigt mir seinen Schlafraum
und ich belege das Bett neben ihm. Ich strecke mich aus und
entlaste zum ersten Mal an diesem Tag für längere Zeit mein
Bein. Es tut gut und auch wieder nicht. Schon nach kurzer Zeit

merke ich, wie mein Bein steif wird. Es zu drehen gelingt mir plötzlich nur unter Schmerzen.

Ich humple ins Bad, um zu duschen. Wie am ersten Tag in Roncesvalles bin ich steif wie Pinocchio und brauche wesentlich länger als sonst. Es nützt nichts, ich muss die notwendigen Handgriffe selber machen. Ich wasche meine Wäsche und sortiere meinen Rucksack für den morgigen Tag. Den morgigen Tag? Mit dem Bein wohl kaum. Mein Ignorieren des Unfalls und das unbarmherzige Laufen scheint sich gerade zu rächen. Aber richtig. Ich komme auf einmal nur noch Stück für Stück voran und an normales Laufen ist nicht zu denken. Ich kann das Knie nur unter Schmerzen beugen und gehe mit einem steifen und einem normalen Bein in mein Bett zurück. Die Diagnose ist für mich klar, ich habe übertrieben und mein Knie zu stark belastet. Einen Arzt zu besuchen kommt mir auch in den Sinn, aber was will der schon feststellen?

Nach einer Weile reicht es mir zu liegen. Es ist nicht wirklich entspannend und zu warm, um richtige Ruhe zu finden. Ich schnappe mir meine Sachen und gehe in die Stadt. Ich setze mich in ein Café und bitte den Besitzer um etwas Eis für mein Knie. Der Mann ist sehr fürsorglich und bringt einen großen Beutel mit Eiswürfeln. Ich bedanke mich herzlich und setze mich damit auf eine Parkbank. Ich lege mein Bein hoch und packe mein Knie mit dem Eis ein. Hoffentlich kann ich eine Schwellung verhindern, bisher ist nichts zu entdecken. Ich muss abwarten, wie sich das Knie morgen anfühlt, aber ich befürchte, ich werde eine Pause einlegen müssen.

Das bedeutet wiederum, dass ich mit Torsten nicht mitlaufen kann. Wir hatten doch den schönen Plan zusammen nach Finisterre zu laufen, das heißt bis an den Atlantik, und dort die Frauen aufzureißen. Das wäre wirklich ein gelungener Abschluss. Ich verdränge den Gedanken, ich werde warten müssen. Das Eis ist inzwischen geschmolzen und ich werfe den Rest in den Abfall. Ich bleibe noch eine ganze Zeit sitzen und beobachte und denke nach. Mir gegenüber sitzen drei ältere Männer und beobachten mich und das Treiben im Dorf. Das Klischee von alten Leuten auf Parkbänken erfüllt sich in den spanischen Dörfern mehr als gut. Durch sie bekommt man den ersten Eindruck von der hiesigen Bevölkerung und ich hatte mehr als einmal das Gefühl, das ganze Dorf sei nur von alten Menschen bevölkert. Dieser Eindruck täuscht natürlich, auch wenn ich sicher bin, dass es die jungen Leute bei aller Idylle in die größeren Städte zieht. Hier in Órbigo passiert bestimmt nichts unbemerkt, diese Männer dort sind wie die Bildzeitung. Aus ihren sonnengegerbten und faltigen Gesichtern schauen kleine, wache Augen, denen nichts entgeht. So werde auch ich fixiert, als ich mich von der Parkbank erhebe und mit steifem Bein in den nächsten Laden humple. Zu gern würde ich wissen, was sie über mich denken. Wahrscheinlich halten sie mich für einen dummen kleinen Pilger, der sich maßlos überschätzt hat.

Ich betrete den Lebensmittelladen und sehe das gewohnte Bild. Auf kleinstem Raum wird ein Supermarkt imitiert, der trotzdem nicht mit dem Angebot mithalten kann. Und zum wiederholten Mal ist mir genau das unglaublich sympathisch. Meine Augen überfliegen die eng gestellten Regale und ich kaufe spontan, was mir in den Sinn kommt.

Nach diesem denkwürdigen Tag gönne ich mir wenigstens ein gutes Essen. Ich kaufe Muscheln, Ziegenkäse, frische Tomaten und eine kleine Stange Weißbrot. Dazu wie immer eine Auswahl diverser Kaltgetränke. Damit versorgt bin ich im Dorf fertig und gehe in die Herberge zurück. Am Eingang treffe ich Torsten wieder, der beschlossen hat mit anderen zusammen zu kochen. Ich habe bereits alles und jetzt Hunger und setze mich in den hinteren Bereich des Vorhofs. Hier sind mehrere schwere Holztische und Bänke aufgebaut und laden zum Ausruhen ein.

Die Herberge ist sehr schön und gepflegt, das muss man sagen. Wer jemals in diesen Ort kommt, dem sei die private Herberge San Miguel empfohlen. Eine große Wand im Eingangsbereich ist komplett bemalt und erweckt die Illusion eines wunderschönen Ausblicks in die Berge. Im Innenhof ist in der Mitte einer Wiese ein Eisenkreuz aufgestellt, das mich an den spirituellen Aspekt meiner Pilgerreise erinnert. Dieser Ort ist ein guter Platz und eine angemessene Erholung nach einer harten Etappe.

Im hinteren Teil des Innenhofs, hinter dem Eisenkreuz, ist ein Esel in einem extra Bereich eingezäunt. Torsten erzählte mir, dass eine Pilgerin mit diesem Esel den Camino läuft. Ihre Ankunft muss wohl große Aufmerksamkeit auf sich gezogen haben, denn sie musste erst mal ihr Tier versorgen und dann sich selbst. Der Esel musste gebürstet, getränkt und mit Futter versorgt werden, dann wurden die Hufe sauber gemacht und vom Dreck befreit und danach wurde er eingezäunt. Eine ganz schöne Arbeit, und das jeden Tag aufs Neue.

Übrigens sind längst nicht alle Herbergen bereit oder in der Lage, Tiere zu versorgen. Das will geplant sein und ist eine große Verantwortung für Mensch und Tier. Aber ich finde es klasse, dass jemand 2010 auf diese Art auf dem Jakobsweg unterwegs ist. Es ist eine Nostalgie, die man sich erst mal trauen muss. Ab und zu schreit der Esel sein „Iiiiaahhh" durch den Hof, was uns alle seine Präsenz nicht vergessen lässt.

Im Schlafsaal nebenan hat sich auch ein bekanntes Gesicht eingerichtet, Jens ist wieder da. Von ihm bekomme ich eine Sportlersalbe, die ich reichlich auf mein Knie auftrage. Auch Catherine und Hermann treffe ich in der Herberge wieder und wir unterhalten uns angeregt über die vergangenen Tage.

Es ist inzwischen Abend geworden und alle versammeln sich an den Tischen, um zu essen. Torsten hat mit Amerikanern und Spaniern einen riesigen Topf Nudeln mit Soße gekocht und lädt mich dazu ein, aber ich bin viel zu satt, um jetzt noch mitzuessen. Catherine will unbedingt mein Bein und mein Knie massieren und ich lasse sie gewähren. Es tut ganz gut, aber ich denke, dass ich zur Erholung vor allem die Ruhe der Nacht brauche. Als sich herumspricht, was mir passiert ist, kommen plötzlich alle mit Spezialtipps auf mich zu und wollen helfen. Ein Engländer schwört auf seine Salbe, damit geht jede Zerrung und Ähnliches in null Komma nichts weg. Ich bin für jede Hilfe dankbar und creme mich tüchtig mit der Salbe ein. Ich bekomme nochmals versichert, morgen laufe ich wieder wie ein junger Gott. Ich darf die Salbe über Nacht behalten und bekomme langsam ein gutes Gefühl. Vielleicht werde ich doch keinen Tag verlieren und kann nach Santiago weiterlaufen?

Wir genießen in guter Stimmung das Zusammensein und gehen schließlich ins Bett. Der Raum ist heiß, obwohl die Fenster alle offen sind. Sogar die Tür lassen wir auf. Ich liege auf dem Rücken und versuche mein Bein nicht zu bewegen. Jede kleinste Drehung ist mit Schmerzen verbunden. Ich schaue von meinem Bett aus direkt auf das Eisenkreuz, das sich am Nachthimmel abzeichnet. Hat der Unfall heute womöglich eine Bedeutung? Ist das eine Konsequenz für etwas oder eher eine Schwächung, die mir letzten Endes hilft? Ich weiß nur eines, für heute habe ich genug erlebt.

Hospital de Órbigo – Astorga

Als der Morgen kommt, geht es mir nicht wesentlich besser.

Schnell wird klar, ich stehe vor der Entscheidung zu laufen oder es für heute gut sein zu lassen. Torsten ist bereits voller Tatendrang und macht sich fertig, während Catherine zu mir ans Bett kommt und sich wie eine gute Mutter um mich kümmert. Ich bin erst mal ganz normal mit aufgestanden und sitze nun auf der Bettkante, meinen Rucksack neben mir, und creme mir wieder das Bein ein. Der Schmerz sitzt seitlich an der Innenkante des Knies, es ist durch die unnatürliche Drehung eindeutig überdehnt worden. Das Auftreten funktioniert zwar, aber ich humple stark und kann mein Bein im Moment nur sehr schwer bewegen. Ich beschließe mich mit Torsten abzusprechen, ihn zu begleiten wäre absoluter Unsinn. Ich kann nicht mithalten, allenfalls vor mich hin humpeln. Also verabschieden wir uns schweren Herzens und er macht sich allein auf den Weg.

Das war's dann, ich werde ihn nur mit Glück wiedersehen. Catherine und einige andere raten mir dringend davon ab, heute zu laufen, und versuchen mir einen Ruhetag schmackhaft zu machen und was er alles bewirken kann. Aber ich bin nicht überzeugt. Zum einen ging es gestern beim Laufen immer besser, zum anderen, was soll ich in diesem Nest die ganze Zeit machen? Ich beschließe die Herbergsmutter trotzdem zu fragen, ob es möglich ist im Bett zu bleiben und sich auszuruhen. Sie erzählt mir, dass alle Betten am Vormittag frisch bezogen und die Räume gereinigt werden müssen, ich müsste also gehen und könnte erst gegen Mittag wieder in die Herberge zurück. Damit ist meine Entscheidung gefallen. Wenn ich sowieso gehen muss, kann ich auch in Richtung Santiago gehen. Ich schaue in meinen Führer, die heutige Etappe nach Astorga ist kurz und beträgt nur schlappe 16,5 Kilometer. Ich beschließe es zu versuchen.

Ich schnalle mir den Rucksack um und horche in meinen Körper hinein. Ich habe ein gutes Gefühl und gehe die ersten Schritte über das Kopfsteinpflaster die Straße runter. Es ist, wie ich gehofft hatte, nach einigen Minuten gehe ich schon nicht mehr so steif. Aber dafür laufe ich sehr langsam, warum sollte ich auch hetzen? Kurze Zeit später höre ich Catherine und Hermann hinter mir: „Marc, you are crazy." Das mag wohl stimmen, aber ich bin noch im Spiel. Und meine Sturheit scheint sie zu beeindrucken, wie die Pilger in früheren Zeiten, halb verhungert, mit zerrissenen Kleidern, am Ende ihrer Kraft und doch nach Santiago unterwegs. Catherine will mir ihre ganze mentale Stärke übertragen und gibt mir einen Kuss auf die Stirn. Dann ziehen die beiden das Tempo an, es dauert nicht lange und der Weg hat sie verschluckt.

Mein Tempo bleibt das einer Schnecke und es überholt mich einer nach dem anderen. Eine Gruppe von Spaniern nähert sich lautstark von hinten, einer von ihnen spielt Gitarre und die anderen singen dazu nach Leibeskräften. Es sind spanische Lieder, die motivierend und melodisch klingen und ganz offensichtlich gute Laune machen. Es ist ein bisschen so wie ein Bild aus einem schlechten Heimatfilm, aber es hat zweifellos den Charme des Pilgerns. Bald darauf sehe ich die Gruppe nur noch sehr klein in der Ferne und die Musik verstummt. Mich überholen jetzt die Pilger, die wahrscheinlich erst um zehn aufgestanden sind, ältere Paare und korpulente Wanderer, die sich „Zeit lassen". Ich lasse sie gewähren, mein Kompromiss für den heutigen Tag ist zu laufen und mich zu schonen.

Es geht jetzt immer besser, die Muskeln werden warm und der Schmerz und die Steifheit weichen, ohne ganz zu verschwinden. Wie schade wäre das, jetzt aufgeben zu müssen und nach Hause zu fahren? Es wäre eine Niederlage, da kann ich mir einreden, was ich will. Ich werde versuchen bis zur Kathedrale zu laufen, so wie ich es mir vorgenommen habe. So und nicht anders wird es gemacht.

Der Camino führt mich wie gestern an der N120 lang und ich kann gottlob wieder auf der angenehmen asphaltierten Straße laufen. Die Meseta endet auf dieser Etappe, 200 Kilometer meditative Hochebene liegen damit hinter mir.

Die Landschaft ändert sich nun radikal, es wird hügeliger, landwirtschaftlich abwechslungsreicher und die Flora steigt wieder über einen Meter. Mein Weg führt mich durch mehrere Dörfer und ich genieße die Schönheit der Umgebung und das gemütliche Laufen. Dennoch bin ich weiterhin am Straßenrand unterwegs und erreiche schließlich eine Anhöhe, von der aus ich zum ersten Mal Astorga erblicke. In weiter Ferne erhebt sich eine Bergkette, die Montes de León mit ihren beiden Gipfeln Toleno und Monte Irago. Ich stehe an einem kleinen Rastplatz direkt neben der Cruz de Santo Toribio, einem großen steinernen Kreuz mit einem mehrstufigen Sockel.

Die Geschichte dazu ist folgende: Ein Bischof namens Toribio musste einst im 5. Jahrhundert aus Astorga fliehen und soll an dieser Stelle den Staub seiner Sandalen über der Stadt ausgeschüttelt haben, die ihn so schändlich verjagt hatte. Den Grund seiner überhasteten Abreise verrät mein Führer nicht. Aber der Bischof hätte sich einen schlechteren Platz aussuchen können, ich setze mich und entspanne bei diesem herrlichen Panorama. Genau hier an dieser Stelle treffen sich zwei bedeutende Jakobswege, der Camino Francés, auf dem ich die ganze Zeit unterwegs bin, und die in Sevilla beginnende Via de la Plata, auch Silberstraße genannt. Das macht Astorga zu einer wohlhabenden Stadt mit reicher Geschichte. Was mich allerdings besonders interessiert, ist weniger die dortige Kathedrale als der Bischofspalast, ein Werk des katalanischen Künstlers und Architekten Antoni Gaudí.

Ich beende meine Pause und gehe den Hügel hinunter auf die Stadt zu. Eine fast neue Holzbrücke, meterhoch und irgendwie eigenartig in Kurven konzipiert, führt mich über die Ufer des Río Tuerto. Bis zur Oberstadt und dem historischen Kern steht mir nun ein gewaltiger Anstieg bevor, ich habe das Gefühl, ich laufe fast senkrecht die Berge hoch. Nach kurzer Suche finde ich meine Herberge, die unmittelbar am Fuße der Altstadt liegt.

Die Stufen ins Haus rufen mir wieder mein Knie in Erinnerung. Bei der Anmeldung zeige ich brav meinen Pilgerpass und schaue in die Augen eines hübschen jungen Mädchens. Sie ist Deutsche und verbringt hier eine Art Auslandsaufenthalt, um ihr Spanisch zu verbessern. Ich wusste doch, das Laufen heute lohnt sich. Der gute Eindruck wird zunichte gemacht, als mir ein Angestellter des Hauses mit einem kurzen Kopfnicken und einem kleinen Pfiff zu verstehen gibt, dass es hier lang zu meinem Bett geht. Ich folge ihm in einen schönen Vier-Betten-Raum, der anscheinend noch nicht belegt ist. Tatsache, ich bin allein und lasse meine Sachen auf den Boden fallen. Ich bin mir darüber einig, nach der Etappe heute habe ich mir ein Schläfchen redlich verdient. Zwar ist es noch relativ früh am Tag, trotzdem nicke ich weg, sobald ich mich auf der Matratze ausgestreckt habe. Muss wohl daran liegen, dass die letzte Nacht so unglaublich stickig und warm war und ich mehrmals wach geworden bin.

So liege ich ungestört etwa eine Stunde im Zimmer. Dann geht die Tür auf und zwei junge Männer kommen herein. Den einen kenne ich doch, das ist der nette Engländer mit der Salbe von gestern. Er erinnert sich sofort an mich und fragt freundlich, wie es mir geht. Als ich ihm berichte, dass seine Salbe nicht ganz so wundersame Dinge bei meinem Knie bewirkt hat wie versprochen, darf ich gleich noch eine Schicht auflegen. So versorgt fasse ich den Plan mir die Stadt anzuschauen. Nach dem, was ich über Astorga weiß, muss es sich lohnen. Etwas steif bringe ich die Treppe hinter mich und mache mich auf den Weg.

Astorga ist nicht nur die alte vorrömische Hauptstadt der Asturer, sondern auch der Maragaten. Dabei handelt es sich um eine Maultreibersippe, die noch heute vor allem in kleinen Dörfern zwischen der Stadt und der Bergkette lebt. Mein Führer weiß darüber einiges zu berichten. Manche dichten ihnen eine geheimnisumwitterte Herkunft an, die auf die alten Ägypter und Berber zurückgeht. Heute weiß man, dass es sich lediglich um Nachfahren der Asturer handelt, die jedoch ihre Gebräuche beibehalten haben, nachdem das Land unter kastilianische Herrschaft geriet. Sie sind heutzutage eine Minderheit, aber noch immer sehr erfolgreich im Handel, Handwerk und im Transportwesen. Zu Hochzeiten und für Tänze ziehen die Maragaten noch ihre alten traditionellen Trachten an, die man im übrigen Spanien nur noch im Museum sehen kann. Auch kulinarisch haben sie ihre Spuren hinterlassen, so gibt es die für die Region bekannte Maragata-Schokolade und den cocido maragato, einen Eintopf mit sieben bis acht verschiedenen Fleischsorten, Gemüse und Kichererbsen, der lange auf kleiner Flamme köcheln muss und dessen Bestandteile getrennt serviert werden, erst das Fleisch, dann das Gemüse und zum Schluss wird nach lokaler Sitte die Bouillon getrunken.[10]

Da zunächst in der Altstadt unübersehbar die Schokolade angeboten wird, gehe ich ins nächste Geschäft, um eine Tafel

---

[10] Jean-Yves Grégoire, Louis Laborde-Balen: Der spanische Jakobsweg – Camino Francés: von Saint-Jean-Pied-de-Port nach Santiago; ein Pilgerführer; Tyrolia, Innsbruck/Wien 2010

zu kaufen. Die Auswahl ist riesig und der ganze Laden riecht nach Gebäck und süßen Verführungen. Das hier ist kein Tante-Emma-Laden, sondern eine Confiserie. Neben der Schokolade sind offensichtlich die hiesigen Butterkekse der Renner, es gibt beides in zahllosen Varianten. Da ich die Unterschiede nicht kenne, und in Spanisch schon mal gar nicht, folge ich meinem Gefühl und erstehe eine Tafel mit Nuss. Da sich ein längerer Transport bei der Hitze nicht empfiehlt, setze ich mich in die Sonne und esse die Tafel auf. Ich möchte niemandem zu nahe treten, aber Milka ist definitiv um Längen besser.

Jetzt habe ich Hunger auf richtiges Essen. Endlich wieder was Warmes, das hätte schon was. Auf der gegenüberliegenden Straßenseite fällt mir ein Schild ins Auge, „Kebab". Das habe ich bisher in Spanien noch nicht gesehen. Neugierig werfe ich einen Blick in den Laden, der mehr oder weniger ein besserer Imbiss ist. Ich beschließe ihn auszuprobieren und bestelle ein Kebab mit Huhn. Das, was ich bekomme, sieht schon mal gut aus, schmeckt aber nicht wirklich. Es hat schon seinen Grund, warum die Türken in Sachen Kebab die Experten sind. Was soll's, es ist bezahlt und warm und ich bin um eine Erfahrung reicher.

Schräg über den Platz führt mich der Weg zur gotischen Kathedrale von Astorga. Es ist früher Nachmittag und die Tore sind noch verschlossen. Dafür steht das Kontrastprogramm gleich daneben, der berühmte Bischofspalast von Gaudí. Er wurde 1889 erbaut und soll, wenn ich meinem Führer Glauben schenke, von innen sehr romantisch sein. Die Tür ist offen und so gehe ich ins Foyer. Um die Phantasie des katalanischen Genies betrachten zu können, muss man Eintritt zahlen, was ich mehr als gern tue. Der Palast ist auf mehreren Stockwerken farbig ausgeschmückt, diese sind über Wendeltreppen miteinander verbunden. Die Vielfalt der Mosaiken, das Spiel mit dem

Tageslicht, das Imitieren von Kirchenfenstern und anderen sakralen Motiven, die modernen Ornamente verbunden mit Altären und religiösen Symbolwelten sind überwältigend und wirklich große Kunst. Der Grundriss ist verspielt und hält in jedem Teil des Raums neue Überraschungen bereit, dazu kommen Säulen und runde Wandnischen und alles ist immer wieder in ein anderes Meer von Farben getaucht. Dass ich so was hier und heute zu sehen bekomme, damit habe ich nicht gerechnet. Ich bin tief beeindruckt, hier ist jemand mit Hingabe am Werk gewesen. Mit meinen Gedanken gehe ich aus dem Gebäude in die Sonne zurück, zurück in meine Pilgerwelt.

Da ich noch für morgen einkaufen muss, schlendere ich über den Marktplatz zum Supermarkt, der diesmal seinen Namen verdient. Mittlerweile bin ich mit den spanischen Produkten ganz gut vertraut und greife zielsicher in die richtigen Regale. Wieder draußen fühle ich mich plötzlich schlapp. Ich schaue mich nach einer Parkbank um, setze mich und bin eigenartig erschöpft, und das nicht nur im körperlichen Sinn.

Heute bin ich den 22. Tag unterwegs und habe 527 Kilometer hinter mich gebracht. So ein bisschen habe ich gerade den Blues, ich kann nicht mal sagen, warum. Vielleicht weil ich einerseits schon so weit gelaufen bin und auf der anderen Seite noch so entfernt bin von meinem Ziel. Wer vorhat, diesen Weg zu laufen, sollte sich darüber im Klaren sein, dass er sich auf eine verdammt lange Strecke macht. Ich habe in den vergangenen Tagen viel losgelassen, Maria ist weg, auch Martin und Torsten. Und wer weiß, wo die anderen bekannten Gesichter sind, vor oder hinter mir. Ich fühle mich müde. Mir fehlt der Antrieb, die Karotte, nach der ich schnappen kann. Es mag sich komisch anhören, aber der Camino hat für mich momentan kein kurzfristiges Ziel, das ich mir stecken könnte. Klar müsste das meine nächste Etappe sein, aber nach vielen

Tagen mit vielen Orten verschwimmt alles zu einem städtebaulichen Einheitsbrei. Der Reiz in Villa xy anzukommen ist für mich verflogen, es ist eine Notwendigkeit und gehört zum Weg. Was ich suche, ist irgendwas anderes, die Frische des Weges, das besondere Erlebnis, das mich packt und fasziniert. Ich sitze auf meiner Bank, trinke einen kräftigen Schluck und realisiere, ich bin allein. Mit diesen Gedanken mache ich mich auf den Rückweg.

Zurück im Zimmer hat das letzte Bett ein älterer Mann belegt, er dürfte so um die siebzig sein. Wir kommen ins Gespräch und er erzählt mir von seiner Zeit auf dem Camino. Bevor er losgegangen sei, sagt er, habe er sich auf Herz und Nieren von seinem Hausarzt untersuchen lassen. Erst als der grünes Licht gegeben hat, sei er losgelaufen. Und das langsam, von zu langen Etappen sei ihm dringend abgeraten worden. Vorgestern dann, berichtet er weiter, habe er nach einem gezwungenermaßen längeren Marsch in der Sonne gesessen und sich mit anderen Pilgern unterhalten und sei plötzlich einfach ohne Vorwarnung zur Seite gekippt. Er deutet zum Beweis auf seinen kahlen Kopf und zeigt mir eine frische Narbe, die gut und gern zehn Zentimeter lang ist. Er musste im Krankenhaus genäht werden und sei daraufhin erneut komplett durchgecheckt worden. Wieder bestätigte man ihm eine gute körperliche Konstitution, er dürfe nur nicht übertreiben und solle langsam laufen. Warum er den Weg geht, will ich wissen. Es ist ein Lebenstraum von ihm den Jakobsweg zu gehen, und das tut er, mit siebzig Jahren.

Es bleibt erstaunlich, welche unterschiedlichsten Bedürfnisse dieser Weg bei jedem Menschen weckt und welche Kräfte täglich mobilisiert werden, ihn zu gehen. Ein schlichter Wanderweg wird der Camino auch in Hunderten von Jahren nicht sein, dafür lege ich meine Hand ins Feuer. Ich packe gelassen meinen Rucksack für den nächsten Tag und lege mich ins Bett. Ich creme Füße und Knie ein, dann fallen mir die Augen zu.

Astorga – Rabanal del Camino

Es war eine ruhige und erholsame Nacht, ich fühle mich ausgeruht. Mein Freund mit der Salbe und sein Kumpel sind bereits aufgebrochen, nur ich und der alte Mann sind noch im Zimmer. Als er aufwacht, erzählt er mir von seinem Entschluss, heute nicht zu laufen und eine weitere Nacht in der Herberge zu bleiben. Kein schlechter Plan, für einen zweiten Tag ist Astorga genau die richtige Stadt. Ich quäle mich ins Bad und erledige das Nötigste, dann humple ich steif ins Zimmer zurück, verstaue mein Zeug im Rucksack und verabschiede mich. Es ist bereits 7.30 Uhr und die Flure sind wie ausgestorben. Ich hätte nie gedacht, dass ich um diese Uhrzeit mal ein schlechtes Gewissen haben könnte, weil ich der Letzte bin. Am Vortag musste ich meine Wanderschuhe in ein Regal mit lauter anderen Schuhen quetschen, jetzt stehen meine zwei kleinen Freunde alleine und verloren da. Ich muss mich setzen, um sie anzuziehen, ich kann mein Knie auch heute nur mit Mühe beugen.

Vor der Tür ist es unangenehm kühl und leicht windig, ich ziehe den Reißverschluss bis zum Kragen hoch und nehme die erste Steigung zur Altstadt. Auf dem Kopfsteinpflaster weisen mir die gelben Pfeile wie jeden Morgen den Weg. Ich trinke im Laufen meinen Milchdrink, den ich mir gestern im Supermarkt gekauft habe, das muss als Frühstück erst mal reichen. Der Weg durch die Stadt bleibt ansteigend und führt mich durch kleine Gassen. Ich schaue im Vorbeigehen in einen schmalen

Durchgang und sehe plötzlich an der Wand mit gelber Farbe geschrieben: „Absolution". Ich habe bisher nur selten Graffiti direkt in den Ortschaften entdeckt, und nun das. Soll mir das etwas sagen? Heißt das nicht im kirchlichen Sinn die Freisprechung von den Sünden? Hat mich der Weg geläutert, ohne dass ich es gemerkt habe, und, was noch wichtiger ist, wer weiß davon? Rings um mich herum ist keine Menschenseele zu sehen und kein Laut zu hören, trotzdem habe ich das eigenartige Gefühl, ich bin gemeint. Langsam gehe ich weiter und fühle mich auf merkwürdige Art begleitet, als hätte sich mir ein stiller Fürsprecher erstmals offenbart. Ein bisschen blöd komme ich mir schon vor für diese Empfindungen, bestimmt hat das irgendein Schlauberger an die Wand geschrieben, um naive Gemüter wie mich zu sentimentalen Reaktionen zu provozieren. Der Camino ist lang und hat mich anscheinend mit jedem Kilometer empfänglicher gemacht für seine kleinen Zeichen. Trotzdem ist es ein gutes Gefühl mir nicht sicher zu sein.

Ich verlasse die Stadt Richtung Rabanal del Camino. Der Weg ist malerisch und schön, führt aber stetig leicht bergauf. Ich laufe in die Richtung der Osthänge der Montes de León, die gestern so unvermutet zusammen mit Astorga am Horizont aufgetaucht waren. Fast ohne größere Anstrengung geht es hinauf bis auf immerhin beachtliche 1200 Meter Meereshöhe. Noch bis vor Kurzem mussten die Pilger hierbei auf einer asphaltierten Straße laufen, jetzt führt die senda de peregrinos, ein neu angelegter Pilgerpfad, durch die gesamte Strecke. Seit geraumer Zeit orientiere ich mich dabei am Tempo einer Frau mittleren Alters vor mir, eine angenehme Art nicht dauernd auf die Karte schauen zu müssen.

Als wir auf eine Brücke zukommen, zeigt der gelbe Pfeil nach rechts und führt uns auf einen Feldweg, der sich im weiteren Verlauf über eine kleine Anhöhe schlängelt. Ich werde kurz stutzig, denn der Pfeil am Wegesrand könnte genauso über die Brücke führen, es ist nicht zum ersten Mal schlicht Auslegungssache. Ich beschließe nicht weiter darüber nachzudenken und folge ihr. Schon öfters wurden gelbe Pfeile recht schlampig auf die Straße gemalt, nicht einfach zu entscheiden. Ich bin dann immer meinem gesunden Menschenverstand gefolgt, meist die richtige Entscheidung. In diesem Fall bin ich mir ziemlich sicher, der Weg sieht gut aus. Ein Radpilger überholt uns und verschwindet hinter der Anhöhe. Als ich den höchsten Punkt der Steigung erreiche, sehe ich einen staubigen Pfad, der an einem kleinen Bauernhof oder besser gesagt an einem ziemlich heruntergekommenen Gehöft vorbeiführt. Langsam kommen mir leichte Zweifel, besonders als derselbe Radpilger, der mich gerade überholt hat, erneut wortlos aus der Gegenrichtung an mir vorbeifährt.

Meine Orientierungshilfe voraus lässt sich nicht beirren und setzt ihren Weg fort. Ich beschließe der Sache eine Chance zu geben und laufe mit. Sie redet jetzt mit einem Mann, der aus eben diesem fragwürdigen Gehöft gestürmt kommt, von zwei kläffenden Hunden begleitet. Ich bleibe stehen und sehe mir das weitere Geschehen aus sicherer Entfernung an. Mit dem Weg scheint was nicht zu stimmen, denn alle vier kommen jetzt in meine Richtung. Schon von Weitem macht der Mann wilde Verrenkungen mit den Armen, was ich als zarten Hinweis deute, dass wir hier völlig falsch sind. Ich werde auch das Gefühl nicht los, dass Besuch hier nicht willkommen ist.

Die Truppe kommt jetzt näher und die Hunde springen aufgeregt um uns herum. Ich signalisiere, dass ich verstanden habe, worum es geht, und kehre mit ein paar Metern Abstand um. Wir werden noch bis zur Anhöhe zurückbegleitet, erst als der Mann sich sicher ist, dass wir den Anschluss an den Camino gefunden haben, dreht er mit seinen Hunden im Schlepptau um.

Jetzt geht's also doch über die Brücke, wieder in gebührendem Abstand zu meiner Vorgängerin, aber ohne das blinde Vertrauen von eben. In dieser Konstellation laufen wir gemeinsam über den heißen Asphalt vor uns hin, bis ich kurz vor einem Dorf zu ihr aufschließe, da sie aus einem unerfindlichen Grund stoppt und es blöd aussehen würde, wenn ich auch stehen bleibe. So begrüßen wir uns und es stellt sich heraus, dass die Dame aus Bayern ist. Das hat mir noch gefehlt, abgesehen davon, dass ich auf Anschluss gerade keine Lust habe. Notgedrungen unterhalten wir uns über belanglose Dinge und gehen Schulter an Schulter durch das malerische Dörfchen hinaus in eine Gegend, die sanft auf eine weitläufige Bergkuppe zuläuft. Ganz bewusst halte ich dabei unser Gespräch oberflächlich, wobei ich im Gedanken bereits perfide Pläne schmiede, bei denen sie zurückbleibt, ohne dass ich allzu unhöflich wirke.

Immer weiter laufen wir über breite Kieswege in die schimmernde Landschaft, deren Boden in alle Erdfarben wechselt und mich wieder an die Lüneburger Heide meiner Kindheit erinnert. Abgesehen von meiner Bayerin bin ich heute alles andere als allein, aber das stört in dieser schönen Natur kein bisschen. Fast im Tross gehe ich jetzt mit meiner Begleitung den Anstieg an, immer wieder unterbrochen von kurzen Stopps, um zu fotografieren. Unsere Kommunikation ist mittlerweile recht einsilbig geworden und irgendwie wird der Abstand zwischen uns größer und deutlicher. Ich nutze die Gelegenheit und gehe bewusst etwas schneller. Den Berg rauf hat sie offensichtlich Konditionsprobleme. Wenn ich mich jetzt nicht umschaue, muss ich auch nicht warten, oder? So mache ich es und verliere sie aus den Augen. Auch die anderen Mitläufer verschwinden nach und nach. Es ist wie immer, mit den Kilometern zieht sich unser Almauftrieb schnell auseinander und ich bin schließlich allein auf weiter Flur.

Die Landschaft heute entschädigt wirklich für manches der letzten Tage und bringt mich zum Staunen über diese scheinbar endlose wilde Ungezähmtheit der Natur. Die Gegend wirkt zwar einsam und ist auch wieder karger geworden, verliert aber nichts von ihrem Reiz. Ich passiere kleine Dörfer, eins verfallener und trostloser als das andere. Bis vor Kurzem hat hier bestimmt kein Mensch gewohnt, erst die Renaissance des Jakobswegs muss die Leute dazu bewegt haben, sich erneut hier anzusiedeln. Ich schaue mich um, alles wirkt einsam, verfallen und ausgestorben. Wie immer um die Mittagszeit ist kein Mensch zu sehen. Und niemand macht sich hier Gedanken über ein vernünftiges Stadtbild. Der Schutt eingefallener Häuser liegt neben den Straßen und wird auch nach Jahren hier liegen, da bin ich sicher.

Das muss der Ort sein, wo sich Fuchs und Hase die berühmten Worte sagen, weit weg von jeder Stadt und der Einhaltung jeder Vorschrift. Die Menschen hier haben weder die Mittel noch die Kraft oder das Interesse äußerlich Ordnung zu schaffen. Diese kleinen Ortschaften im Nirgendwo erinnern irgendwie an die Orte aus den amerikanischen Western, eine kleine Welt für sich, wo die Dinge so sind, wie sie eben sind. Ich trotte weiter durch die Straßen auf der Suche nach menschlichem Leben. Dann plötzlich, versteckt hinter einem Müllcontainer, finde ich den Eingang zu einer Bar.

Was auf den ersten Blick wie unzumutbar aussieht, entpuppt sich als eine recht angenehme und gemütliche Bar mit Sonnenschirmen, Tischen und Stühlen und sogar Blumen und Grünpflanzen. Da es Zeit ist Mittag zu essen, gehe ich hinein. Die Bar ist bis auf eine Dreiergruppe Pilger leer. Ein Gesicht erkenne ich sofort, es ist Dirk, den ich zusammen mit Torsten und Martin in der Bar bei unserer letzten gemeinsamen Übernachtung kennengelernt hatte. Er wollte damals mit seinem Freund weiterlaufen, was auch rückblickend die richtige Entscheidung war. Sein Freund ist diesmal nicht dabei, dafür ein Pärchen, er Österreicher und sie Italienerin. Sofort ordern wir eine Runde Bier mit Limonade, die leichte Variante der Erfrischung, wenn man partout auf Biergeschmack nicht verzichten möchte. Ich merke schnell, für die anderen ist das nicht die erste Runde. Der Österreicher erzählt mir, dass er mit seiner Freundin des Öfteren feuchtfröhlich in den Tag startet. Ich sage nichts dazu. Es stimmt schon, die Preise sind sehr einladend, vor allem in Dörfern wie diesem hier, aber zum Trinken bin ich nicht in das Land gekommen. Ich sehe mir die Karte an und bestelle die gute alte Kartoffeltarte, die macht satt und bringt mich über den Tag.

Zum Bestellen muss ich in den Innenraum der Bar, er ist verlassen und dunkel. Im hinteren Raum höre ich Küchengeräusche und dass irgendwas in der Pfanne brutzelt. Die Besitzerin der Bar ist auch hier zugleich Bedienung und Köchin. Wenn man nachdenkt, wäre es auch Unsinn, an diesem Ort jemand einzustellen. Wer hier Rast machen will, kann nirgends hin, er muss in die Bar kommen oder den Ort verlassen. Ich schaue mich um und entdecke ein Schild an der Theke, auf dem steht: „Santiago 240 Kilometer". Geht doch, ich komme meinem Ziel näher. Während ich am Anfang des Caminos jeden Tag peinlich genau ausgerechnet hatte, wie viel Kilometer ich bereits geschafft habe, ist das mit der Zeit immer unwichtiger geworden. Heute mit dem Blick auf dieses Schild realisiere ich zum ersten Mal, dass ich mich auf dem letzten Drittel meiner Wanderung befinde. Zufrieden setze ich mich wieder zu den anderen in die Sonne und beginne zu essen.

Nach einiger Zeit denke ich an Aufbruch, ein Bier nach dem anderen zu trinken könnte meinen Tag empfindlich abkürzen und ich verspüre gerade keine Lust in dieser gottverlassenen Gegend abzustürzen. Ich verabschiede mich und mache mich aus dem Staub. Zurück auf dem Weg laufe ich nun auf eine lange, schnurgerade Straße zu, die Landschaft ist karg und von der Sonne ausgebrannt. In der Ferne kann ich die Berge sehen, davor sind wie mit einem Strich gezogen waagerechte Linien von Baumreihen, Feldern, roter Erde, einer verfallenen Mauer und Weidegras. Der Anblick gefällt mir und ich verringere mein Tempo. Ich beschließe auf den letzten sieben Kilometern bis Rabanal mein Knie zu schonen. Die Straße ist eben, ich habe Zeit und kann gut laufen. Vor und hinter mir ist nichts als Straße. So allein blitzt in mir kurz der Gedanke auf, irgendwas Verrücktes oder Verbotenes zu machen. Ich habe plötzlich das Gefühl aus der Kindheit, wenn die Eltern weg sind und man das Haus für sich hat. Aber die Hitze und der Mangel an Ideen bringen mich wieder davon ab.

Die Zeit vergeht und ich merke, wie jemand gewaltig von hinten aufholt. Wie sich herausstellt, ist es Dirk, der sich ebenfalls verabschiedet hat und sich erneut auf die Strecke konzentriert. Wir kommen ins Gespräch, wobei mir völlig klar ist, dass ich sein Tempo auf Dauer nicht mitgehen kann. Dirk ist nett und aufgeschlossen, aber nicht aufdringlich. Er ist wie ich, es ist angenehm sich mit ihm zu unterhalten. Ich mag ihn, auch wenn mir aus einem unerfindlichen Grund klar ist, dass ich nicht Tage mit ihm laufen werde. Schon bald merke ich, wie ich während unseres Gesprächs anfange schneller und schneller zu laufen und mich immer stärker darüber ärgere.

Schließlich schlage ich ihm vor ruhig vorauszulaufen, ich muss einen Gang runterschalten. So machen wir es, obwohl wir beide nach Rabanal wollen, nur eben in unterschiedlichen Geschwindigkeiten.

Verbindungsadern ohne Verkehr

Rechts am Weg steht plötzlich und ganz unvermittelt meine Bayerin wieder da und winkt uns beziehungsweise mir zu. Wir rufen uns ein paar freundliche Worte zu und ich glaube zu verstehen, dass sie heute über Rabanal hinaus weiterlaufen möchte. Die Information reicht schon und ich verabschiede mich mit einem entschlossenen und eindeutigen Winken. Irgendwas in der Art hatte sie vorhin erwähnt, sie läuft anscheinend gegen die Zeit und muss pro Tag so um die 40 Kilometer schaffen. Na dann viel Glück mit diesem ambitionierten Plan.

Während sie rechts in einem Waldstück verschwindet, laufe ich der Teerstraße und Dirk hinterher. Mein Führer wäre zwar für die Version durch den Wald gewesen, aber ich verlasse mich heute zum zweiten Mal auf meinen Vordermann, der lange Marsch schlaucht und die Straße ist eindeutig der bessere Untergrund. Zum anderen verläuft der Weg durch die Pampa über Hügel und schmale Pfade und wäre zu dieser Zeit des Tages für meine armen Knochen zu viel des Guten. Das ist wieder eine dieser Fallen im Reiseführer, wo der Weg an der Straße zwar kürzer ist, aber lange nicht so malerisch wie über die Wurzeln zu stolpern im Wald. Nicht mit mir, langsam habe ich den Bogen raus.

Dann kommt endlich Rabanal in Sicht. Dirk habe ich inzwischen aus den Augen verloren, vielleicht ist er schon in der Herberge. Rabanal selber ist ein Musterbeispiel für die Neubesiedlung alter Dörfer. Noch vor wenigen Jahren hätte man hier niemand angetroffen, es wäre eine Geisterstadt gewesen. Eine englische Jakobsbruderschaft soll sich hier niedergelassen und den Ort mit neuem Leben erfüllt haben. Der Wiederaufbau begann und heute kann der erschöpfte Wanderer zwischen drei Pilgerherbergen wählen, mehreren Gaststätten und sogar einem Lebensmittelgeschäft.

Um nicht den falschen Eindruck zu erwecken, das hier ist und bleibt ein Dorf, daran kann auch die Wiederbelebung nichts ändern. Was ich unter Stadt verstehe, das habe ich heute den ganzen Tag nicht erleben dürfen. Aber Rabanal hat Charme, dieser Ort existierte immerhin schon vor dem 12. Jahrhundert. Die Straße, über die ich gekommen bin, wurde wahrscheinlich ebenso von den Templern ausgebaut, die hier schließlich ihre Niederlassung gründeten. Nachdem León Hauptstadt wurde und Astorga keine Grafschaft mehr war, kam so das ganze Dorf in ihren Besitz.

Wie ich bereits an anderer Stelle beobachten konnte, wächst auch in Rabanal der Ort um die Hauptstraße herum, in diesem

Fall die Calle Reál. Sie war einst schön gepflastert mit einer Abflussrinne in der Mitte, jetzt ist der Weg durchs Dorf ansteigend und steinig. Geblieben sind aber die für die Gegend typischen „palozas", strohbedeckte, einfache Häuser, die jeden Weg säumen. Gleich zu Beginn des Dorfes bleibe ich vor der erstbesten Herberge stehen, eine andere zum Vergleich zu suchen, dafür fehlt mir jetzt die Lust. Ohne Schwierigkeiten bekomme ich mein Bett bereitgestellt und bin erst mal allein im Zimmer. Im ersten Stock sind gleich nebenan zwei große Bäder und eine Küche zur freien Verfügung, kein schlechter Treffer für die Nacht. Ich ruhe mich etwas aus, das Bett ist angenehm und mein Bein entspannt sich.

Ich muss mir eingestehen, es ist anstrengend mit dem verdrehten Knie eine längere Strecke zu laufen, heute mal wieder um die 20 Kilometer. Aber ich merke auch, dass es besser wird und der Schmerz nicht mehr so da ist wie noch zu Beginn. Mit dieser Gewissheit, dass es besser und nicht schlimmer wird, kann ich getrost nach Santiago laufen. Immerhin habe ich von den 240 Kilometern von vorhin schon wieder ein paar abgeknabbert.

Dann geht plötzlich die Tür auf und Jens grinst mich an. Wir sind beide überrascht uns zu sehen. Lachend sagt er: „Da mache ich irgendwo in Spanien eine räudige Tür auf und du liegst drin." Sehr witzig. Wir verabreden uns für später und ich mache kurz die Augen zu.

Nach einer halben Stunde beschließe ich meine Wäsche zu waschen. Im Bad finde ich zu diesem Zweck glücklicherweise ein Shampoo, das irgendjemand zurückgelassen hat, das ist perfekt. Während ich selbst unter die Dusche gehe, tauche ich mein Shirt und meine Hose in das schaumige Bad im Waschbecken. Dann stehe ich mit meinen feuchten Sachen da. Hat die Herbergsmutter nicht von einem Platz geredet, wo ich meine Wäsche zum Trocknen aufhängen kann? Ich kann beim besten Willen nichts finden. In der Küche gehe ich schließlich auf den winzigen Balkon und hänge meine Sachen über das gusseiserne Geländer.

Nun ist es an der Zeit den Ort zu erkunden. Nach wenigen Schritten sehe ich rechts auf einer Wiese Jens in der Sonne liegen. Er winkt mir zu und ich lege mich zu ihm. Jetzt sehe ich auch, worum es sich handelt. Dieses Wiesengrundstück gehört mit zur Herberge und ist der Waschplatz, den man mir versucht hat zu erklären. Eine circa zehn Meter lange Wäscheleine lässt keine Zweifel offen. Ich entschuldige mich kurz und hole meine Wäsche aus der Küche. Dann liege ich wieder mit Jens in der Sonne. Er hat seine Gitarre dabei und spielt irgendwas. Es hat sich nichts geändert, er ist immer noch schlecht. Ich will mir das nicht zu lange antun und verabschiede mich die Straße hoch. Irgendwo hier muss noch eine Herberge sein. Nach einer Weile stehe ich auf der eigentlichen Hauptstraße und gegenüber ist, viel größer als meine, die andere Herberge. Da schaue ich mal rein.

Durch einen Torbogen gelange ich in den inneren Bereich, der den Pilger mit einer Art Souvenirladen empfängt. Hier gibt es den üblichen Kram zu kaufen, Anhänger, Pilgermuscheln und allerlei Spanisches mit dem Motiv des Jakobswegs. Nichts Besonderes und nichts, was ich auf dem Weg nicht schon etliche Male gesehen hätte. Mit den Verkaufstischchen im Rücken stehe ich jetzt vor einer Art integrierten Bar mit mehreren Holzbänken. Es gibt zu essen und zu trinken, bei diesem Angebot bräuchte niemand die Herberge zu verlassen. Ich setze mich an die Bar und bestelle ein Bier. Es ist interessant die vielen Pilger bei ihrem Treiben zu beobachten, alle Betten scheinen hier belegt zu sein. Jeder wäscht und isst und organisiert den kommenden Tag, und das Schulter an Schulter. Ich weiß nicht, ob ich lieber hier wäre oder froh bin, in der ruhigeren Herberge gelandet zu sein. Hinter dem Mann an der Bar sind Geldscheine aller Nationen an der Wand aufgespießt, es ist eine urige Atmosphäre. Ich genieße die Lebendigkeit um mich herum nach einem doch recht ruhigen Wandertag und bestelle ein zweites Bier, auch in der Hoffnung ein bekanntes Gesicht zu entdecken. Viele habe ich auf dem Camino schon irgendwo gesehen, aber es sind auch jede Menge völlig unbekannte Gesichter dabei.

Ich gehe durch den Torbogen wieder raus in die Sonne und sehe Dirk allein auf einer kleinen Mauer sitzen. Er erklärt mir, dass er auf seinen Freund wartet, eigentlich müsste er schon längst hier sein. Er steht per Handy mit ihm in Kontakt und hat sich hier in Rabanal mit ihm verabredet. Wir kommen wieder ins Gespräch und ich frage ihn nach seiner Intention den Camino zu laufen. Wie sich herausstellt, hat er mehrere gute Gründe. Zum einen entflieht er dem Stress des Studierens, sein Studienfach ist Architektur, und wie er mir berichtet, steht er unmittelbar vor den Prüfungen. Ein weiterer Grund ist seine Freundin, mit der er schon über Jahre zusammen ist und nun darüber nachdenkt, wie es nach dem Studium weitergehen soll. Der dritte Grund sich auf den Weg zu machen ist sein Bruder. Der ist offenbar sozial abgerutscht und Dirk hat viel Kraft und Mühen investiert, ihn da rauszuholen. Jetzt verstehe ich auch, warum er auf mich immer so nachdenklich gewirkt hat. Ich bin sicher, er wird die richtigen Entscheidungen auf dem Weg finden.

Ich lasse ihn mit seinen Gedanken allein, als mir ein Plakat ins Auge fällt. In der Herberge findet heute Abend anscheinend so etwas wie eine Fiesta statt. Eine regionale Gruppe mit traditioneller spanischer Musik wird auf dem Plakat angekündigt und zu diesem Zweck wurde schon auf dem Vorplatz ein kleines Podium aufgebaut. Sehr schön, dann weiß ich ja, wo ich nachher bin. Aber trotzdem werde ich vorher den Lebensmittelladen des Dorfes besuchen, um meine Vorräte aufzufüllen.

Etwas die Straße hoch finde ich ihn, allerdings noch geschlossen. An die spanischen Öffnungszeiten werde ich mich wohl nie gewöhnen. Es ist noch Zeit, also zurück zur Wiese und zu Jens in die Sonne.

Als ich ihm von meinen Entdeckungen berichte, sind wir zu zweit. Wir planen einzukaufen und danach gemeinsam zum Fest in die Herberge zu gehen.

Es dauert nicht lange und es ist so weit, der Laden dürfte nun auf haben. Gemeinsam gehen wir über das Kopfsteinpflaster den Berg hinauf und betreten das Geschäft. Es ist ein etwas dunkler Raum mit der bekannten spärlichen Auswahl. Die Dosen und Fischkonserven kleben an den Regalböden und hinterlassen kreisrunde Rostränder, als ich sie wegnehme. Ich bin auf einmal nicht mehr sicher, ob ich hier wirklich was kaufen soll. Die Getränke im Kühlfach sind definitiv das einzig Frische in dem Laden.

Das wenige Gemüse, das angeboten wird, scheint von den Bauern aus der Region zu sein. Jens und ich fassen trotz allem den Plan in der Küche gemeinsam zu kochen. Wir kaufen Kartoffeln, eine halbwegs gut aussehende Zwiebel und alles, woraus man eine Soße machen kann. Wenn ich so unsere Einkäufe ansehe, wird es wohl wieder eine Fischsauce werden. Aber ich bin guter Stimmung, das zu erwartende Abendessen wird warm und lecker werden.

Wieder zurück in der Herberge machen wir uns ans Werk. Töpfe, eine Pfanne sowie etwas Öl sind Gott sei Dank da, auch ein paar Gewürze, besser, ich frage nicht, wie lange schon. Circa eine halbe Stunde drängen wir uns aneinander an dem kleinen Herd, dann stehen Bratkartoffeln mit einer Tomaten-Fischsaue auf dem Tisch.

Wir setzen uns im angrenzenden Aufenthaltsraum an den Tisch und essen. Außer uns ist nur ein junges Pilgerpärchen da, der Rest der Bewohner scheint das Angebot der Küche nicht nutzen zu wollen. Unser Ergebnis schmeckt zufriedenstellend und so gehen wir gestärkt gegen Abend erneut die Straße hoch Richtung Herberge Nummer zwei. Ich weiß nicht, ob wir zu früh dran sind oder woran es liegt, aber in der Herberge ist noch nichts los. So setzen wir uns in die Nähe der Bar und essen noch einen Thunfischauflauf zusammen. Nach einiger Zeit verlieren wir die Lust und gehen zurück.

Keine Ahnung, ob und wann das heute losgeht, ist mir auch nicht mehr so wichtig. Ich bin vom Tag müde und erschöpft, setze mich am Waschplatz ins Gras und schaue den Sonnenuntergang an. Dann gehe ich ins Zimmer und sortiere meine Sachen. Mittlerweile sind im Zimmer die fünf anderen Betten belegt, ich tippe mal schwer auf italienische Radfahrer. Sie sind nett und freundlich, aber verständigen können wir uns nicht. Ich spüre jetzt wieder mein Bein und lege mich ins Bett, um es zu schonen. Es ist bereits dunkel, als ich noch mal aufwache, aus der Ferne ist jetzt dumpfe Musik zu hören, die Siesta ist zur Fiesta geworden. Sollen sie sich amüsieren, ich bin eigentlich ganz froh, nicht dabei zu sein. Meine Zimmergenossen schlafen alle, etwas später schlafe ich auch.

Rabanal del Camino – Riego de Ambrós

Als ich aufwache, haben meine Radler bereits halb gepackt und unterhalten sich in gedämpftem Ton miteinander. Ein Blick aus dem Fenster genügt, um zu wissen, dass es noch extrem früh sein muss. Ich nicke noch mal weg und bin schließlich gegen 7.30 Uhr zum Aufbruch bereit. Jens ist schon losgegangen, was mir ganz recht ist.

Im Aufenthaltsraum steht ein einsamer Kaffeeautomat und ich ziehe mir für einen Euro einen doppelten Café solo. So richtig fit bin ich nicht gerade und ich habe im Moment wirklich keine Lust zu laufen, aber was hilft es. Mit steifem Bein gehe ich die Treppe runter und trete in die kühle Morgenluft.

Zunächst führt mich der Weg die kleine Straße rauf, an dem kleinen Laden vorbei und immer geradeaus auf eine Anhöhe. Unterwegs treffe ich ein paar angetrunkene Jugendliche an der Ecke, die hier irgendwo zu wohnen scheinen. Das wird wohl eine ausschweifende Nacht gewesen sein.

Ich verlasse die Stadt und schaue müde der Sonne beim Aufgehen zu. Am ersten Brunnen fülle ich mein Wasser auf und erfrische meinen Nacken und die Arme, das Wasser ist eiskalt.

Mein Führer gibt mir eine Vorschau auf die heutige Etappe. Ich werde drei Abschnitte durchlaufen, der erste endet auf einer Höhe von etwa 1500 Metern am Eisenkreuz. Das erklärt, warum ich seit geraumer Zeit ständig leicht bergauf laufe. Also dann mal los, auf zum berühmten Eisenkreuz. Das Cruz de Ferro, wie es im Spanischen heißt, ist der höchste Punkt des Jakobsweges und für viele ein bedeutsamer Ort, denn dort legt der Pilger traditionell seine Last ab. Das wird in Form eines Steins oder eines kleinen Gegenstands gemacht, den man am Kreuz ablegt und damit symbolisch das, was einem auf der Seele liegt, zurücklässt.

Die anderen beiden Abschnitte sind zum einen eine versprochene grandiose Berglandschaft und zum anderen der landschaftliche Wandel der Umgebung, der so langsam das frucht-

bare Galizien ankündigt. Im Augenblick hält sich meine Vorfreude in Grenzen, ich brauche meine Reserven gerade dafür,
mich durch die karge Heidelandschaft den Berg raufzuarbeiten.
Hier wird es teilweise wieder richtig steil und ich muss bereits
in dieser Herrgottsfrühe alles geben. Besser, ich achte genau
auf die Muschelwegweiser, denn außer mir ist hier niemand.
Komisch, wenn man bedenkt, wer sich gestern alles in der
Herberge gedrängt hat. Entweder sind das alles Frühaufsteher
oder Langschläfer, es bleibt ein Rätsel des Caminos.

Irgendwie ist es heute besonders unwirklich in der weiten
Landschaft der Einzige zu sein, ich habe fast das Gefühl, es
gehört sich nicht, um diese Uhrzeit zu stören. Ein ähnliches
Gefühl kenne ich nur von daheim, wenn ich mal nachts weit
nach Mitternacht durch Straßen gelaufen bin, die zu der Zeit
absolut still und verlassen waren. Wahrscheinlich, weil es ein
Verhalten gegen die Gewohnheit aller anderen ist. Mit diesen
Gedanken und dem Blick auf dem Boden steige ich Schritt für
Schritt die Steigung rauf.

Das erste kleine Etappenziel heute wäre das Dorf Foncebadón,
das bald in Sicht kommen müsste. Schwer zu sagen, auf wie
viel Höhenmeter ich jetzt bin, denn mein Weg ist inzwischen
zu einem Pfad geworden und schlängelt sich so durch die
Landschaft, dass hinter jeder Ecke die ersten Häuser auftauchen könnten.

Ich gehe langsam, aber stetig mein Tempo. Wie immer spüre
ich mein Knie beim Aufstieg so gut wie nicht, anders bei den
kurzen Passagen, wo es steil bergab geht. Im Großen und
Ganzen habe ich mich in einer Art stiller Übereinkunft mit
meinem Bein arrangiert, ich belaste es so wenig wie möglich
und dafür halten sich die Schmerzen in Grenzen.

Ich kann jetzt ein Hausdach sehen, ich bin da. Der erste

Blick auf Foncebadón ist deprimierend. Ein Vorzeigedorf ist das wahrlich nicht. Ich habe bisher schon einige verfallene Dörfer gesehen, aber keins war heruntergekommener als das hier. Alle Häuser sind alte Steinbauten und stehen mit windschiefen Mauern in der Landschaft. Überall sieht es aus, als hätten Erdverschiebungen oder zumindest Wettereinflüsse dem Dorf erheblich zugesetzt.

Foncebadón, verfallen und doch bewohnt

Dazwischen stehen immer wieder abgerissene und eingestürzte Ruinen, um die sich offensichtlich schon lange kein Mensch gekümmert hat. Nach den ersten Schritten in den Ort bezweifle ich stark, dass es hier oben menschliches Leben gibt. Aber ich täusche mich, vor einem kleinen Häuschen haben sich ein paar Pilger versammelt. Es scheint eine Art Versorgungsstation zu sein. Und ich erkenne ein bekanntes Gesicht, Dirk winkt mir freundlich zu und grinst. Er hat offensichtlich mein Erstaunen über dieses plötzliche Auftauchen menschlichen Lebens in dieser Einöde bemerkt.

Vor dem Häuschen sitzen etliche Pilger, verarzten ihre geschundenen Füße und essen die erste Mahlzeit des Tages. Nach unserer Begrüßung erzählt mir Dirk von den Geschehnissen der letzten Nacht. In der Herberge soll es hoch hergegangen sein, die Party muss bis weit nach drei Uhr nachts gedauert haben. „Viel Schlaf hat in dieser Nacht keiner bekommen, dafür war die Musik viel zu laut", stimmt verkatert ein junger Österreicher seinen Ausführungen zu. Jetzt begreife ich langsam, warum ich bisher allein unterwegs war.

Dirk und ich setzen uns zwischen die Ruinen und machen Pause. In diesem Bergdorf scheint die Lebensmittelstation vor uns offenbar die einzige zu sein. Ich sehe zwar am Fenster eines Bauernhäuschens ein Kopftuch vorbeihuschen, aber ansonsten ist hier niemand. Foncebadón ist erneut das typische Beispiel für die Wiederbelebung eines einsamen Bergdorfes, das nur aufgrund der Pilger wieder bewohnt ist. Das Gefühl der Verlassenheit ist hier allerdings erdrückend. Die Kirche ist in ebenso schlechtem Zustand wie alles andere und war bis vor Kurzem ein Stall. Dabei soll das Dorf im Mittelalter eine wichtige spirituelle Rolle in der Region gespielt haben. Hier wurde damals sogar ein kirchliches Konzil abgehalten, was einem heute schwerfällt zu glauben. Und es gibt Reste eines Klosters aus der damaligen Hochzeit. Wer weiß, vielleicht erinnert man sich eines Tages an dieses Erbe und baut den Ort wieder auf, ich würde es mir wünschen.

Mich überkommt der Hunger und ich beschließe dem Häuschen einen Besuch abzustatten. In einem dunklen Raum sind ohne großen Aufwand allerlei Lebensmittel aufgebaut, es gibt Obst, heißen Tee, Nüsse, Rosinen, Wasserflaschen und Konserven. Die Betreiber dieser Station sind relativ junge Leute, die mich freundlich begrüßen und mir zu verstehen geben, dass ich mich gerne bedienen soll. Es ist tatsächlich so, das alles hier ist umsonst! Ich kann meine Vorräte auffüllen für nichts. Das heißt, man kann eine kleine Spende in ein Körbchen werfen, wenn man möchte. Wenn ich so in das Körbchen schaue, dann möchten die meisten hier nicht. Das war bisher noch nie da, Selbstbedienung zum Nulltarif. Ich muss mich zusammenreißen, um nicht gierig zu werden. Aber die Chance verstreichen zu lassen wäre genauso blöd. Ich nehme mir Obst und getrocknete Pflaumen, Nüsse und Rosinen.

Mit meinem heißen Tee setze ich mich wieder zu Dirk nach draußen. Ich habe nichts gespendet und nun doch ein schlechtes Gewissen. Der Tee tut trotzdem gut und ich beschließe mit Dirk bis zum eisernen Kreuz zu laufen. Kurz darauf machen wir uns auf den Weg. Unterwegs erzählt er mir von seinen Plänen nach dem Studium und mich erstaunt die Klarheit seiner Vorstellungen für seine Zukunft. Dirk weiß genau, wo er in zehn Jahren sein will, und legt konsequent die Basis dafür. Das habe ich nie gekonnt. Ich weiß bis heute nicht, was in wenigen Jahren sein wird, und will das auch nicht wissen. Mein Leben ist in etwa so wie der Camino, das Ende kenne ich, aber was hinter der nächsten Wegbiegung auf mich zukommt, ist völlig offen. Trotzdem bewundere ich sehr die Art, wie Dirk sein Leben plant.

Ganz im Gespräch versunken nähern wir uns nun mühelos dem Cruz de Ferro. Das Kreuz selbst ist klein, aber es ist an der Spitze eines fünf Meter hohen Pfahls befestigt, der in einem Steinhügel steckt. Dieser Hügel wächst mit jedem Stein, der dort niedergelegt wird. Ob die heutige Bedeutung des Kreuzes auch ursprünglich so gemeint war, ist unklar. Der Steinhügel zumindest erinnert an ein uraltes und in späterer

Zeit christianisiertes Ritual, bei dem einem römischen Gott des Weges Steine dargebracht wurden mit der Bitte um eine gesunde Heimkehr. In frühen Berichten über den Pilgerweg ist

Steinchen ablegen, bitte

davon aber nichts zu lesen. Wahrscheinlicher ist, dass die Stange auf dem Hügel eine von 400 anderen Stangen war, die die Gemeinde von Acebo im Mittelalter aufstellte, um die Pilger zu leiten, wenn der Weg im Winter unter Schnee begraben war

Man kann glauben, was man will, sich an diesem Ort symbolisch von seiner Last zu befreien ist einfach mal ein schöner Gedanke. Rund um das Kreuz sind jetzt etwa zwanzig Pilger versammelt. Klar, jeder nutzt diesen Punkt, um Pause zu machen und ein paar Minuten lang in sich zu gehen. Nachdem wir neben dem Pfahl stehend von uns gegenseitig Fotos gemacht haben, suchen wir getrennt voneinander ein Plätzchen in der

Sonne. Ich kann an diesem Platz wenig Magisches spüren, ich hatte mir mehr erhofft. Zum ersten Mal auf dem Weg stehe ich vor etwas, was man getrost als touristische Attraktion bezeichnen kann, und das passt so gar nicht zum Camino.

Und so sieht es hier auch aus, auf der anderen Straßenseite steht eine Art überdachter kleiner Pavillon mit einem Holztisch und Sitzgelegenheiten, es gibt einen Parkplatz, der groß genug für Busse ist, eine angelegte Rasenfläche mit gepflegten Abfalleimern und so weiter. Es wirkt auf mich wie ein gut organisierter Rastplatz, ein Ausflugsort, den man anfahren kann, um einen Höhepunkt des Caminos zu bestaunen. Genau das ist es, was mich stört. Der Zauber hier etwas ernsthaft abzulegen wird dadurch genommen und irgendwie zu einer billigen Notwendigkeit. Aber ich werde mit dieser Tradition nicht brechen. Ich habe keinen besonderen Gegenstand oder Stein von zu Hause mitgebracht, und das ganz bewusst. Ich hatte einfach nicht das Gefühl, das tun zu müssen. Aber sozusagen in Vorbereitung auf diesen Moment habe ich einen kleinen Stein behalten, den ich unterwegs gefunden habe und der mir besonders gut gefiel. Ich platziere ihn ungefähr auf der Hälfte des Steinhügels und denke mir meinen Teil. Mir wird klar, ich habe keine Sünden zu beichten und keine Last muss von meinen Schultern fallen, ich bin okay, wie ich bin. Für einen kurzen Augenblick ist dieser Moment nun doch ergreifend. Dirk sitzt in der Zwischenzeit im Schneidersitz auf dem Rasen und macht sich seine eigenen Gedanken. Ich akzeptiere das und gehe zur anderen Seite, um ihn nicht zu stören. Nach einer Weile scheint auch er seinen Frieden gemacht zu haben und wir brechen auf. Weiter geht's die Straße runter in die jetzt immer hügeliger werdende Landschaft.

Da es auf der heutigen Etappe, die 26 Kilometer lang ist, wenig Orte und damit kaum Möglichkeiten zum Essen gibt, bin ich froh heute Morgen so billig „eingekauft" zu haben. Meine getrockneten Pflaumen erweisen sich in der Hinsicht als prima Energiequelle. Es ist heiß geworden und wir laufen durch eine Berglandschaft ohne die Chance auf Schatten. In der Ferne tauchen jetzt Häuser auf oder besser gesagt Hütten, das muss das Dorf Manjarín sein. Es liegt direkt an der Straße und wir staunen nicht schlecht, als wir näher kommen. Wir stehen vor dem wohl kleinsten Dorf, das ich bisher gesehen habe.

Im ersten Moment habe ich den Eindruck, wenn sich ein paar kräftige Männer ganz doll beeilen würden, hätten sie die Hütten und den ganzen Kram in einer halben Stunde abgebaut und wären damit verschwunden. Manjarín erinnert mich sehr an Foncebadón, mit dem Unterschied, dass es hier eine skurrile kleine Herberge gibt. Es ist vielmehr eine Schutzhütte, nur mit dem Notwendigsten ausgestattet, ohne fließendes Wasser, wie ich erfahre, auch oft ohne Strom, aber immerhin ein Dach über dem Kopf. Geführt wird diese Herberge von Tomas, der sich selbst als ordinierter Templerpriester bezeichnet. Er ist es auch, der nach langer Wanderung den hungrigen Pilgern in dieser verlassenen Gegend eine warme Mahlzeit kocht. Seine Hütte soll schon manchem Pilger bei Schneefall und schlechtem Wetter aus der Not gerettet haben.

Das kann ich mir gut vorstellen, in einer Notsituation wäre ich nicht gerne in dieser Gegend. So schön und malerisch sie bei Sonnenschein ist, so ungemütlich und lebensfremd ist sie mit Sicherheit bei schlechtem Wetter oder Dunkelheit.

Dirk und ich beschließen uns den Priester und sein Heim mal aus der Nähe anzuschauen. Ich schlängle mich an einem großen Hund vorbei, der auf der Erde döst, und an mehreren Katzen, dann betrete ich die offene Hütte, in der allerlei kirchlicher Kleinkram und Bücher zum Kauf angeboten werden. Es gibt Tee umsonst und wir werden vom Priester freundlich und wie selbstverständlich eingeladen, näher zu kommen. Wir sind nicht die Einzigen, die auf diesen Anblick gespannt waren, es drängen sich mehrere Pilger in der Hütte.

Mit Gewissheit kann ich es nicht sagen, aber ich glaube, dass unser Herbergsvater nur Spanisch spricht. Hier eine Nacht zu verbringen reizt mich schon sehr, aber da ich heute kaum gelaufen bin, treibt es mich wie immer weiter.

Ganz im Gegensatz zum Cruz de Ferro ist dieser Platz hier authentisch, es gefällt mir und ich beschließe etwas auf den Weg mitzunehmen. An einem Holzstamm quer über dem Tisch hängen mehrere Ketten, die meine Aufmerksamkeit erregen, die werde ich mir mal genauer anschauen. Das Motiv des Jakobswegs brauche ich nicht, ich bin auf der Suche nach etwas Subtilerem. Spontan entscheide ich mich für einen runden messingfarbenen Anhänger mit dem Bild von Maria Magdalena, der Hure, die Jesus die Füße wusch. Das passt doch zu meiner atheistischen Wanderung auf katholischen Pfaden. Ich hänge mir das Medaillon um und trage es nun über meinem Shirt. Es ist ein ehrliches und gutes Gefühl.

Gerade sind mehrere italienische Radfahrer angekommen und haben den Priester offensichtlich um seinen Segen gebeten. Ich werde Zeuge einer kleinen Messe, bei der sich alle an den Händen fassen und der Priester ihnen mit wohlklingenden Worten seinen Segen gibt. Alle sind mit Konzentration und Andacht bei der Sache und es scheint jedem viel zu bedeuten.

Dirk und ich machen uns wieder auf den Weg. Auch er hat sich einen Anhänger gekauft. So seelisch gestärkt kommen wir beide zu neuen Kräften. Mit der Zeit ist mein Tempo Dirk zu langsam und er kündigt an schneller zu gehen. Es ist für mich wie immer völlig in Ordnung, das muss ich akzeptieren.

Schnell gewinnt er an Vorsprung und ich bin trotz des offenen Geländes bald allein auf weiter Flur. Ich schaue auf die Karte in meinem Führer und muss feststellen, dass ich das heutige Pensum noch nicht mal zur Hälfte geschafft habe. Es ist deprimierend, vom Gefühl her könnte ich den Tag eigentlich beschließen, aber mein verdammter Ehrgeiz treibt mich weiter.

Es geht jetzt den Berg runter, rechts und links von mir zeigt sich die Natur von ihrer schönsten Seite, Berge, Hügel und Täler sind postkartenreif, egal, wohin man blickt.

Genau das ist wieder mal so ein Moment, warum ich den Weg laufen wollte. Diese Schönheit und die Weite des Landes, die Einsamkeit und der Stolz, es hierhin geschafft zu haben, machen alle Strapazen wett, das ist der Jakobsweg in seiner ganzen Ursprünglichkeit und Echtheit. Das übertrifft meine Erwartungen, darum bin ich hier. Während ich dieses Hochgefühl entwickle und die Straße runter in die Sonne laufe, bleibe ich plötzlich wie angewurzelt stehen. Was ist denn das, ist da nicht ein Tier vor mir auf dem Weg? Ich halte es erst für einen Esel oder eine Ziege, aber bei näherem Hinsehen stelle ich fest, das ist ein Hund. Ein großer, herrenloser Hund. Weit und breit ist außer uns niemand zu sehen, ich bin von seinem Auftauchen mehr als überrascht. Mit Argusaugen versuche ich den Besitzer dieses Kalbs ausfindig zu machen, aber der Hund hat anscheinend eins mit mir gemeinsam, er ist allein. Wir sind beide stehen geblieben und schauen uns an. Ich habe von wilden Hunden in den Bergen gelesen, aber ich dachte, die sind ausgestorben. Und natürlich habe ich es auch nicht nötig gehabt mit Stöcken zu gehen, sehr clever. Wenn er jetzt auf mich zugerannt kommt, könnte ich bestenfalls mit meinen getrockneten Pflaumen nach ihm werfen. Ich gehe langsam weiter, als wäre nichts. Auch der Hund bewegt sich auf der anderen Straßenseite weiter in meine Richtung. Ich höre ihn laut und schwer atmen. Er scheint keinen großen Plan zu haben, wohin er läuft, aber mit Sicherheit hat er in der Hitze keinen Spaß.

Wir laufen aneinander vorbei, ohne dass etwas passiert. Ich versuche mich nicht umzudrehen und gehe ein bisschen schneller weiter. Was ich jetzt nicht gebrauchen kann, ist, dass mir das Vieh beginnt nachzulaufen. Als ich mich umdrehe, ist der Hund verschwunden.

Ich verlasse die Straße und gehe parallel auf einem steinigen und holprigen Sandweg weiter. Mein Weg führt mich über eine Anhöhe und danach hinein in ein weites, hügeliges Panorama. Ich mache Fotos wie schon lange nicht mehr, immer wieder halte ich an und fotografiere, daran will ich mich später unbedingt erinnern. Schon nähere ich mich El Acebo, ich kann den Ort von hier oben sehen, aber zwischen uns liegt noch ein unangenehmer Abstieg, der sich als ziemlich steil entpuppt. Wie immer ist das kontrollierte Runtergehen anstrengend und mein Knie meldet sich zurück; ich spüre die Strecke des Tages in jedem Knochen, aber der Weg ist zu schmal, um in Schlangenlinien zu gehen, keine Entlastung der Gelenke. Ich bin gezwungen mit jedem Schritt das volle Gewicht meines Körpers abzufangen und das ist mit der Zeit einfach belastend.

Wie sich herausstellt, endet der Abstieg genau am Rand des Dorfes, wo mich mit viel Gebell der nächste Hund begrüßt. Ich habe erst mal genug, ich brauche eine Pause. Die nächste Bar ist definitiv meine. Sie lässt nicht lange auf sich warten und ich lasse meinen Rucksack neben den Tresen fallen. Ich strecke meinen Rücken durch und genieße den Schatten und die Kühle des Raums. Egal, wie spät es ist, ich habe mir ein Bier verdient. „Una cerveza, por favor", gebe ich im besten Spanisch meine Bestellung auf. Auch hier ist der Zapfhahn mit kleinen kalten Tropfen überzogen, wie in jeder Bar. Das ist ein Anblick, den ich zu lieben begonnen habe, denn er hält, was er verspricht. Das ist doch eins der Dinge, die uns vom Tier unterscheiden, eiskaltes Bier brauen zu können.

Ich bin ziemlich geschafft, es muss ein Plan her, wohin will ich heute noch? Nach Molinaseca sind es noch mindestens weitere zehn Kilometer, dazu bin ich aber nicht mehr in der Lage. Hier zu bleiben wäre eine Option, aber so toll ist es hier nun auch wieder nicht. Ich schließe einen Kompromiss, ich werde bis in den nächsten Ort laufen, da mache ich Schluss. Ich schaue in meinen Führer, in etwa fünf Kilometern kommt ein kleiner Ort namens Riego de Ambrós. Die Pilgerherberge dort hat 25 Plätze, das riskiere ich.

Am Dorfbrunnen fülle ich meine Wasserflasche ein letztes Mal für heute auf, gegenüber ist die Kirche von El Acebo. Bei der Friedhofskapelle steht seit dem Radunfall eines deutschen Pilgers 1988 ein Denkmal für all jene, die auf dem Jakobsweg den Tod gefunden haben. Kein schöner Gedanke, den mir dieses Örtchen mit auf den Weg gibt.

Beim Verlassen des Dorfes treffe ich wieder auf zwei Hunde. Diesmal beachten sie mich mit keinem Blick, sie liegen einfach mitten auf der Straße und schlafen. Darauf freue ich mich auch, aber noch liegen ein paar Kilometer zwischen mir und meinem Bett für die Nacht. Fotos kann ich für heute leider keine mehr machen, mein Akku ist alle. Aber das macht nichts, der Weg führt recht unspektakulär durch immer grüner und fruchtbarer werdende Landschaften.

Es ist mühsam wie meistens auf dem letzten Stück. Dann bin ich da, ein bescheidenes, kleines, verlassenes Dorf empfängt mich. Ich schaue mich um. Die Häuser hier haben tatsächlich Außentreppen und Schindeldächer, was mir mein Führer als typisch für die Region angekündigt hat.

Ungeachtet dieser regionalen Besonderheiten mache ich mich auf die Suche nach der Herberge, denn sie ist nirgends zu sehen. Nach einer Weile finde ich sie, öffne eine schwere eisenbeschlagene Holztür und stehe in einem recht einladenden Vorraum. Der kleine Tisch neben mir wird wohl den Empfang darstellen. Mir gegenüber ist eine breite Fensterfront, die in einen gemütlich aussehenden Innenhof führt, und rechts geht es über eine Holztreppe zu einem offenen erhöhten Stockwerk, wo sich voraussichtlich die Schlafräume befinden. Eine freundliche Frau tritt aus einem Nebenraum und ich sage wie jeden Tag mein Sprüchlein auf. Es gibt noch Betten und ich checke ein; wie vermutet sind die Schlafräume tatsächlich im ersten Stock.

Ich gehe die Treppe rauf und mir wird schlagartig klar, ich bin hier der einzige Gast! Die Herberge ist leer. Ich ziehe meine Schuhe aus und stelle sie ins dafür vorgesehene Schuhregal. Sie sehen verloren aus. Aber was soll's, die Herberge ist gemütlich, und wenn keiner mehr kommt, wird das eine besondere Anekdote auf dem Weg werden. Vor allem die Aufteilung der

Schlafräume ist einzigartig, in der Art sehe ich das zum ersten Mal. Ein Doppelstockbett ist in eine kleine Kammer gestellt, die man sowohl von rechts als auch von links durch eine Schiebetür betreten kann. So sind durch Gänge getrennt mehrere kabinenähnliche Einzelschlafräume entstanden, die ihren eigenen Charme haben. Ich mache es mir gemütlich, dusche mich und wasche im Innenhof meine Klamotten. Nachdem ich in der Sonne gegessen habe, sitze ich noch lange im Obergeschoss in einer kleinen Sitzgruppe, die aus drei leicht verschlissenen Sesseln in Bordeauxrot besteht, und hänge meinen Gedanken nach.

Die Wochen vergehen und der Camino spiegelt mich und mein Leben jeden Tag aufs Neue. Man müsste schon ein Idiot sein, um die Parallele zu übersehen. Alles, was im Kleinen geschieht, lässt sich auch aufs Große übertragen. Wenn man es denn so sehen will. So gesehen ist jeder neue Morgen eine kleine Geburt und jedes Einschlafen in der Nacht ein kleiner Tod. Und alles, was ich tagsüber tue und lasse, ein Menschenleben. Zugegeben ist das sehr philosophisch, aber im Augenblick irgendwie wahr.

Bekomme ich nicht täglich vor Augen geführt, wie ich leben sollte? Gerade weil ich mit der Nase darauf gestoßen werde, gezwungen bin jeden Tag als weißes, unbeschriebenes Blatt zu erleben, das allein ich mit Inhalt fülle. Meine gewohnten Abläufe sind mir genommen worden und ganz von allein sehe ich mich mit der Frage konfrontiert, wie lebe ich eigentlich und wer bin ich?

Ich bin mir sicher, wer sensibel und intelligent genug ist, wird sich irgendwann auf dem Weg mit diesen Fragen beschäftigen. Die Zeit auf dem Camino erscheint ungeheuer intensiv und zugleich wie eine unbedeutende Variable. Natürlich ist das Leben pur, ist das Freiheit, die ich festhalten will. Kann ich mir das im Alltag leisten, kann irgendwer auf diesem Level dauerhaft durchs Leben gehen? Ist der Camino übertragbar auf mein Leben oder laufe ich als Metapher seit meiner Geburt auf ihm und erst durch diese Reise wird mir das klar? Sicher ist jeder seines Glückes Schmied und klar sind es die kleinen, einfachen Dinge, die zählen und die man mit Geld nicht kaufen kann. Aber wer von uns kann in den Spiegel schauen und sagen, genau so lebe ich auch? Ich kann das nicht. Ich werde geleitet, beuge mich Konventionen und verfolge Ziele, die vermeintlich mit den Jahren meine geworden sind. Und ich bin damit nicht allein, ich bin die Regel, nicht die Ausnahme. Und dabei nicht unglücklich. Ich habe gelernt, dass das Leben aus Kompromissen besteht, und mit der Zeit verschwimmt der Blick dafür, welche für einen selbst zu groß waren, einfach deshalb, weil man zu selten aus den gewohnten Abläufen rausgerissen wird, wie der Camino das tut.

Für heute ist es an der Zeit den Tag zu beenden. Ich bin mittlerweile nicht mehr allein, drei oder vier andere sind noch gekommen. Ich lege mich ins Bett, schaue ins Dachgebälk und bin ein bisschen traurig. Dann schlafe ich ein.

Riego de Ambrós – Cacabelos

Es war eine unruhige Nacht, irgendwie konnte ich keine Ruhe finden. Gegen sieben Uhr bin ich bereit und verlasse die Herberge. Ich trinke den ersten Schluck des Tages am Dorfbrunnen direkt vor der Tür. Das Dorf wirkt genauso verlassen wie gestern, als ich gekommen bin. Ich suche meinen Weg durch die Straßen und lasse den Ort hinter mir über einen vom Regen ausgewaschenen Pfad, der sich recht steil durch ein kleines Waldstück schlängelt. Dieser endet abrupt an einer kleinen

Straße, der ich wiederum eine Weile folge.

Noch ein paar Kilometer und ich bin in Molinaseca, dem eigentlichen gestrigen Etappenziel. Ich kann im Moment nur schwer einschätzen, wie weit ich heute kommen werde, noch habe ich keinen Plan. Ein steiniger Weg führt mich am Rande eines Berges mit leichtem Anstieg auf seine andere Seite und ich sehe mich einem langen, steilen Abstieg gegenüber, an dessen Ende Molinaseca sein muss. Ungefähr fünf Kilometer führt der Camino mich nun Stück für Stück den Berg runter. Es wird mal wieder zu einer kleinen Tortur, das ständige Belasten der Gelenke reicht mir langsam und nervt. Das Ganze will kein Ende nehmen. Teilweise läuft es sich ganz gut, dann aber sind manche Abschnitte so steil, dass es ans Klettern erinnert. Wieder mal eine klasse Gelegenheit sich kurz vorm Ziel alles zu vermasseln. Dieses Teilstück ist ein gutes Gegenbeispiel für all diejenigen, die denken, dass der Weg lediglich ein extrem langer Wandertag ist.

Endlich wird es flacher und ich höre Stimmen und Geschrei aus der Richtung eines Flusses. Ich kann die ersten Häuser sehen und erreiche eine Straße, die rechts in die Stadt führt. Jetzt sehe ich auch, woher die Stimmen kommen, etliche Jugendliche zelten in einem Waldstück am Fluss. Als ich nach Molinaseca reinkomme, traue ich meinen Augen nicht. So weit das Auge reicht, ist der ganze Straßenrand mit Müll übersät. Papier, zerbrochene Flaschen, Reste aller Art sind überall verstreut, als hätte eine Bombe eingeschlagen. Hier muss gestern offensichtlich eine riesige Party stattgefunden haben. Das erklärt auch die vielen jungen Leute. Ich sehe eine alte Frau, die versucht mittels eines Besens des Chaos Herr zu werden. Sie tut mir leid, da wird sie noch eine ganze Weile fegen müssen.

Ich überquere eine Holzbrücke und komme in die Altstadt.

Eigentlich hatte ich gehofft hier frühstücken zu können, aber der Ort hat offensichtlich andere Probleme. Die Straßen sind voller Wasser, denn aufgrund des Partymülls hat man den Fluss kurzerhand umgeleitet. Der fließt jetzt durch das Städtchen und spült den ganzen Mist aus dem Ort. Ab und zu gibt ein Mann in Gummistiefeln mit einem breiten Besen dem Dreck und Abfall einen Schubs in die richtige Richtung, den Rest erledigen das abfallende Kopfsteinpflaster und die Strömung des Wassers. Gummistiefel hätte ich jetzt auch gern. Mein gelber Pfeil zeigt unglücklicherweise in genau die Straße, in der am meisten Wasser fließt. Jetzt sind meine guten Schuhe gefragt. Vorsichtig gehe ich eng an der Häuserwand nach und nach weiter. Es gelingt mir die kritischen Stellen zu meistern und ich bin bald wieder auf trockenem Boden. Ich verzichte darauf hier ein Café oder eine Bar zu suchen und setze meinen Weg fort.

Am Ortsausgang komme ich an einer speziellen Herberge vorbei, die mir irgendjemand vor Tagen ans Herz gelegt hat. Wenn ich in Molinaseca übernachten würde, dann bitte dort. Es ist in der Tat eine Kuriosität. Die Doppelstockbetten stehen hier offen draußen auf einer Veranda, man schläft damit praktisch unter freiem Himmel. Nicht schlecht, mal was anderes.

Eine Straße führt mich den Berg rauf und raus aus der Stadt. Der Horizont ist näher gekommen, die Weite der Landschaft wird nun abgelöst durch Felder und Weinberge, verschlungene Wege und wechselnde Ansichten. Ich merke, dass Galizien nicht mehr weit sein kann, die Natur erblüht und ist grüner und fruchtbarer als noch vor ein paar Tagen.

Kurze Zeit später erreiche ich Ponferrada, genauer gesagt den Vorort. Er macht auf den ersten Blick einen hässlichen Eindruck und ist staubig und voller Baustellen. Inzwischen ist es wieder so heiß, dass ich meinen Rucksack abstellen muss und meine Windjacke einpacke. So wie es aussieht, ist dieser Ort einer der größeren, aber erwarten tue ich eigentlich nichts. Es gibt immer wieder Teilstrecken, die sehr unspektakulär sind und bei denen ich froh bin, sie hinter mir zu haben. Dies ist so ein Abschnitt. Die Altstadt ist ganz nett und ich gelange durch ein Auf und Ab von kleinen Straßen auf einen Platz mit Cafés und Restaurants. Ich beschließe hier meine Frühstückspause zu machen und trinke einen Kaffee an einem kleinen Tischchen in der Sonne. Weitere Pilger finden sich auf dem Platz ein mit derselben Idee.

Ich ziehe meinen Aufenthalt nicht zu sehr in die Länge und laufe bald darauf auf eine alte Templerburg zu, die unübersehbar die Altstadt dominiert. Sie stammt aus dem 13. Jahrhundert und wird als nationales Kulturgut beschrieben. Mit einer Länge von insgesamt 162 Metern und einer Breite von 91 Metern ist sie in der Tat ein beeindruckendes Bauwerk. Mein Weg führt an ihr vorbei immer tiefer in die Altstadt hinein. Der folgende Weg durch die kleinen Straßen verwirrt mich plötzlich, ich finde nicht das, was mein Führer mir beschreibt, und brauche rund 20 Minuten, bis ich wieder in der Spur bin. Mir so früh am Tag die zahlreichen Kirchen oder anderes anzusehen habe ich irgendwie keine Lust, eigentlich will ich nur wieder in die Natur und raus aus der Stadt.

Meine Schritte werden schwer und ich entscheide mich für eine kurze Pause auf einer Parkbank, als ein sehr abgerissener Pilger an mir vorbeiläuft. Er ist genau genommen an der Grenze zum Penner, die Kleidung ist ungewaschen und er wirkt erschöpft und bedürftig. Ich beschließe noch eine Weile sitzen zu bleiben, um nicht ständig hinter oder vor ihm laufen zu müssen. Ein paar Minuten später raffe ich mich auf und verlasse wie er die Stadt über Ausfallstraßen in Richtung kleinerer

Vororte, die wenig spanisch wirken. Mit etwas Phantasie könnte ich hier ebenso zu Hause sein und durch deutsche Vororte laufen. Ein von Kastanien gesäumter Weg bringt mich zu kleinen Straßen mit Einfamilienhäusern, Spielplätzen und kleinen Parks. Diese plötzliche Normalität der Umgebung überrascht mich und ist fast ein wenig unangenehm, wahrscheinlich weil sie so unvermutet kommt und zugleich so vertraut ist.

Aber das heimatliche Gefühl hält nicht lange an, die Häuser werden spärlicher und ich laufe an Schrebergärten vorbei, wo Gemüse, Obst und allerlei Unkraut in der Sonne vor sich hin welken. Ich bin allein und guter Dinge, mein Knie entspannt sich auf den ebenen Straßen und die wenigen Menschen, die ich ab und zu treffe, grüßen freundlich und wünschen mir einen guten Weg. Plötzlich knallt es ganz gewaltig, es hört sich an wie Böllerschüsse oder eine entfernte Explosion. Ich spähe in Richtung Horizont, kann aber nichts entdecken. Mein erster Gedanke ist irgendeine Form von Unglück, dass etwas passiert sein muss. Wenige Minuten später knallt es erneut mehrmals hintereinander. Die Erschütterungen sind deutlich zu spüren und wecken sogar die Hunde auf, die gerade noch in der Sonne gedöst haben. Das muss Absicht sein, irgendwas wird hier gefeiert.

Ich erreiche eine kleine Bar, als mir im Vorbeigehen einfällt, dass ich heute noch nichts gegessen habe. Also drehe ich um und gehe hinein. Fast wäre ich dabei auf eine winzige Katze getreten, die fast die gleiche Farbe hat wie der ausgeblichene Abtreter vor der Tür. Glück gehabt, meine schweren Wanderboots wären um ein Haar ihr Ende gewesen. Ich trinke mein übliches Bierchen und esse dazu einen doppelten Toast mit Schinken und geschmolzenem Käse. Mit einem großen Ausfallschritt trete ich zurück in die Sonne und gerate bald darauf in eine Menschenmenge, die auf irgendwas zu warten scheint.

Dann sehe ich es, ein Prozessionszug trägt auf einer Art geschmücktem Altar eine Marienstatue in Richtung Dorfkirche. Dazu spielt eine Kapelle und junge Frauen in regionalen Trachten stehen dekorativ im Hintergrund. Das muss der Feiertag sein, der vorhin so lautstark angekündigt wurde. Dann fällt es mir ein, Maria Himmelfahrt. Natürlich, die Statue der Maria wird feierlich in die Kirche zurückgebracht. Ich bleibe stehen und schaue mir das Spektakel an, dann wird es langweilig, ich durchbreche die Absperrung der örtlichen Polizei und bin wieder allein.

Es ist Nachmittag und ich lasse jetzt in schneller Folge ein Dorf nach dem anderen hinter mir, alle wenig erwähnenswert. Die Weinfelder ziehen sich über das Land und ich folge ihren verschlungenen Wegen. Die heutige Etappe werde ich nicht schaffen, es wären immerhin stolze 31 Kilometer gewesen. Mein Ziel für heute ist Cacabelos, ein Örtchen rund acht Kilometer vorher. Eine Anhöhe später kommt es endlich in Sicht. Auch hier sind Straßensperren aufgebaut und kündigen Festvorbereitungen an. Meine Herberge liegt allerdings jenseits davon am Ende des Ortes und so laufe ich noch eine ganze Weile, überquere einen kleinen Fluss und stehe schließlich davor.

Die Herberge ist hinter einer Augustinerkirche, sozusagen direkt hinten rangebaut. Ich betrete einen Innenhof und melde mich in einem kleinen Häuschen, wo man sein Bett zugeteilt bekommt. Ich habe die Nummer 114. Wie sich herausstellt, teilen sich lediglich zwei Pilger nach dem Zufallsprinzip ein Zimmer miteinander, in der Reihenfolge ihrer Ankunft. Die Räume sind kreisförmig nebeneinander gebaut und beginnen und enden an den Mauern der Kirche. Auf diese Weise entsteht ein geschützter Innenhof, der lediglich von den dort wohnenden Pilgern genutzt werden kann. Ich finde meine Tür und mache sie auf. Der Raum ist klein und besteht nur aus zwei Betten, die etwa einen Meter auseinander stehen. Man kann aufstehen und das war's. Aber es ist für mich in Ordnung, ich habe keinen Urlaub gebucht und es ist nur für eine Nacht. Ich bin mal gespannt, wer mein Partner für heute werden wird.

Der Tag hat mich ganz schön geschafft. Mein Versuch in der „Anlage" ein bisschen auszuruhen gelingt nicht besonders. Der Innenhof ist nicht schön, nur funktional. Der Waschraum zeigt bereits heftige Gebrauchsspuren und sich auf die Toilette zu setzen sollte man hier besser vermeiden. Der Getränkeautomat ist mit das Modernste, was ich weit und breit entdecken kann. Ich ziehe mir ein Bier und lege mich auf eine steinerne Bank. Inzwischen ist auch mein Schlafbruder angekommen. Ich denke, ich sehe nicht richtig, es ist der abgerissene Penner von vorhin. Auch er scheint mich zu erkennen und nur mäßig erfreut zu sein. Vielleicht habe ich ihm zu deutlich nonverbal meinen Eindruck von seiner Erscheinung vermittelt. Es ist mir auch egal, wir grüßen uns kurz und nehmen es hin.

Noch ist es zu früh schlafen zu gehen und ich gehe ein paar Schritte raus auf die Straße. Allein mir die Fiesta oder was immer heute in der Stadt passiert anzuschauen habe ich wenig Interesse. Da die Kirche geschlossen hat, setze ich mich in einen kleinen Park und genieße die Ruhe des Abends. Während ich so dasitze, wird mir bewusst, ich bin gerade richtig psychisch erschöpft. Die wiederkehrenden Rituale jeden Tag und die schnell wechselnden Begegnungen nagen an mir. Ich bin heute etwa 28 Kilometer gelaufen und habe kaum ein bekanntes Gesicht gesehen. Dieser Weg hat seine Tücken und macht mit mir, was er will. Das ist kein Badeurlaub, es ist das, was ich wollte, eine Herausforderung. Auch bei noch so guter Vorbereitung ist man nicht auf das vorbereitet, was dann letztlich kommt. Ich gehe langsam in mein Doppelzimmer zurück. Es wird Zeit schlafen zu gehen. Nach Möglichkeit will ich bei Sonnenaufgang weg sein.

Cacabelos – Ruitelán

Das Erste, was ich am Morgen höre, sind die Aufbruchsgeräusche meines Bettnachbarn. Er ist offensichtlich Frühaufsteher, es ist gerade mal fünf Uhr und er ist bereits komplett fertig. Wortlos macht er leise die Tür hinter sich zu. Eine halbe Stunde später stehe ich auf. Der Weg zum Waschraum durch die kühle Morgenluft ist das, was es immer ist, nicht meine Zeit. Ich packe meine Sachen und sehe zu, dass ich da wegkomme. Mein Weg führt zunächst bergauf, um dann nach rechts abzuknicken in weitläufige Weinfelder.

Die ersten Kilometer bringe ich erstaunlich schnell hinter mich und komme nach Villafranca del Bierzo. Der Name verrät es schon, es war eine Stadt der Franken, 1070 am Jakobsweg entstanden und regiert von den Benediktinern von Cluny. Das Besondere ist, es gab hier mal zwei Bürgermeister, einen für die Franken und einen für die spanischen Einwohner. Mittlerweile hat man sich auf einen geeinigt. Auch hier beschließe ich die zahlreichen Zeugnisse einer bestimmt reichen und interessanten Geschichte außer Acht zu lassen und mich schnell auf den Weg zurück in die Natur zu machen.

Entgegen der frühen Uhrzeit haben etliche Cafés am Rande des Weges bereits auf und von einem aus winkt mir jemand zu. Es ist die Bayerin, die ich so galant hinter mir gelassen habe. Ich kann unmöglich so tun, als hätte ich sie nicht gesehen, und so überquere ich die Straße und begrüße sie freundlich. Sie ist offenbar nicht allein geblieben und stellt mir ihre Wanderfreundin vor, beide offensichtlich bester Laune. Sie erzählt mir, dass sie heute eine längere Strecke mit dem Bus fahren will, da sie sonst Santiago nicht mehr erreicht. Ich verkneife mir einen Kommentar zu diesem Vorhaben und wünsche ihr Glück für den Rest ihrer Reise. Die Freundin kündigt an zu Fuß weiterzugehen. Da wir zwangsläufig denselben Weg haben, befürchte ich das Schlimmste und täusche eine dringende Pause vor, was ohne Frühstück nicht mal gelogen ist. So verabschieden wir uns und ich gebe meine Bestellung im Café auf. Allzu lange will ich aber keine Zeit vertrödeln, ich werde ihr eine Viertelstunde Vorsprung geben.

Die Etappe an diesem Tag verheißt für meinen Körper wenig Gutes, mein Führer verspricht erneute 28 Kilometer, die „vom Start weg fast immer ansteigend" sein sollen. Ich werde also ins Gebirge laufen und es gibt wieder mal eine Entscheidung, die ich bereits gleich hier in Villafranca treffen muss. Wenn ich über die Berge laufen will, muss ich eine abweichende Route nehmen, die klassische Wegstrecke führt um die großen Berge herum. Voraussetzung für die Bergtour ist schönes Wetter und „dass sich die Kondition im oberen Bereich bewegt". Zumindest eine Bedingung davon ist somit erfüllt, ich sehe keine Wolke am Himmel. Ich glaube gern, dass der Umweg über die Gipfel sich lohnt, aber mein Knie derart zu belasten könnte nach hinten losgehen. Die sowieso schon schwierige Etappe mit solchen Strapazen zu verlängern und den Abbruch zu riskieren, das ist es mir nicht wert. Wie zur Bestätigung sehe ich hinauf zu den Bergen, sie sind beeindruckend steil. Nicht umsonst heißt der Weg über dieses Bergmassiv Camino duro, was so viel wie „harter Weg" bedeutet. Das sagt ja wohl alles.

Am Ortsausgang werde ich neugierig. Ich will nur mal einen

kurzen Blick auf die schwierige Route werfen. Und verpasse sie zum zweiten Mal. Die Abzweigung in die Berge lässt sich beim besten Willen nicht ausmachen. Ich muss es mir eingestehen, das Finden der Alternativrouten ist aus unerfindlichen Gründen nicht mein Ding. Aber auch andere finden den Weg nicht und ein Pilgerbruder kommt mir sogar wieder entgegen, um erneut danach zu suchen. Ich belasse es dabei, bin zufrieden, wie es ist, und gehe auf der Straße meinen Weg durch das Tal.

Während ich so um die Berge rumlaufe, vergeht die Zeit ohne einen sichtbaren Hinweis auf den Camino, was mir mehr und mehr Sorgen macht. Doppelte Wege zu laufen wäre bei den Anstiegen hier besonders ärgerlich. Aber ich habe Glück und kriege letztlich meine Bestätigung, ich bin auf dem richtigen Weg. Der Camino im Tal ist zugegeben eintönig, direkt an der Straße lang und seit einiger Zeit getrennt vom Verkehr durch eine hüfthohe Betonmauer. Der Weg zieht sich und scheint kein Ende zu nehmen. Der Autoverkehr hält sich zwar in Grenzen, ist aber doch störend. Noch vor Jahren gab es hier keine Mauer und die Pilger hatten ein sehr gefährliches Stück Weg vor sich.

Schließlich erlöst mich ein gelber Pfeil von der Straße und führt auf einen Weg durch ein Wäldchen in ein kleines Dorf, das aus wenigen Bauernhäusern, Ställen und Hütten besteht. Das ist eine willkommene Gelegenheit für eine Pause. Unter einem schmuddeligen Sonnenschirm sehe ich ein bekanntes Gesicht, ich habe die 15 Minuten Vorsprung offensichtlich aufgeholt. Es ist die Freundin der busreisenden Bayerin, die sich mir als Kerstin vorstellt. Nach der langweiligen Strecke an der Straße habe ich jetzt gegen ein bisschen Gesellschaft nichts einzuwenden. Kerstin wirkt auf mich sehr ordentlich, gut organisiert und dürfte so zwischen 30 und 35 sein. Wir kommen ins Gespräch und setzen nach einer Weile den Weg zusammen fort. Der führt wieder auf die Straße und zur Betonmauer zurück und hat an Eintönigkeit nichts eingebüßt. Kerstin arbeitet bei einer Versicherungsgesellschaft und berichtet, dass sie sich ein halbes Jahr freigenommen hat, um sich eine Auszeit zu nehmen. Der Camino ist dabei nur ihre Aufwärmrunde, denn sie plant eine anschließende Reise durch Australien, die wahrscheinlich mehrere Monate dauern wird. Im Grunde eine spannende Geschichte, aber sie passt so gar nicht zu ihr. Ich kann nicht sagen, warum, aber ich spüre, dass wir grundverschieden sind. Auf mich macht sie einen sehr rationalen Eindruck, ein Kopfmensch, wie er im Buche steht. Dass sie bei einer Versicherung arbeitet, passt wie die Faust aufs Auge. Je länger wir gehen, umso mehr kommt ihr die Beamtin aus allen Poren. Sie hat sich über den Weg informiert und sich vieles angelesen, und was sie nicht weiß, erklärt sie sich mit trockener Logik. Für mich geht für Stunden der Zauber des Weges verloren. Es gibt einfach Menschen, die wissen alles besser oder haben alles schon gehört, gelesen oder erlebt. Ich bin völlig anders. Ich muss nicht alles toppen oder kommentieren, was andere sagen. Und was die Unart betrifft, Gesagtes vermeintlich richtigzustellen, das kann ich gar nicht haben.

So gehen wir die Straße entlang und ich fühle mich mit jedem Kilometer unwohler. Schließlich erreichen wir das nächste kleine Nest am Wegesrand und treffen auf eine Gruppe deutscher Frauen, die Kerstin freudig zuwinken und mir zwangsläufig auch. Ich ahne nichts Gutes, aber was kann ich machen, für eine schnelle Verabschiedung ist es zu spät. Mir fällt nichts anderes ein, als meinen Rucksack zu Boden sinken zu lassen und mir erst mal ein Bier zu holen. Bei näherer Betrachtung erkenne ich Mutter und Tochter wieder, die ich am Tag meines Unfalls kurz in der Herberge abends kennengelernt habe. Die andere Frau stellt sich als Sabine vor. Ich bin in der Falle, nun sind wir zu fünft. Die Damen sind bereits am Ende ihrer Kräfte und beginnen zu jammern, wann denn für heute endlich Schluss sei. Wir sind in Vega de Valcarce und laufen jetzt an einer Herberge vorbei, die Aparecida do Brasil heißt. Das Brasilianische im Namen löst bei meiner weiblichen Begleitung anscheinend etwas aus, denn plötzlich reden alle darüber, wie toll es wäre in einer brasilianischen Unterkunft zu übernachten. Ich kann an dem Gedanken nichts Besonderes finden, ganz abgesehen davon, dass es zunächst nur ein Name ist.

Ich mache meinen Standpunkt klar und verkünde in die Runde, dass ich noch bis Ruitelán laufen werde. Das bedeutet weitere fünf Kilometer, aber dann könnte man mit dem Tagesziel wenigstens zufrieden sein. Zu meiner Überraschung stimmen mir die anderen zu und wir machen uns auf den Weg. Es ist heiß und wie immer ziehen sich die letzten Kilometer, wenn man hinter jedem Busch das Ziel erwartet.

Dann ist auch das geschafft und wir stehen vor dem Haus, das diesmal wirklich unsere Herberge für die Nacht ist. Ich muss zugeben, auch ich bin etwas verwundert, optisch macht sie gar nichts her. Auf den ersten Blick ist das Haus nicht als Herberge zu erkennen, nur als ich genauer hinsehe, bemerke ich das kleine handgeschriebene Schild, das die Pilger bittet den Eingang auf der Rückseite zu benutzen.

Die Herberge ist privat und das sind immer die spannendsten, also nehme ich als Mann die Dinge mal in die Hand, während meine weiblichen Begleiterinnen noch damit beschäftigt sind zu überlegen, ob dieses Haus ein schlechter Scherz ist. Wir klingeln und es erscheint ein freundlicher Mann mittleren Alters und bittet uns herein. Wir quetschen uns verschwitzt in einen sehr schmalen Flur und versuchen unsere Pilgerpässe in den Rucksäcken zu finden. Es folgt eine längere Erklärung der Hausregeln, dann werde ich mit einem deutschen Studenten namens Micha in den oberen Stock verfrachtet. Es erwartet uns ein unerwartetes Bild, der Dachstuhl ist ausgebaut und zu einem gemütlichen und großzügigen Raum geworden. Wir sichern uns ein Doppelstockbett und ich lege mich erst mal der Länge nach hin. Es ist angenehm kühl und ruhig, obwohl außer uns noch viele Pilger den Weg zu dieser entlegenen Herberge gefunden haben. Unten wurde uns wieder das Pilgermenü angeboten und ich habe mal trotz gegenteiliger Erfahrung mutig zugesagt. Keine Ahnung, ob es in diesem Ort was zu kaufen gibt.

Ich entscheide mich dafür erst mal das Haus anzuschauen. Im Erdgeschoss gibt es einen größeren Speiseraum mit angrenzender Küche, zwei kleine Bäder mit jeweils einer Dusche und einem weiteren Schlafraum. Da das Ganze privat ist, sind die Ausmaße die eines größeren Bauernhauses, alles gemessen an der Zahl der Leute, die hier übernachten, und damit recht eng. Draußen an der Rückseite des Hauses entdecke ich eine kleine Terrasse mit zwei Tischen und ein Waschbecken mit kaltem Wasser, das sich als einzige Möglichkeit entpuppt seine Kleidung wenigstens durchzuspülen. Die Wäscheleinen daneben sind bereits mehr als voll.

Trotz alledem finde ich die Herberge irgendwie urig, die Betreiber sind freundlich und alles ist sauber. Ich brauche jetzt ein bisschen Abstand und kehre in die nächste Bar ein. Viel mehr kann man hier nicht machen, der Ort besteht nur aus den Häusern entlang der Hauptstraße, von der einen Seite sind wir gekommen, die andere ist überschaubar bis zum Ortsausgang. Also nichts wie in die Bar. Ich setze mich an die Theke und bin mit der Besitzerin allein. Ich schreibe ein bisschen in mein Tagebuch und gönne mir Schinken, Brot und zwei Bier. Nach einer halben Stunde werde ich von den anderen entdeckt.

Sabine glaubt an einem Lebensmittelgeschäft vorbeigelaufen

zu sein und ich lasse mich überreden es mit ihr zu suchen. Wir gehen die ganze Strecke bis fast zum Ortseingang zurück und da ist der Laden, bereits geschlossen. Müde und etwas hungrig bleibt uns nur die Hoffnung auf ein gelungenes Pilgermenü.

Wieder im Dachgeschoss liege ich auf dem Bett und lasse den Tag Revue passieren. Heute Morgen noch hatte ich zum ersten Mal das Gefühl von Langeweile und Eintönigkeit, die immer gleichen Rituale und Abläufe und die Anstrengung hatten mir systematisch die Kraft geraubt. Jetzt habe ich vier neue Wegbegleiter bekommen, mit Micha fünf. Das immer Gleiche der Reise hat offenbar einen Gegenpol, die Eindrücke und Begegnungen sind nicht planbar und immer neu. Ich werde geschehen lassen müssen, was passiert, es liegt nicht in meiner Hand. Ich bin unruhig, gehe die schmale Treppe runter und in den Speisesaal, ich bin allein. In der Küche nebenan beginnen hörbar die Vorbereitungen zum Abendessen. Im Raum steht ein lang gezogener Tisch für etwa zwanzig Personen. Auf einem kleinen Tischchen in der Ecke entdecke ich das Gästebuch und blättere darin herum. Pilger aus allen Nationen haben hier ihre Eindrücke über Jahre hinweg festgehalten. Ausnahmslos alle bedanken sich überschwänglich für die herzliche Gastfreundschaft, danken für das Auftanken in diesem Haus und das tolle Essen. Oft sind den Texten kleine Zeichnungen beigefügt oder Herzchen, was ganz und gar nicht kitschig wirkt, es ist vielmehr eine geballte Ansammlung zutiefst ehrlicher Gefühle, die mich sehr berührt. Ich lese mir alle Einträge durch und merke plötzlich, wie mir die Tränen kommen. Ganz unvermittelt trifft dieses Buch den Nerv meiner Wanderung. Die Menschen am Rande des Jakobwegs unterstützen uns Wanderer, das ist wahr. Es ist egal, wer oder was du bist und woher jemand kommt, niemand bleibt außerhalb dieser Gemeinschaft. Und das Buch ist ein Zeugnis dieses Zusammenhalts, es ist voller Dankbarkeit und Liebe, ein unscheinbares Buch auf einem kleinen Beistelltisch in Spanien. Dass sich Menschen mit offenen Worten so nah sein können, das ist symbolisch für den Camino, es drückt das aus, was man in der Natur spürt, in den Städten, bei Begegnungen und dem Wandern allein. Loszulaufen und den Weg zu beginnen ist bei allen oberflächlichen Gründen tief im Herzen die Suche nach Verbundenheit und Nähe, im kirchlichen Sinn ein Bekenntnis zum Glauben, persönlich die Nähe zu sich selbst.

Eine Stimme reißt mich aus meiner sentimentalen Stimmung und fragt: „Marc, can you help me?" Der Koch will den Tisch decken und braucht Hilfe beim Ausziehen des Tisches. Ich merke, dass er mich beim Lesen des Gästebuchs beobachtet hat, und sage: „This book is full of love." Er antwortet nichts und lächelt nur. Es ist Zeit zum Essen, und da wir so viele sind, werden wir gefragt, ob wir als deutsche Gruppe nicht auf der Terrasse zusammen an einem großen Tisch essen möchten. Es ist warm und wir sind einverstanden. Es gibt Gazpacho, Salat mit Thunfisch, Mais und Tomaten, danach Spaghetti Carbonara und zum Nachtisch Pudding mit Zimt. Mit dem Koch, der Carlos heißt, habe ich mich irgendwie angefreundet. Ich bin ihm anscheinend auch sympathisch, denn er bringt mir noch zweimal Nachschlag. Ich bin zum ersten Mal so richtig pappsatt. Für mich hat Carlos die Ehre der Pilgermenüs wiederhergestellt. Das war jeden Euro wert. Wir sitzen noch eine Weile draußen und genießen die Abendstimmung, dann nehme ich meine Wäsche von der Leine und gehe schlafen.

Ruitelán – Triacastela

Ich wache auf, unser Dachstuhl liegt noch im Dunkeln, als eine

Musik durchs ganze Haus dringt. Jemand singt das „Ave Maria". Das nächste Lied ist „Nessun Dorma" von Puccini, das zusammen mit dem Kaffeeduft ankündigt, dass es sechs Uhr ist. Diese Musik spielt für die Pilger hier jeden Morgen und ist eine sehr angenehme Art, geweckt zu werden. Ich beschließe dem kommenden Stau im Bad zu entgehen und bin der Erste dort und am Frühstückstisch. Carlos ist bereits dabei alles vorzubereiten. Nach und nach treffen die anderen ein und der Tisch füllt sich. Zu meditativer Nepalmusik gibt es schwarzen Kaffee, Orangensaft, geröstetes Weißbrot, Butter, so etwas Ähnliches wie Nutella, Marmelade und Honig. Ich greife zu, obwohl mir eigentlich noch nicht nach Essen ist. Ohne Übertreibung ist das mit Abstand der beste Start in den Tag auf der gesamten Reise. Ich denke kurz daran etwas in das Gästebuch zu schreiben, aber mit all den schönen bereits formulierten Zeilen im Kopf fällt mir nichts Passendes ein.

Und dann ist die Gelegenheit dazu vorbei, wir bezahlen und ich verabschiede mich von meinem neuen Freund Carlos.

Wie gestern stehen wir jetzt versammelt vor dem Haus auf der Straße. Micha ist schon vor uns weg, er hat angedeutet, dass er nur noch wenig Geld hat, und will anscheinend seinen Tag allein planen. Ich finde, das ist sein gutes Recht. Der Rest von uns läuft gestärkt los. Es geht schnell bergauf und ich unterhalte mich mit Mutter Britta über ihre Arbeit. Sie arbeitet wie ich in einer Einrichtung für behinderte Menschen, ist damit aber nach 15 Jahren überfordert und steht, wie sie selbst sagt, vor dem Burnout. Die Unterhaltung mit ihr ist sehr interessant, aber fast ein bisschen zu viel Realität für mich. Bald wechseln wir das Thema und sind mit dem Weg beschäftigt, der jetzt extrem steil über steinigen Boden von der Straße weg in den Wald führt. Schon kurz danach wird es noch steiler und ich höre nur noch den Atem meiner Begleiterinnen. Kerstin gibt vor, dass sie es nicht eilig hat und es gemütlich angehen will. Bald fällt sie deutlich zurück, während wir anderen Schritt für Schritt den steilen Pfad bezwingen. Ein kurzer Blick voraus macht klar, dass es eine ganze Weile so weitergehen wird.

Erstaunlicherweise macht mein Knie diese Tortur ohne Probleme mit, ich laufe im Augenblick schmerzfrei. Unser Weg endet schließlich direkt an einem Dorf, das nicht weniger steile Straßen hat. An einer Gabelung ist ein kleiner Laden, der vor der Tür auf mehreren Tischen Schmuck, Anhänger und andere Kleinigkeiten verkauft. Ich sehe sofort, es ist der übliche Touristenkram. Das Einzige, was mich hält, ist der kostenlose Tee, der schnell bereitwillig ausgeschenkt wird, als wir uns nähern. Irgendwie kommt mir der Mann im Laden bekannt vor, den habe ich schon mal gesehen. Klar, der hat doch mit seiner Frau zusammen die zur Herberge umgebaute Ruine San Anton geführt! Ein ganz schön weiter Sprung von dort hierher. Aber was spricht dagegen, jeder darf mehrere Standbeine haben. Zugegeben, das hat einen kommerziellen Beigeschmack und erschüttert ein bisschen meinen naiven Glauben an die helfende Selbstlosigkeit der spanischen Bevölkerung.

Wie ich befürchtet habe, werden die Frauen vom Schmuck angezogen wie die Motten vom Licht. Nicht nur draußen an den Tischen, auch im Laden wird jetzt jedes Teil ausgiebig studiert. Mir wird meine Lage klar. Im Grunde passe ich mich wieder an, ich will hier eigentlich nicht länger warten und mache Kompromisse, die gerade anfangen mich zu stören. Während ich noch nachdenke, was zu tun ist, sind meine Begleiterinnen fertig und wir setzen unseren Weg über die steilen Wege des Ortes fort. Schnell setzt das Jammern ein über die Widrigkeiten der heutigen Strecke. Ich behalte mein Tempo bei und laufe dabei ungewollt einen Vorsprung heraus. Als mir klar wird, dass die Gruppe den Anschluss an mich verloren hat, beschließe ich es auch dabei zu belassen. Nicht dass die Gesellschaft unangenehm gewesen wäre, aber ich kann mir nicht vorstellen den gesamten Tag mit allen zu laufen.

Ein schmaler Weg führt jetzt in geschwungenen Bahnen den Berg rauf, mit jedem Meter tut sich links von mir ein herrlicheres Panorama auf. Dann plötzlich vor mir ein dumpfes Grollen, da kommt offensichtlich was Großes auf mich zu. Nun sehe ich es, ein schmächtiger Bauer treibt seine Kühe und Bullen mir den Weg entgegen. Der Leitbulle hat mich offenbar bemerkt und bricht aus der Herde aus auf die angrenzende Wiese. Der kleine Mann schickt sofort seinen Hund hinterher und dirigiert das Tier geschickt mit Pfiffen auf den Weg zurück. Das Tier ist wirklich von beeindruckender Größe und hat zwei riesige Hörner am Schädel. Es hilft nichts, wir müssen aneinander vorbei. Ich lasse ihm den Vortritt und drücke meinen Rücken an den Weidezaun, so dicht es geht. Der Bulle kommt näher und erinnert mich an das Stiertreiben durch das Dorf in Puente la Reina, so sahen die wilden Stiere auch aus. Genauer gesagt sahen sie sogar genauso aus. Bei einer kurzen Bewegung in meine Richtung mit diesen gewaltigen Hörnern wäre definitiv Krankenhaus angesagt. Und auf den Notruf wäre ich gespannt. Abgesehen davon, dass erst mal ein Telefon organisiert werden müsste, bin ich hier im Niemandsland. Schlechter Ort für eine Beschreibung, den Namen des Dorfes eben habe ich mir leider auch nicht gemerkt. Der Bulle und ich verzichten auf eine Auseinandersetzung und auch der Rest der Herde bleibt friedlich.

Weiter oben am Berg stehen ein paar Bauernhäuser, bei denen einige Pilger Pause machen. Ich gehe weiter mit dem festen Plan heute Strecke zu machen. Ich fühle mich richtig gestärkt durch das gute Essen von Carlos und das Frühstück heute Morgen und platze vor Energie. Der Ausblick ist jetzt traumhaft schön. So weit das Auge reicht, grüne Berge und Täler. Ich steige über den schmalen Weg immer höher und stehe schließlich vor einem großen steinernen Kreuz, auf dem steht: „Galizien". Mein erstes Dorf wird O Cebreiro sein, laut meinem Führer einer der Höhepunkte auf dem Jakobsweg. Es wird passenderweise auch Tor zu Galizien genannt und ist bekannt für seine strohgedeckten Häuser und die tausendjährige Kirche.

Die für Galizien so charakteristischen Häuser gehen zurück auf prähistorische Zeiten. Die Dächer bestehen hier aus Roggenstroh, das mit Ginsterzweigen verflochten wird und so kombiniert einen guten Schutz gegen Schnee und Kälte bietet. Aus diesem Grund ragen die Dächer weit über die niedrigen Hauswände hinaus. Aber noch bin ich nicht da. Es geht immer weiter rauf, ich drehe mich noch mal kurz um und betrachte die Landschaft. Ich betrete nun das grüne, fruchtbare Land der Kelten und lasse die „Tierras hidalgas de pan llevar", das noble Land des Weizens oder die Kornkammer Spaniens, hinter mir. O Cebreiro selbst stellt sich als ein sehr kleiner Ort heraus, geschichtlich aber umso bedeutender. Zwischen zwei Königreichen liegt es in 1300 Metern Meereshöhe. Die Geschichte des Ortes soll laut Führer bis in die Frühzeit zurückgehen. Santa María la Reál ist die Patronin von O Cebreiro, an den Festtagen Santa María und Santo Milagro am 8. und 9. September versammeln sich deshalb im Ort jedes Jahr Tausende von Pilgern, was in diesem Dörfchen ein riesiges Spektakel sein muss.[11] Normalerweise soll die Sicht hier oben gleich null sein, da man meist mit dichtem atlantischen Nebel rechnen muss,

---

[11] Jean-Yves Grégoire, Louis Laborde-Balen: Der spanische Jakobsweg – Camino Francés: von Saint-Jean-Pied-de-Port nach Santiago; ein Pilgerführer; Tyrolia, Innsbruck/Wien 2010

welcher die Legenden und die Mystik des Ortes unterstützt. Heute aber ist der Himmel blau und die Fernsicht phantastisch.

An der Kirche vorbei lasse ich das Dorf hinter mir und gehe nun in einen Wald, der so ganz anders ist als die Wälder, die ich kenne. Es ist schwer zu beschreiben, wenn man es nicht sieht. Das Unterholz ist wie ein Dickicht, ganz eng und undurchdringlich für Mensch und Tier gleich von Anfang an. Schnell in den Wald zu huschen ist hier nicht möglich. Hüfthoch ist der Waldboden mit allem Möglichen bewachsen, es erinnert mich an einen Zauberwald aus den Märchen meiner Kindheit. Oberhalb dieser grünen Wand winden sich Bäume und Zweige in den abenteuerlichsten Verrenkungen aus diesem kompakten Konstrukt heraus, als wollten sie einer Umklammerung entkommen. Wenn ich mir jetzt noch den Nebel dieser Gegend dazu denke, ist eine Gänsehaut garantiert. Ich bin schon durch manches Wäldchen gelaufen, aber dieser Wald verbreitet eine ganz eigenartige Stimmung, so als hätte er irgendwie ein Bewusstsein. Der Eindruck verliert sich schnell, als ich auf eine Lichtung komme und nun über einen breiten Kiesweg ins Tal auf eine Straße zuwandere. Hier steht ein Rastplatz, den ich dankbar für eine kurze Pause nutze.

Ich genieße die Kühle des Ladens und kaufe zwei Bananen und einen Isodrink. Das wird heute mein Fitnesstag, ich fühle mich gut und will immer noch ein ganzes Stück laufen. Ziel wäre Triacastela, aber das sind noch gute 21 Kilometer bis dahin und über zehn Kilometer bin ich bereits gelaufen. Ich weiß, dass die Frauen in Fonfría Halt machen werden, das sind noch gute zehn. Ich werde sehen, was sich ergibt, im Moment bin ich fit genug für die ganze Strecke.

Dem herrlichen Abstieg ins Tal folgt ein staubiger Weg, bei

dem es abwechselnd extrem hoch und runter geht. Zum ersten Mal auf der gesamten Wanderung muss ich halten, weil ich einen Stein im Schuh habe. Ich komme an Rinderherden vorbei, durchquere winzige Weiler und folge schmalen Pfaden. Des Öfteren muss ich die Straße überqueren, um dann wieder in den verschlungenen Wegen zu verschwinden. Ich komme mir wie eine Bergziege vor, es geht langsam voran und kostet mich einige Reserven. Nach einem verlassenen Bauernhof sehe ich mich nun einem steinigen Weg gegenüber, der fast senkrecht nach oben führt. Verschwitzt und mit rotem Kopf gelange ich ans Ende und stehe direkt vor einem Café an der Straße. Die Tische sind voll besetzt und mich sehen circa 40 entspannte Gesichter freundlich an. Jetzt wird mir das Prinzip des Weges klar. Ich hätte auch auf der Straße bleiben können und wäre vermutlich ganz locker hierher marschiert. Stattdessen ist irgendjemand auf die fiese Idee gekommen, die Fußpilger durchs Gelände zu jagen unter dem Vorwand, dass es „landschaftlich reizvoller" sei. Jetzt brauche ich ein Bier. Ich setze mich in den Schatten und meine Gesichtsfarbe kehrt langsam zum alten Zustand zurück.

Was nun auf mich zukommt, ist ein längerer Straßenabschnitt, so steht es jedenfalls in meinem Führer. Ich fühle mich nach wie vor gut und mein Knie hat aufgegeben, es tut nicht mehr weh. So bin ich wenige Minuten später wieder auf der Strecke, heute will ich es wissen. Am sogenannten Rochuspass passiere ich eine übergroße Pilgerstatue, die zum Durchhalten ermutigen soll. Ich nehme sie beim Wort und mache mich auf den Weg nach Triacastela. Der Weg führt an der Straße entlang und ist in der Tat schnurgerade. Ich entscheide mich für den Asphalt, natürlich wieder zur heißesten Zeit des Tages und wieder in einer absolut schattenlosen Gegend. Diesmal wird mein Wasser hoffentlich reichen. Autoverkehr gibt es hier anscheinend so gut wie nicht, die Autos der letzten Stunde könnte ich an einer Hand abzählen. Nicht mehr lange und ich werde Fonfría erreichen, ich muss jetzt entscheiden, ob ich in der Herberge auf meine Frauen warte oder weiterlaufe. Ich entscheide mich spontan es bis nach Triacastela zu schaffen. Ich habe es mir einfach in den Kopf gesetzt, auch wenn es weder nötig noch besonders sinnvoll in dieser Hitze erscheint.

Die lange Straße lädt zum Nachdenken ein. Ich dachte, ich würde auf dem Camino viel über die Dinge nachdenken, die mich zu Hause beschäftigt haben. Aber das Gegenteil ist der Fall, ich habe nicht das Bedürfnis die bekannten Probleme zu wälzen. Mein Leben scheint reduziert zu sein auf das Wesentliche, den Augenblick. Der Alltag daheim ist zur Nebensache geworden, ich habe nicht einmal daran gedacht. Was wird das für eine Umstellung werden, wenn das Pilgern beendet ist. Nicht mehr lange und ich bin auf den letzten 100 Kilometern. Und was dann? Ich kann nicht ewig durch die Natur laufen. Die Freiheit, die mir der Weg gegeben hat, wird mir wieder genommen werden. Was kann ich von alldem hier behalten und wie geht das?

Während ich darüber nachdenke, laufe ich immer weiter in die Sonne und bin allein. Mehrere Radfahrer fahren in einem atemberaubenden Tempo an mir vorbei, einer hebt den Daumen, ohne sich umzudrehen. Respekt dafür, hier die Straße zu Fuß langzulaufen? Mag schon sein, langsam beschleicht mich der Verdacht, dass er recht haben könnte, denn die Straße nimmt kein sichtbares Ende und es ist immer noch heiß, sehr heiß. Da vorn zeigt der Weg ins Tal und ich müsste eigentlich abbiegen, weg von der Straße. Ich beschließe das Gegenteil und bleibe, wo ich bin, wieder so eine Berg- und Talfahrt will ich nicht mehr. Es gibt hier nur eine Straße, und wenn die nicht nach Triacastela führt, fresse ich einen Besen. Anders kann es gar nicht sein, zumal die Radpilger alle auf der Straße bleiben und die haben ja wohl dasselbe Ziel wie ich.

Ich bleibe dickköpfig bei meinem Entschluss und gehe weiter. Allmählich komme ich mir auf dem Asphalt wie ein Fremdkörper vor, ich bin offensichtlich der Einzige, der auf die Idee gekommen ist auf der Straße weiterzulaufen. Weit und breit sehe ich keinen Pilger mehr. Zur rechten Seite geht es steil ins Tal hinunter, zur Linken geht es steil den Berg rauf, mir bleibt nur die Flucht nach vorne. Ich verzichte auf großartige Pausen, denn in der Hitze zu laufen oder auf der Leitplanke zu sitzen macht kaum einen Unterschied. Endlich erreiche ich eine Bergkuppe und kann nun den Straßenverlauf sehen, der vor mir liegt. Es ist wenig ermutigend, der Ort, zu dem ich will, liegt rechts von mir, meine Straße aber verschwindet links hinter dem Berg, um dann irgendwann doch wieder Richtung Tal zu führen. Es ist schwer einzuschätzen, ob ich mich irgendwie in die Büsche schlagen und ins Tal durchkämpfen sollte oder stur der Straße folgen. Als mich ein Auto überholt, versuche ich die Zeit zu stoppen, die es braucht, um zu verschwinden und in der Ferne auf der Straße Richtung Triacastela erneut aufzutauchen. Das Ergebnis macht mich nicht wesentlich schlauer, es dauert zugegeben schon ein bisschen.

Nach einer Weile entdecke ich eine Querstraße Richtung Tal und beschließe sie zu nehmen. Ich werde schon den Anschluss an den Camino finden, da bin ich sicher. Als ich zu einer weiteren Straße komme, sehe ich ein paar Pilger aus einem Waldstück kommen, die Straße überqueren und wieder in einem Waldstück verschwinden. Ich folge ihnen und bin damit wieder auf dem offiziellen Weg zurück.

Über einen steinigen Schotterweg führt der Weg bergab und scheint kein Ende zu nehmen. Ich durchquere Dörfer, gehe an

Gehöften und Bauernhöfen vorbei und spüre mein Knie wieder. Für heute reicht es, ich bin seit Stunden unterwegs und erschöpft. Das sind gut und gerne über 32 Kilometer, die ich bis hierher gegangen bin. Und die steilen Abstiege geben mir den Rest.

Dann endlich kommt Triacastela in Sicht. Die letzten Meter sind wieder ebener, dafür sehe ich am Ortseingang erstaunlich viele Pilger stehen. Ich komme näher und höre aus den Gesprächen heraus, dass es wohl in den Herbergen keinen Platz mehr zu geben scheint. Das ist mal eine überraschende Information, zumal ich bisher nie Probleme mit der Unterkunft hatte. Ich schaue in meinen Führer, in dem Ort gibt es ganze drei Herbergen. Da müsste doch ein Plätzchen für mich frei sein und überhaupt, wo kommen eigentlich die vielen Pilger her? Sogar das Rote Kreuz hat eine Station aufgebaut, ich sehe, wie Betreuer eine Frau mittleren Alters versorgen, die anscheinend in der Hitze zusammengebrochen ist.

Es macht keinen Sinn hier zu bleiben, ich muss es in den Herbergen einfach versuchen. Ich frage mich durch und stehe vor der ersten. Erfolg werde ich hier nicht haben, das Schild „Albergue de peregrinos completo" verstehe sogar ich. Ich finde die nächste und gehe zum Empfang. Ob ich reserviert habe, will der Mann wissen. Ich bin verdutzt, muss ich das denn? Ich antworte wahrheitsgemäß mit nein und darf gehen. Dass es mit der Übernachtung auf den letzten 100 Kilometern schwieriger werden würde, wusste ich, denn dann stoßen die „Möchtegern-Pilger" zu uns. Aber bis Santiago sind es noch 150 Kilometer, dass es bereits hier den Sturm auf die Herbergen gibt, damit habe ich nicht gerechnet. Auch in der dritten Herberge habe ich kein Glück, wie in guten Hotels ist auch sie ausgebucht. Ich werde ein wenig unruhig, wenn ich keine Pension finde, dann habe ich ein Problem.

Ich gehe in den etwas weniger überlaufenen Teil des Ortes und frage in einer Bar nach einem Zimmer. Ich habe Glück, für zwanzig Euro die Nacht bekomme ich ein Bett. Über einen Seiteneingang geht es eine alte hölzerne Stiege rauf in einen kleinen Flur. Die Wirtin öffnet mit etwas Mühe die Tür zu meinem Zimmer und ich tue so, als wäre das genau das, was ich mir vorgestellt habe. Am Ende des Flurs zeigt sie mir das Gemeinschaftsbad, das denselben Eindruck hinterlässt wie mein Zimmer. Es reicht für die Nacht, einen Urlaub würde ich allerdings woanders buchen. Ich bedanke mich und schließe die Tür. Was für ein Tag! Ich lasse mich aufs Bett fallen und spiele kurz mit dem Gedanken bis morgen genauso liegen zu bleiben. Der Raum ist mit dem Nötigsten ausgestattet, ein Schrank, ein Bett, eine Kommode, ein Tisch und ein Stuhl. In die Ecken darf man nicht so genau schauen, der Türrahmen und das kleine Fenster sind schief und die Farbe blättert vom Holz ab. Aber ich bin froh, dass ich einen Platz zum Schlafen habe, viele da draußen haben das Problem anscheinend nicht gelöst. Geld zu haben, um notfalls eine Pension oder ein Hotel zahlen zu können, ist auf dem Camino wichtig, mit Herbergen auf Donativo-Basis oder für ein paar Euro darf man ab jetzt nicht mehr rechnen. Ich habe schon Horrorgeschichten erzählt bekommen, wie schlimm es auf den letzten Kilometern sein soll, ich müsste unter freiem Himmel schlafen und ohne vorherige Reservierung hätte ich keine Chance usw. Ich werde es erleben und bis dahin bin ich optimistisch. Aber wer auf Herbergen verzichten kann, scheint ab jetzt klar im Vorteil zu sein.

Ich stehe auf, schließe meine Tür ab, was nur mit Mühe gelingt, und gehe über den Flur ins Bad, um zu duschen. Ich finde noch einen Rest Shampoo und wasche meine Sachen im Waschbecken. Ich schaue in den Spiegel und muss grinsen. Ich habe in den letzten Wochen in mehr fremden Bädern gestanden als in allen Jahren zuvor. Es ist schon eine seltsame Odyssee, die ich hier durchmache. Auch meine Shirts geben sich nach den unzähligen Katzenwäschen langsam, aber sicher geschlagen und verlieren die Form. Ich werde so manches am Ende der Wanderung getrost wegschmeißen können. Ich husche in mein Zimmer zurück und verlasse die Pension mit meiner Wäsche zu einem Bündel geschnürt. Ich muss ein sonniges Plätzchen finden, wo ich meine Sachen trocknen kann.

Ich folge den gelben Pfeilen bis zum Ortsausgang, der nur wenige Meter von meiner Pension entfernt liegt, und finde kurz darauf eine Holzbrücke, die ich mit meinen feuchten Klamotten dekoriere. Ich setze mich auf die Holzbalken und genieße die Sonne. Ich schaue den Weg entlang, der kurze Zeit später in einem Wäldchen verschwindet, das wäre dann wohl der Beginn der morgigen Etappe. Das Geräusch des fließenden Wassers unter mir ist angenehm. Der Bach ist klar und die Oberfläche ändert laufend ihr Aussehen so wie die Tage, die ich erlebe. Mein Blick fällt auf die Häuser von Triacastela und ich höre leise die Stimmen der ankommenden Pilger. Die Stimmung ist friedlich und ein guter Abschluss des Tages. Ich bleibe noch, bis meine Sachen annähernd trocken sind, dann gehe ich zurück in den Ort.

Ich entscheide mich erst mal für ein Bier in meiner Pension. Ich bin fast der einzige Gast, nur zwei ältere Männer sitzen bewegungslos in der Ecke an einem kleinen Tisch und sehen ungerührt fern. Es scheint in irgendeinem Land wieder mal eine Überschwemmung gegeben zu haben, Reporter berichten in Spanisch vor einer zerstörten Landschaft und machen besorgte Gesichter. Ich setze mich mit dem Rücken zum Fernseher auf einen Barhocker und bestelle mein Bier. Etwas widerwillig macht sich meine Wirtin an die Arbeit. Sie stellt mir eine kleine Schale mit Nüssen hin. Ich greife zu, obwohl allgemein bekannt ist, wie viele Keime an den Nüssen sind, wenn man sich klarmacht, wie viele Hände, vor allem ungewaschene, bereits vorher in diese Schale gefasst haben dürften. Aber ich habe Hunger und bilde mir ein abgehärtet genug zu sein, um den Bazillen zu trotzen. Da Alkohol desinfiziert, bestelle ich gleich noch ein Bier.

Während ich so dasitze, fällt mir auf, dass anscheinend in Kneipen wie dieser hier auf gepflegtes Auftreten kaum Wert gelegt wird. Wenn ich meine Wirtin anschaue, dann käme man ihretwegen kein zweites Mal in die Bar. Sie trägt eine Art Jogginghose und ein zu weites Shirt, das schon bessere Tage hatte. Es ist das, was man anzieht, wenn man an einem Sonntag beschließt sich einen faulen Tag zu machen und die Wohnung nicht mehr zu verlassen. Aber hier scheint das keinen zu stören, man kennt sich offensichtlich seit Jahren und macht sich seit Langem nichts mehr vor. Wenn ich drüber nachdenke, ist das auch in Ordnung so.

Ich zahle und gehe durch eine Gasse mit noch mehr Bars und Bodegas, die alle voll besetzt sind. Ich hoffe ein bekanntes Gesicht zu entdecken, aber die Pilger heute Abend sind mir fremd. Irgendwo hat es anscheinend Ärger gegeben, die Polizei ist da und nimmt einen betrunkenen Spanier mit. Ich beschließe einzukaufen und mich dann auf mein Zimmer zurückzuziehen. Der Laden an der Ecke hat eine gute Auswahl und ich stelle mir mein Abendessen zusammen. Ich steige über die knarrenden Dielen in mein Zimmer, breite alles auf dem Bett aus und lasse es mir schmecken. Heute habe ich meinen persönlichen Rekord aufgestellt. Das sind mindestens 34 Kilometer gewesen, die ich gelaufen bin. Und das spüre ich auch, ich werde müde, öffne leicht mein Fenster und schlafe ein.

Triacastela – Sarria

Es war eine unruhige Nacht, irgendwas hat mich nicht schlafen lassen. Gegen sieben Uhr stehe ich auf der Straße und gehe los. Am Brunnen fülle ich mein Wasser auf und mache mich auf den Weg zur Brücke, an der ich gestern schon war. Mit den Seiten meines Führers in der Bauchtasche bin ich über die ersten Schritte des heutigen Tages informiert und die verheißen nichts Gutes. So muss ich lesen: „wir kommen an einem Betrieb vorbei, der von aggressiven, aber Gott sei Dank angeketteten Hunden bewacht wird." So weit die Theorie. Was ich aber von hier aus sehen kann, sind ganz und gar nicht angekettete Hunde, denn die Pilger vor mir haben alle Mühe das Betriebsgelände zu durchqueren. In einem hat der Führer allerdings recht, die Hunde sind aggressiv. Ich wäre dann der Nächste, der sein Glück probieren darf, und ich bin allein. Ich beschließe feige zu sein und warte geschickt auf die nächste größere Gruppe, der ich mich unauffällig anschließe. Wir nähern uns dem Gelände und werden von lautem Bellen empfangen. Der Weg führt mitten durch ein Grundstück, auf dem ein paar landwirtschaftliche Maschinen und Geräte stehen. Nichts, weswegen man so einen Aufstand machen müsste. Die Hunde sehen das anscheinend anders. Dicht gedrängt und zu einer Traube geformt schieben wir uns vorwärts, während die Hunde um uns rumspringen. Dann sind wir durch und werden belohnt mit einem Anstieg durch den Wald, der sich gewaschen hat.

Der Morgennebel liegt noch in den Tälern und ich gehe sehr langsam und genieße die Natur. Es ist spürbar, dass ich in Galizien bin; keine langen Strecken mehr, die bis zum Horizont reichen, dafür gibt es hier alle 50 Meter eine Veränderung. Ich laufe bergauf und bergab, an Bauernhöfen, Kapellen und steinernen Kreuzen vorbei und überspringe Bäche. Für Galizien typisch ist der zerstückelte Grundbesitz, erkennbar an den vielen Steinmauern mit den Obst- und Gemüsegärten und den Brunnen und Bächen. Das Land ist fruchtbar und grün, wohin ich blicke. Fast alle Häuser, an denen ich vorbeikomme, sind aus Granitstein und mit Schieferschindeln bedeckt.

Horreos, Getreidespeicher in Galizien

Es soll hier in der Vergangenheit viele Waldbrände gegeben haben, aber es sind dennoch etliche ursprüngliche Eichen- und Kastanienwälder stehen geblieben. Mein Führer erzählt mir einige interessante Details über die Provinz Galizien. Sie ist einerseits sehr spanisch und doch vom Rest des Landes grundverschieden. Das Klima ist atlantisch, die Küste steil und felsig und die Sprache klingt mehr portugiesisch als spanisch. Der keltische Einfluss zeigt sich am deutlichsten in der uralten

Volksmusik, wo zu den spanischen Instrumenten Flöte und Tambour der Dudelsack, die keltische gaita, hinzukommt. Schon der Name Galizien verrät durch die Silbe gal seine gälischen, keltischen Wurzeln.

Charakteristisch sind auch die corredoias, die Wege im Wasser. Die Ähnlichkeit mit dem Wort Korridor ist nicht zufällig, denn es werden damit Wegabschnitte bezeichnet, die mit Hilfe großer Steinplatten so angelegt wurden, dass sie als Bachbett funktionieren. Als Fußgänger kommt man auf ihnen wie auf einem Gehsteig voran. Nicht zuletzt gehören zur galizischen Landschaft die horreos, auf vier Pfeilern stehende Getreidespeicher, in denen das Korn trocknet und zugleich vor Tieren geschützt ist.[12]

Das Wetter macht der Region heute alle Ehre. Es ist erstmals seit Langem bedeckt und es fängt leicht zu regnen an. Ein bisschen versetzt von der Straße gelange ich zu einem Café und warte dort das Ende des Regens ab. Auf der Terrasse, wo sonst die Pilger in der Sonne sitzen, ist heute ein großes offenes Zelt aufgestellt worden mit Bierbänken und Holztischen wie bei einer Gartenparty. Dicht gedrängt stelle ich mich zu den anderen, obwohl es erst mal nur nieselt. Jetzt beginnt ein Spektakel sondergleichen, die Regenumhänge kommen zum Einsatz. Auf kleinstem Raum beginnen Jung und Alt riesige, zerknitterte Umhänge auszupacken und sich überzustülpen. Wie bei Loriot versuchen alle herauszufinden, durch welche Öffnung man den Kopf steckt und wie herum man das unförmige Teil überhaupt anzieht. Aber gekauft ist nun mal gekauft und dann muss man es auch benutzen. Als hätten alle nur auf diese Gelegenheit ge-

---

[12] Jean-Yves Grégoire, Louis Laborde-Balen: Der spanische Jakobsweg – Camino Francés: von Saint-Jean-Pied-de-Port nach Santiago; ein Pilgerführer; Tyrolia, Innsbruck/Wien 2010

wartet, höre ich überall Rascheln und halblaute Diskussionen. In der Zwischenzeit ist der Regen fast gar nicht mehr zu spüren, wie ein feuchter Staub legt er sich auf unser Zelt. Ich bleibe als Einziger ruhig sitzen, trinke meine Cola und sehe den anderen zu. Eine ziemlich dicke Frau tritt beim Versuch sich anzuziehen immer wieder auf die Gurte meines Rucksacks am Boden. Ich bin kurz davor etwas zu sagen, halte mich aber zurück. Wenn es darum geht nicht nass zu werden gibt es anscheinend keine Rücksicht auf Verluste. Mittlerweile hat so ziemlich jeder im Zelt seinen Umhang an und nach und nach verlassen die ersten Mutigen nach eingehender Analyse der Wolken das Café. Ich bleibe immer noch sitzen und trinke meine Cola. Die dicke Frau tritt jetzt beim Versuch ihre nicht minder dicke Freundin anzuziehen schon wieder auf die Gurte meines Rucksacks, erneut von mir unkommentiert, dann bricht auch sie auf.

Schließlich mache auch ich mich auf den Weg, der Regen ist kaum zu spüren und meine ärmellose Regenjacke ist dafür mehr als genug. Weiter geht es durch die Schönheit der galizischen Landschaft, die auch bei bedecktem Himmel nichts einbüßt. Eigentlich sollte ich nach Tagen in der Natur alles gesehen haben, aber der Weg heute überrascht mich mit immer neuen Varianten. Ich laufe über Stock und Stein und komme gut voran, selbst mein Knie spielt mit und macht mir keine Sorgen mehr. Der Himmel reißt auf und die Pilger vor mir beginnen ihre Ponchos wieder zusammenzuknüllen und einzupacken. Ich schaue ihnen zu und esse meine Kekse, die ich als Notvorrat bei mir habe. Ich komme mir wie ein routinierter Pilger vor, eigentlich bin ich es. Ich habe gelernt mir meine Kräfte einzuteilen und meistere problemlos jedes Hindernis.

Der Camino führt jetzt an einer Straße entlang und ich sehe eine erste Herberge, die freundlich und sauber wirkt. Kurz spiele ich mit dem Gedanken hier zu bleiben. Aber es ist noch früh und es sind laut meinem Führer für heute sowieso nicht mehr als 18 Kilometer. Also gehe ich weiter. Ich laufe schon den ganzen Tag mit anderen, wenn auch nicht direkt in der Gruppe, so aber doch in kurzen Abständen, ganz allein werde ich wahrscheinlich bis Santiago nicht mehr sein. In Sichtweite vor mir läuft eine Gruppe, die zumindest in Teilen miteinander verwandt sein muss. Mutter und Tochter bilden eine verschworene Zweiergruppe, während der Vater mit seinen Freunden den Anführer macht.

Auf dem Weg taucht plötzlich ein junger Mann auf, der auf uns zu warten scheint. Er verteilt kleine Karten, und als ich mich nähere, lese ich eine freundliche Empfehlung für die heutige Übernachtung. Irgendwo hier hat offensichtlich ein neuer Komplex aufgemacht, der preiswert Zimmer vermietet. Mein Spanisch ist zu schlecht, um völlig daraus schlau zu werden, und so versuche ich es erst gar nicht.

Diese Aktion, die eigentlich sehr nett gemeint ist, macht mich etwas nachdenklich. Genau wie den Schmuckladen gestern empfinde ich das als erstes Zeichen der wahrscheinlich nun kommenden Vermarktung des Jakobswegs. Zettel zu verteilen wäre noch vor einer Woche undenkbar und völlig unpassend gewesen. Der Kampf um freie Betten, das war bisher gar keine Frage. Ich bin den Weg halt gegangen, war unterwegs, ohne dass irgendjemand das Pilgern oder die Übernachtungsfrage außer uns mit einem Wort auch nur erwähnt hätte. Ab jetzt scheint es zum Thema zu werden. Aber kein Wunder, mein Ziel rückt näher, es kann nicht mehr viel dazwischenkommen.

Still und leise bin ich in Sarria angekommen, dem Endpunkt der Etappe. Gleich zu Beginn des Ortes treffe ich auf eine weitere Herberge. Sie ist bereits voll, das Wort completo kenne ich ja spätestens seit gestern. Etwas lustlos gehe ich weiter in die Stadt hinein und folge den Pfeilen. Keine Ahnung, wohin ich nun laufen soll. Es dauert nicht mehr lange und ich werde die Stadt wieder verlassen, was keinen Sinn macht. Ich will hier bleiben und so mache ich an einer Straßenkreuzung eine strategische Pause. Ich setze mich, esse zwei Bananen und schaue den vorbeifahrenden Autos zu.

Es ist mir klar, auf einen Platz in der Herberge brauche ich nicht zu hoffen. Es wird darauf hinauslaufen, dass ich mir wie gestern eine preiswerte Unterkunft suchen muss. Die Cafés mit habitaciones sind in größeren Städten wie hier Gott sei Dank die Regel. Der Plan steht und ich finde meinen Weg in die Altstadt. Über eine Treppe geht es einen letzten ordentlichen Anstieg den Berg rauf und mir fällt gleich rechts eine gepflegte Bar ins Auge. Auf gut Glück frage ich nach einem Zimmer und 25 Euro später gehe ich über eine schmale Treppe dem Rücken der Wirtin hinterher und bekomme mein Zimmer gezeigt. Es ist das Gegenstück zu gestern, der Raum ist sauber und groß, ebenso wie das Bett. Auch hier sind Bad und Dusche separat, beides im gleichen Zustand wie das Zimmer. Ich lasse mich auf das Bett fallen und schlafe für zwei Stunden ein. Als ich aufwache, gehe ich runter in die Bar, bezahle mein Zimmer und trinke ein Bier an der Theke. Danach mache ich mich auf den Weg in die Stadt. Ich muss dazu wieder bergab laufen und komme zu einer großen Hauptstraße. Ich lasse mir Zeit und gehe dort lang, wo es mir gefällt, ohne dabei den Rückweg aus den Augen zu verlieren.

Sarria ist ziemlich groß und hat alles, was eine Stadt haben muss. Es ist ein ungewohntes Gefühl in Schaufenster zu sehen mit der neuesten spanischen Mode, an Optikerläden vorbeizugehen oder an Spielhallen, aus denen die üblichen Geräusche kommen. Ich bin gerade Tourist und mache einen blöden Schaufensterbummel. Alles ist modern und uninteressant und nicht meins. Sarria ist im Übrigen der Startpunkt für all jene, die nur die letzten 100 Kilometer laufen wollen. Wenn ich bedenke, was ich bis zu diesem Punkt alles erlebt und hinter mir habe, dann können die kommenden paar Kilometer unmöglich das einlösen, was den Jakobsweg ausmacht. Es wird nicht dasselbe Erlebnis sein und nie so nachhaltig werden wie den gesamten Camino zu laufen.

In einem Supermarkt, der diesmal wirklich seinen Namen verdient, kaufe ich mein Abendessen ein und etwas Proviant für den morgigen Tag. Etwas muss ich noch erledigen, ich muss Geld abheben. Da es viele Banken in der Stadt gibt, nehme ich nicht gleich die erste und suche mir zugegeben etwas paranoid diejenige aus, die äußerlich den seriösesten Eindruck macht. Bei meiner Bank zu Hause hat man mir versichert, mit meiner Karte und dem Pin sei das überhaupt kein Ding. Ich hoffe, sie haben recht, ich habe mir schon pessimistisch ausgemalt, was passiert, wenn es nicht klappt. Meine Sorgen sind unbegründet und fünf Minuten später habe ich mein Geld. Alles verläuft reibungslos und ich bin liquid für den Rest der Wanderung plus Rückflug.

Ich setze mich auf eine Bank in die Sonne und schaue den Leuten bei ihrem Alltag zu. Je länger ich mir die Menschen ansehe, umso mehr bekomme ich das Gefühl, dass ihnen was fehlt. Vielleicht täusche ich mich auch und nur ich bin im Augenblick so anders als sie. Noch nie habe ich ihr Leben so wenig gewollt wie gerade jetzt. Ich bin plötzlich ein Fremdkörper in einer mir bekannten Welt, von der ich mich mit jedem gelaufenen Kilometer ein bisschen mehr entfernt habe. Und das Gefühl ist nicht schlecht, ich fühle mich überlegen, als wüsste ich mehr als sie oder würde von einem erhöhten Standpunkt aus etwas sehen, was die anderen nie zu Gesicht kriegen werden. Es sind seltsame Gedanken, die mich auf dem Weg zurück begleiten.

An der Bar hole ich mir meinen Stempel ab und trinke noch ein Bier, dann dusche ich und esse auf dem Bett mein vorgezogenes Abendbrot. Mein Rhythmus hat sich nach meinen Bedürfnissen eingespielt, ich weiß sowieso die meiste Zeit des Tages nicht, wie spät es ist. Mit der Decke bis zum Kinn schalte ich den Fernseher ein. Wenn ich schon einen habe, dann kann ich mir ja das Angebot der Spanier mal anschauen. Es ist ausnahmslos mies. Fast überall laufen komische Talkshows, wo uninteressante Menschen belanglose Probleme besprechen. Es ist dasselbe wie bei uns, nur in schlecht. Ich schalte den Kasten aus und erledige noch die nötigen Vorbereitungen für morgen, dann fallen mir die Augen zu.

Sarria – Portomarín

Um 7.30 Uhr laufe ich los. Schon nach den ersten Schritten wird mir klar, ab jetzt bin ich nicht mehr allein. Die Neuen sind leicht zu erkennen, weiße Arme und Beine, keine Wasserflaschen, aber dafür besser ausgerüstet als Messner beim Start zum ersten Achttausender. Ich kann mir nicht helfen, es nimmt schon viel von dem bisherigen Flair. Teilweise haben sich ganze Familien auf den Weg gemacht. Richtige Pilger sind das nicht, allenfalls Pilgertouristen. Ich komme mir wie ein alter Hase vor, der zwischen lauter Grünschnäbel geraten ist. Und das darf ich mir heute anschauen bis Portomarín, ganze 22,6 Kilometer lang, na danke schön.

Ich verlasse Sarria und laufe nun durch das Herz Galiziens. Bald ist von dem kurzen Schock der Moderne nichts mehr zu spüren und es geht über eine mittelalterliche Brücke in dichte Kastanienwälder, die auf mich ähnlich wie in O Cebreiro geheimnisvoll und ungewöhnlich dicht zugewachsen wirken. Viele offene Flächen und Gehöfte sind verbunden mit kleinen Hohlwegen, rechts und links mit Steinmauern eingefasst.

Der Weg ist abwechslungsreich und bietet was fürs Auge. Ich überhole die neuen Pilger einen nach dem anderen und gehe immer schneller, um mir Luft zu verschaffen. Nach einer Weile merke ich, es macht keinen Sinn. Es ist wie beim Hasen und dem Igel, es sind einfach zu viele. Vor allem an einem pummeligen Mädchen habe ich mich festgebissen. Sie ist relativ klein und legt für ihr Gewicht ein ordentliches Tempo vor. Sie trägt passend ein rosa Shirt und ein Stirnband der gleichen Farbe. Sie sieht aus wie aus einem Aerobic-Video aus den Achtzigern und das nervt mich irgendwie. Die werde ich hinter mir lassen, auf keinen Fall kommt sie vor mir an. So beginne ich mein kleines, privates, stures Rennen gegen sie und kämpfe mich Stück um Stück an sie ran. Es kostet Kraft, aber das ist mir egal. Schließlich überhole ich sie bei einem staubigen Abstieg voller Wurzeln und Steine. Sieg, ich bin schneller als Miss Piggy. Ich koste meinen Triumph voll aus und genieße den Weg wieder.

Die erste Station und damit die Möglichkeit einer Pause kommt in Sicht und ich hole mir den ersten Stempel des Tages. Auf diese Idee sind natürlich viele gekommen und so finde ich mich wartend in einer Schlange wieder, an deren Ende ein Tischchen mit einem Stempelkissen steht. Der Stempel ist offensichtlich stark in Gebrauch und hinterlässt nur ein schwaches Bild in meinem Pilgerpass.

Der Grund für das frühe Stempeln liegt in einer Information, die ich schon Tage zuvor bekommen hatte. Damit keiner so leicht betrügen kann, ohne die letzten 100 Kilometer wirklich zu gehen, braucht man für die Compostela, die Urkunde am Ende der Wanderung, ab jetzt pro Tag zwei Stempel. Das gilt für alle, die heute in Sarria gestartet sind. Eventuell nicht für mich, da ich den gesamten Camino gelaufen bin, aber sicher ist sicher. Alle um mich herum sind ganz begeistert von ihrem ersten Eintrag im jungfräulichen Pass und schnattern wie die Schulmädchen. Ich lasse sie mit ihrem Enthusiasmus allein und gehe weiter.

Ich komme nicht weit und treffe Micha wieder, der sich mit dem Engländer zusammengetan hat, der mir damals so großzügig seine Salbe gegeben hat. Micha berichtet von der deutschen Truppe, der ich in den Bergen davongelaufen bin. Sie waren sehr verwundert, dass ich plötzlich nicht mehr da war, und haben sich Sorgen gemacht. Jetzt habe ich doch ein schlechtes Gewissen und weiß nicht, was ich sagen soll. Ein kurzes Stück laufen wir noch gemeinsam, dann spüre ich, dass ich störe, verabschiede mich und laufe voraus. Mittlerweile tut mein Knie wieder etwas weh. Mein Muskel hat zugemacht, wodurch ich ungleich stark meine Beine belasten muss. Das habe ich nun davon. Es ist heiß und ich zahle für den schwachsinnigen Versuch mir ein Rennen mit den Neupilgern zu liefern. Zwar hat sich die Meute ein wenig auseinandergezogen, aber ich habe ständig jemand vor und hinter mir. Ich ärgere mich über mich selbst, ich sollte den Focus lieber auf die herrliche Landschaft legen.

Der Camino führt jetzt wie zum Ausgleich über mehrere kleine Dörfer, die kleinen Wege dazwischen und unter schattigen Bäumen entlang. So manch einsames Gehöft wird begleitet vom Stallgeruch der Tiere, was die Stimmung romantisch und irgendwie urig macht. Es ist wie Urlaub, ein Besuch Galiziens unter anderen Umständen lohnt sich bestimmt.

Portomarín ist mein heutiges Ziel und mit der Stadt hat es etwas Besonderes auf sich. Heute werde ich in einer alten Stadt übernachten, die versetzt und neu aufgebaut worden ist. Die Kirche aus dem 13. Jahrhundert und alle Gebäude des Ortes mit den Gebrauchsspuren aus alten Zeiten wurden Stein für Stein abgetragen und am heutigen Platz wiederaufgebaut. Das passierte, als das Wasser des aufgestauten Flusses Miño in den sechziger Jahren die alte Stadt überflutete. Was man machte, war, die wichtigsten Bauten auf dem Hügel inmitten der neuen Ortschaft erneut zu errichten, bevor die Stadt in den Fluten versank.

Die letzten Kilometer zur Stadt laufe ich mit Schmerzen, besonders als sich meine rosa Freundin wieder vor mich setzt. Meine Sturheit siegt erneut und ich erreiche vor ihr Portomarín. Eine lange moderne Brücke führt uns alle über den Fluss in die Stadt. Es ist gerade Niedrigwasser und ich kann tatsächlich Mauerreste der alten Stadt sehen.

Ich bin geschafft und erschöpft, das war nicht wirklich ein schöner Tag heute. Lustlos gehe ich die steile Treppe in die Oberstadt hinauf und stehe direkt vor der heutigen Herberge. Es ist bereits ein Ansturm auf die Betten losgegangen, Stimmengewirr an der Anmeldung gibt mir einen Vorgeschmack auf das, was mich erwartet. Tut mir leid, das packe ich heute nicht. Ich sehe mich schon im Geiste auf dem Doppelstockbett sitzen und höre die „verrückten" Geschichten der Neulinge, die mich ihren ersten Tag noch mal miterleben lassen. „Was, Sie sind schon 700 Kilometer gelaufen, nein, das könnte ich nicht." Und ich kann das auch nicht. Ich beschließe mir im Kern der Altstadt erneut ein Zimmer zu nehmen.

Schon nach wenigen Schritten wird es ruhig, ich bin allein. Ich habe keine Ahnung, wohin ich gehen muss. Ich erreiche einen kleinen Park und ruhe mich kurz aus. Links in irgendeine

Seitenstraße hoch, da müsste ungefähr der Stadtkern sein. Nach ein paar Schritten wird es lebendiger um mich herum. Ich halte mich in Richtung Kirche und stehe nun auf dem Marktplatz. Ich habe die Qual der Wahl, es gibt mehrere Bars, in denen ich fragen könnte. Ich gehe einfach in die nächste und bekomme wieder ohne Probleme ein Zimmer. Der Preis steigert sich ein weiteres Mal um fünf Euro, eine Übernachtung kostet nun 30 Euro die Nacht. Zum dritten Mal muss ich die Treppe rauf und habe mein Bad auf dem Gang. Mein Zimmer ist ziemlich groß und sauber und macht einen guten Eindruck, allerdings ist es etwas kahl. Die Dachschräge nimmt gut die Hälfte des Raums ein und in diesem Bereich steht absolut nichts. Ich breite mich aus und genieße wieder das übergroße Bett. Was für ein Luxus, wenn ich an die anderen denke, die sich in den Schlafsaal drängeln. Aber ich fühle mich auch etwas abgeschnitten und allein, das bringt das Einzelzimmer zwangsläufig mit sich. Heute habe ich ganz schön die Kilometer gezählt, vielleicht wird es Zeit, dass ich Santiago erreiche. Einerseits will ich das angenehme Leben nicht so schnell aufgeben, zum anderen gibt es aber Momente, wo das Laufen gar nicht so toll ist. So wie heute. Und dann merkt man, dass sich der Camino ziemlich in die Länge zieht. Bisher hatte ich nie das Gefühl, dass ein Tag richtig mies war, auch heute nicht. Ich stelle mir das schrecklich vor, plötzlich die Lust und den Ehrgeiz zu verlieren. Fehlendes Interesse am Weg käme ganz klar dem Abbruch gleich.

Ich entscheide rauszugehen und mir die Kirche gleich gegenüber anzuschauen. Sie stammt aus dem 17. Jahrhundert und ich frage mich ernsthaft, wie man es geschafft hat, dieses Bauwerk eins zu eins abzubauen und etliche Meter höher erneut zu errichten. Das ist zweifellos eine logistische und statische Meisterleistung. Ich setze mich in die Reihen und gehe in mich. Was ich mir noch wünschen kann, ist ein gelungener Abschluss und dass ich noch mal gute Weggefährten finde, um nicht womöglich allein in Santiago ankommen zu müssen.

Ich trete wieder auf den warmen Vorplatz der Kirche und muss mich jetzt um mein Bein kümmern. Es bleibt mir nur eine gute Salbe zu kaufen, aber eine Apotheke will nirgends in Sicht kommen. Mehrere Minuten verstreichen und ich laufe die Straßen rauf und runter, dann endlich sehe ich das Schild, auf dem steht: „Farmacia". Ich erkläre mein Problem und die Verkäuferin weiß sofort Rat. Am Jakobsweg in einer Apotheke zu arbeiten und keine Mittelchen gegen Schmerzen im Bein zu haben ist anscheinend einfach undenkbar. Aber mir gefällt nichts so richtig. Nach langem Hin und Her entscheide ich mich für Ibufen-Salbe, die kenne ich wenigstens und das passt zu meiner Selbstdiagnose am besten. Auch weil die anderen Mittel sehr teuer sind und ich nicht genau deren Wirkung verstehe.

Gleich auf der Straße schmiere ich mein Knie ein und fühle mich schon besser. Nachdem ich zum Abendessen eingekauft habe, überprüfe ich noch schnell die Richtung, in die ich morgen in der Früh gehen muss, und gehe zurück in mein Zimmer. Ich habe seit meiner Ankunft kein bekanntes Gesicht gesehen, das macht mich schon traurig. Vielleicht treffe ich morgen jemand wieder, weit können sie alle nicht sein. Ich lege mich aufs Bett, schone mein Knie und esse. Auch dieses Zimmer verfügt über einen Fernseher und ich unternehme einen zweiten Versuch. Er ist wenig besser als der erste. Der Rest des Abends verläuft wenig ereignisreich, ich bin geschafft und ein bisschen unzufrieden. So schlafe ich ein.

Portomarín – irgendwo bei Airexe

Mein heutiges Ziel ist Palas de Rei, schlappe 25,1 Kilometer. Als es sieben Uhr ist, gehe ich los. Zuerst mal die Straße runter und dahin zurück, woher ich gestern gekommen bin. Ich überquere erneut den Fluss, diesmal von der anderen Seite und über eine andere Brücke. Wie gestern bin ich von Beginn an nicht allein, ganz im Gegenteil. Die schmale Bücke schwankt ein wenig unter den vielen Beinen und in der morgendlichen Kühle ist das Geräusch der Schritte das Einzige, was ich höre. Wie ich herausfinden muss, bleibt zum Müdesein keine Zeit, gleich im Anschluss geht es direkt den Berg hoch.

Es muss doch einen Menschen geben, der sich den Weg überlegt hat und von dem die vielen gelben Pfeile sind. Wer auch immer das war, er hatte sadistische Züge. Den Tag mal langsam angehen zu lassen, darauf kann man hier lange warten. Dafür ist der Camino nicht gemacht. Ich füge mich und folge den anderen, auf der Karte nach dem Weg zu sehen ist gerade absolut überflüssig. Das Ganze hat wie gestern was von einem Massenlaufen, mit dem Unterschied, dass ich heute darauf vorbereitet bin. Ich schone mein Bein, so gut es geht, und laufe abwechselnd entlang der Straße und durch die galizische Natur. Mein Führer verspricht mir auf der heutigen Etappe den Duft von Eukalyptus; viele dieser Bäume sollen damals von Franco angepflanzt worden sein, ganze Wälder davon.

Ich lese auch so einiges zum heutigen Etappenziel. Obwohl Palas de Rei Königspalast heißt, soll der Ort mehr versprechen, als er hält. Wenn dem so ist, wäre es nicht unklug etwas vorher in einem kleinen Dorf oder Ähnlichem zu übernachten. An diesem Punkt der Wanderung greift nämlich ein Tipp, der in wohl jedem guten Führer zum Jakobsweg zu finden ist. Man sollte die letzten 100 Kilometer azyklisch zu dem Rest der

Meute laufen, um nicht den Stress zu haben, wegen einem Bett in der Herberge mit allen anderen um die Wette laufen zu müssen.

Der Plan hebt meine Stimmung und kommt genau richtig, denn es wird wieder heiß. Ich laufe langsam und ohne Hast, der Camino zeigt sich von seiner unspektakulären Seite und ich beobachte in aller Ruhe die Menschen, denen ich begegne. Der Weg fällt plötzlich steil ab und mein Knie meldet sich sofort zurück. Ich versuche die breite Straße voll auszunutzen und in Schlangenlinien zu gehen, um meine Gelenke so gut wie möglich zu entlasten. Es ist derart steil, dass ein Mann sogar anfängt rückwärts zu laufen.

Ich bezweifle, ob das was bringt, ich für meinen Teil habe genug für heute. Die Überanstrengung gestern war nicht gut und ist spürbar in jedem meiner Knochen. Unser Abstieg will nicht enden, ich schwitze und fühle mich unwohl. Nach einer lang gezogenen Kurve kommt jetzt ein kleines Rasthaus in Sichtweite. Ich stoppe kurz und stelle fest, dass ich vor einer Herberge stehe. So früh habe ich das Laufen noch nie beendet, heute tue ich es. Es ist zwar noch ein ganzes Stück bis Palas de Rei, aber was soll's. Die Zimmerfrage ist schnell geklärt und ich werde hinter das Haus begleitet, gehe durch eine Gartentür und betrete tatsächlich einen Garten oder besser gesagt ein verwildertes Grundstück, auf dem ein flacher Ziegelbau steht, der sich als Schlafraum herausstellt. Die Herberge ist alles andere als groß und besteht aus einem Raum, in dem vier Doppelstockbetten stehen. Es ist gerade mal um die Mittagszeit und ich bin offenbar der Erste, der sich für eine Nacht hier entschieden hat. Die Wirtin hat mir zwar ein oberes Bett zugeteilt, aber als sie weg ist, lege ich mich in ein unteres. Ich bin wieder mal zu schlapp, um zu klettern, abgesehen von der fehlenden Notwendigkeit, es ist ja keiner da.

Auch nach zwei Stunden bin ich noch ohne Mitbewohner. Ich habe mich in der Zwischenzeit umgeschaut, meine Wäsche gewaschen und in die Sonne über den Zaun gehängt. Ich bezweifle, dass diese kleine Bar mit angeschlossener Herberge eine wirkliche Adresse hat, das Haus steht hier ziemlich allein direkt an einer landwirtschaftlichen Straße. Ich sehe einen Pilger nach dem anderen am Haus vorbeigehen, alle sehen erschöpft aus, auch die Neulinge.

Das Gartengelände um mich herum ist eine Mischung aus Abstellfläche und Nutzgarten. Mir gegenüber stehen ein paar Apfelbäume und einige undefinierbare Büsche, daneben ein größerer offener Schuppen, in dem verrostete und zugewachsene Geräte zur Feldarbeit vor langer Zeit abgestellt wurden. Daneben ist ein steinerner, abgedeckter Brunnen. Die Wiese ist ungemäht und wirkt auf mich insgesamt wenig gepflegt. Um die Sonne zu genießen, ist später noch Zeit, ich beschließe deshalb mich erst mal etwas hinzulegen.

Circa eine halbe Stunde später bekomme ich dann doch Gesellschaft. Ein junger Mann mit blonden Haaren, der einen nordischen Eindruck macht, öffnet die Tür und begrüßt mich in Englisch. Hinter ihm betritt eine kleine junge Frau den Raum, die sich als seine Freundin herausstellt. Beide wirken sympathisch und belegen die Betten neben mir. Ungewollt höre ich ihrer Unterhaltung zu. Sie hat offensichtlich Schmerzen und er Probleme mit den Füßen. Alles klar, zwei Möchtegern-Pilger sind bei mir eingezogen. Wir wechseln ein paar Worte, dann setze ich mich in den Garten und genieße den Tag.

Etwas später ist auch der junge Mann draußen und sitzt vorne beim Eingang an den Tischen im Schatten. Ich geselle mich zu ihm und wir kommen ins Gespräch. Er heißt Lars und kommt aus Dänemark. Wie vermutet, ist er mit seiner Freundin erst seit Sarria unterwegs und läuft nur die letzten 100 Kilometer. Wir bestellen uns ein Bier und überlegen was zu essen, als seine Freundin dazukommt. Ihr Name ist Larisa und sie kommt gebürtig aus Brasilien. Sie ist nett, obwohl ich mir eine Brasilianerin irgendwie anders vorstelle.

Larisa erzählt mir eine lustige Geschichte zu ihrem Namen, denn eigentlich sollte sie Larissa heißen. Da der Beamte damals aber ein „s" in der Geburtsurkunde vergessen hatte, blieb ihr die ungewöhnliche Schreibweise. Wie ich erfahre, arbeiten die beiden zusammen bei einer großen Firma in Dänemark und haben sich so kennengelernt. Ihre Beziehung hält schon eine Weile und so haben sie spontan beschlossen, den Weg miteinander zu laufen. Lars erzählt, er würde den Weg auch gern mit seinem Vater gehen, der früher ein passionierter Wanderer war, jetzt aber nicht mehr so kann, wie es mal war. Insofern ist das für ihn zugleich ein Testlauf für ein eventuelles zweites Mal.

Als ich von meinen Erfahrungen erzähle, ernte ich große Bewunderung. So lange zu laufen kann sich anscheinend keiner der beiden vorstellen. Sie sind bereits nach den ersten beiden Tagen vom Camino gezeichnet. Lars trägt einfache Turnschuhe, die sich auf diesem Weg wenig eignen. Während ich immer noch keine weitere Blase an den Füßen habe, braucht er schon mehr als eine Hand, um seine zu zählen. Larisa dagegen hat es am ersten Tag übertrieben und möglicherweise eine Zerrung im linken Unterschenkel, sie hat sich gerade noch bis hierher schleppen können. Innerlich muss ich bei ihren Schilderungen ein bisschen grinsen, denn es erinnert mich an meine erste Nacht in Roncesvalles, als ich mich kaum bewegen konnte. Mittlerweile habe ich keinen Muskelkater mehr, mein Körper hat die tägliche Anstrengung akzeptiert, wobei die Beine empfindlich geblieben sind.

Während wir uns unterhalten, kommen laufend Pilger mit roten Köpfen und gebeugtem Haupt am Haus vorbei, was ein ziemlich eigenwilliges Bild sein muss, denn wir sitzen nur zwei Meter entfernt entspannt bei unseren Getränken. Es wird Abend und wir bestellen schließlich, was die Küche hergibt. Ich entscheide mich für Calamares, wohl wissend, dass der Ozean ein gehöriges Stück entfernt liegt. Es schmeckt und wir unterhalten uns noch eine ganze Weile, dann gehen wir zu unseren Betten zurück und verabreden morgen gemeinsam aufzubrechen. Es haben sich in der Zwischenzeit noch eine Französin und zwei Italiener mit dem Rad zu uns verirrt, damit ist der Raum fast voll.

Airexe – Melide

Mein Wecker klingelt gegen 6.30 Uhr. Mit mir stehen auch Larisa und Lars auf, die anderen schlafen noch. Im Waschraum sitzt eine dicke Spinne im Waschbecken und ich wasche mich um sie herum. Routiniert mache ich mich fertig und bin der Erste vor der Tür. Es ist noch dunkel und die Morgenluft ist unangenehm kühl. Das Gras ist feucht und aus der Ferne höre ich vereinzeltes Hundegebell. Die Tür geht auf und wir können los. Im Dunkeln erreichen wir das erste Dorf, das wie ausgestorben wirkt. Wir kommen schnell voran, obwohl Larisa auch heute mit ihrem Bein zu kämpfen hat. Sie geht trotz allem tapfer mit, auch wenn wir immer öfter warten müssen, um sie nicht zu verlieren. Lars geht es nicht viel besser, er lässt sich aber nichts anmerken. Gegen beide fühle ich mich geradezu wie ein junger Hüpfer, der Camino macht mir heute keinerlei Schwierigkeiten mehr.

An der bisher größten Herberge stoppen wir zum Frühstück. Als wir das Café betreten, machen sich die letzten Pilger gerade auf den Weg. Hier haben über 600 Menschen Platz zum Schlafen, die Anlage ist einfach, aber riesig. Und sie scheint sehr ordentlich besetzt gewesen zu sein, ganze Horden verschwinden in den galizischen Wäldern.

Wir setzen uns erst mal, meine beiden Mitläufer sehen geschafft aus. Vor allem Larisa gibt sich ein bisschen sehr theatralisch. Aber ich glaube ihr, dass sie Schmerzen hat, ein angeschlagener Muskel kann sehr schmerzhaft werden.

Ich stehe auf, gehe zu einer langen Glasvitrine und versuche zu bestellen. Ein junges Mädchen mit Pferdeschwanz rennt eifrig hin und her, ohne wirklich sichtbar etwas zu tun. Ich werde von ihr konsequent ignoriert. Schließlich lässt sie sich zu mir herunter und ich bekomme meinen Kaffee und ein Stück trockenes Gebäck.

Ich komme nicht darum herum mir meine Gedanken zu machen. Wenn man schon 700 Kilometer hinter sich hat, fallen einem solche Kleinigkeiten ins Auge. So bedient zu werden ist typisch für Gegenden, wo viel Tourismus ist. Es ist hingegen völlig untypisch für das Spanien, das ich in den letzten Wochen durchlaufen habe. Ich werde mich daran gewöhnen müssen, ich kehre langsam in die Normalität zurück. Gestärkt verlassen wir das Café und begeben uns wieder auf den Weg. Die Landschaft ist auch an diesem Tag herrlich und führt durch verschlungene Gassen und Wälder, mit einem Unterschied. Die Wege erscheinen mir ausgebaut und gepflegter als je zuvor. Hier hat sich offensichtlich jemand Mühe gegeben, um sich das einträgliche Geschäft mit den Pilgern nicht zu verderben.

Kurz nach einem kleinen Dörfchen und ganz für sich allein fällt mir ein spezieller Laden ins Auge. Der Besitzer ist ein Hippie und verkauft esoterische Steine, Ketten, Anhänger und sonst noch so einiges. Da eine Freundin von mir zu Hause bald Geburtstag hat, schaue ich mich um und entdecke ein schönes Armband mit rötlichen Steinen. Diesem Stein werden allerhand geheimnisvolle Kräfte und Einflüsse nachgesagt für diejenige Person, die das Armband trägt. Das passt wie die Faust aufs Auge. Ich kaufe es und bekomme es von dem jungen Mann ganz besonders verpackt. In blauem Papier schnürt er ein kleines Bündel und erhitzt danach auf einem Löffel etwas Wachs, das er zum Verschließen auf das Päckchen träufelt. Zuletzt drückt er einen kleinen Stempel in das flüssige Wachs und versiegelt mein Geschenk. Es bekommt einen Ehrenplatz in der Vordertasche meines Rucksacks.

Wir laufen weiter und erreichen überraschend schnell Palas de Rei. Wie angekündigt ist der Ort klein und macht auf mich einen durchschnittlichen Eindruck. Der Name Königspalast ist in der Tat übertrieben, aber von 701 bis 709 n. Chr. war das hier der Sitz eines der letzten Könige der Westgoten. Die Hitze macht Larisa zu schaffen und wir kämpfen uns gemeinsam einen Hügel hoch zu einem kleinen Restaurant, das bezeichnenderweise „Die zwei Deutschen" heißt. Nun ist es offiziell, ich bin auf der Tourismusmeile des Jakobswegs angekommen. Wenn es jetzt noch Schnitzel gibt, drehe ich wieder um. Ich habe Glück, das Angebot bleibt spanisch. Ich bestelle mir ein Bocadillo mit French Tortilla, was wirklich zu empfehlen ist. Es handelt sich dabei um ein Eieromelette auf einem Baguette, einfach und lecker.

Es ist Zeit für einen Plan. Da es aussichtslos ist heute noch Arzúa zu erreichen, einigen wir uns darauf wenigstens bis Melide zu laufen. Ich habe mir mit den beiden im Schlepptau insgeheim vorgenommen es so kommen zu lassen, wie es kommt. Ich liege sehr gut in der Zeit und brauche ab jetzt nirgendwo mehr unbedingt ankommen. Die Gesellschaft von Lars und Larisa ist angenehm, wozu sollte ich mich also vorschnell verabschieden. Und ihnen scheint es genauso zu gehen. Wir gönnen uns eine halbe Stunde, dann machen wir uns wieder auf den Weg. Ich setze mich etwas ab und höre plötzlich eine bekannte Stimme hinter mir, es ist Anne. Endlich wieder ein bekanntes Gesicht nach so vielen Kilometern. Wir begrüßen uns herzlich und Anne berichtet über die neuesten Ereignisse. Sie war für ein bis zwei Tage krank und musste pausieren, genauso wie Steffi, die wohl schlechtes Wasser getrunken haben muss. Beide mussten sich übergeben und konnten erst mal nicht weiterlaufen. Was für ein Glück, dass ich davon verschont geblieben bin. Ich stelle Anne meine beiden Mitstreiter vor, wir reden noch ein wenig, dann verabschiedet sie sich. Ich kenne das schon, ihr Tempo ist dasselbe wie das von Steffi.

Weiter geht's durch die hügelige Landschaft Galiziens. Irgendwer ist auf die Idee gekommen ab jetzt am Rande des Weges alle 500 Meter Kilometersteine aufzustellen, die wohl Mut machen sollen, eine Art Countdown, für mich absolut überflüssig. Mit dem Gedanken bald Santiago zu erreichen habe ich mich noch gar nicht beschäftigt. Im Augenblick fühle ich bezüglich meiner Ankunft nichts, weder Wehmut noch Vorfreude. Ich bin ganz im Hier und Jetzt gefangen und erlebe intensiv den Weg durch die dunklen Hohlwege zwischen Dörfern und Wäldern. Larisa fängt immer stärker zu humpeln an und Lars und ich übernehmen jetzt ihren Rucksack. Wir tragen gemeinsam ihr Gepäck, indem wir den gewaltigen hölzernen Wanderstab von Lars an beiden Enden anfassen.

So gelangen wir nach Melide, einem kleinen, netten Dörfchen, das sich nach einem schattenlosen Anstieg als richtige Stadt herausstellt. Wir brauchen nicht darüber zu sprechen, hier ist heute Schluss. Wir beschließen Larisa an einem Café zurückzulassen und zu zweit nach einer Unterkunft zu suchen. Das macht Sinn, Larisa braucht einen Arzt, ihr Humpeln wurde von Minute zu Minute schlimmer. Zuerst folgen wir einem Schild mit der Aufschrift „Albergue", das uns aber nur einen langen Spaziergang in der prallen Sonne beschert. Wo immer diese Herberge sein soll, wir finden sie nicht.

Der Weg ins Zentrum der Stadt geht noch weiter den Hügel rauf und wir kommen über einen Seitenweg auf die belebte Hauptstraße. Der Versuch in einer Bar gemeinsam unterzukommen scheitert, es gibt nur Zimmer für zwei Personen. Ich versuche Lars zu überzeugen, dass er das Angebot für sich und Larisa nutzen soll, immerhin sitzt seine Freundin mit Schmerzen einige Meter Meereshöhe unter uns und wartet. Es ist zwecklos, Lars hat sich partout ein Hotel in den Kopf gesetzt. Da wir keins kennen, folgen wir den Pfeilen und stehen kurz vor der hiesigen Pilgerherberge, als Lars die Entscheidung trifft umzukehren und etwas anderes zu finden. Ich bin es ein bisschen leid, diese Sucherei macht gerade wenig Sinn. Ich teile Lars meine Entscheidung mit, ich will in die Herberge und so verabschieden wir uns. Wir machen noch einen Treffpunkt aus für den Abend, dann stehe ich allein an der Kreuzung. Irgendwie habe ich bei der Suche die Orientierung verloren und gehe auf gut Glück in eine Straße abseits des Trubels. Für eine Herberge wird es mal wieder Zeit, ich habe von den Zimmern erst mal genug. Außerdem hoffe ich auf Anne zu treffen, Melide ist auch ihr Tagesziel gewesen. Etwas planlos gehe ich immer weiter in ein Gewirr von Straßen hinein und werde in die unterschiedlichsten Richtungen geschickt, so richtig scheint sich keiner auszukennen. Dann stehe ich vor der Herberge, ich habe es irgendwie geschafft.

Zum ersten Mal muss ich in der Schlange anstehen, um nach einem Bett zu fragen. Wie ich heraushöre, gibt es nur noch wenige Plätze. Vor mir entdecke ich tatsächlich Anne, auch sie muss warten. Es geht schleppend voran und schließlich bekommen wir beide unser Bett. Aber man muss ehrlich sein, es hätte nicht viel gefehlt und wir wären leer ausgegangen. Der Schlafsaal ist ein beeindruckend großer Raum und sehr effizient eingerichtet. Vier Doppelstockbetten sind jeweils direkt zusammengestellt und erzeugen auch bei mir ein Gefühl der Enge. Ich stelle meinen Rucksack neben mein Bett und gehe zum Duschen. Wie ich schnell herausfinde, duscht man hier kalt. Ich überwinde mich und bringe es hinter mich. Den spitzen Schreien aus den anderen Kabinen nach zu urteilen habe ich das Problem nicht allein. Die ganze Herberge ist funktional, aber nicht schön. Damit ist alles beschrieben.

Ich gehe auf die Straße raus und gegenüber in einen Laden, der Kuchen und Getränke verkauft. Ein dickes Mädchen mit Pausbacken steht hinter der Theke und ist anscheinend die Verkäuferin. Ihre Hände und ihr Mund sind mit Mehl und Puderzucker verschmiert. Wer immer ihr den Verkauf überlassen hat, das war keine gute Idee. Sie selbst ist offensichtlich ihr bester Kunde. Ich kaufe ihr eine kalte Cola ab und gehe die Straße hoch, von der ich gekommen bin. Die Straße mündet in einen größeren Platz, auf dem es wohl im Laufe des Abends eine Aufführung zu geben scheint. Jedenfalls wurde eine Bühne aufgebaut, vor der eine Menge Stühle stehen. Ich beschließe später vorbeizuschauen.

Als Lars und ich vorhin die Hauptstraße erreichten, hatte ich eine Pulpería entdeckt, die eine regionale Spezialität anbietet. Pulpo oder Oktopus ist hier offenbar die Delikatesse überhaupt und in der Gegend ein „must have". Ich muss ein ganzes Stück zurücklaufen, dann bin ich da und werfe einen vorsichtigen Blick in das Gasthaus. Hinter einer offenen Theke stehen zwei übergroße Kupferkessel, in denen zwei Angestellte ständig hantieren. Ab und zu holen sie mit einer enormen Kelle aus den dampfenden Töpfen ganze Tintenfische heraus und werfen sie auf ein Holzbrett. Mit einer Schere wird das Tier nun einfach zerschnitten, gewürzt und serviert. Frischer geht es nicht, das ist nun wirklich Zubereitung vor dem Gast. Ich sehe eine Weile dem Treiben zu und bin mir nicht mehr sicher, ob ich das wirklich essen will. Aber zuerst muss ich ja Lars und Larisa finden. Lars wollte die Straße runter zu dem gelben Haus, das angeblich ein Hotel sein soll. Ich mache mich auf den Weg, laufe auf der anderen Straßenseite entlang und beginne immer mehr zu zweifeln. Das sieht ganz und gar nicht nach einem Hotel aus. Als ich da bin, stehe ich vor einem Gebäude, dessen Etagen zu vermieten sind. Von Hotelbetrieb keine Spur. Auch in der Nähe kann ich nichts entdecken. Langsam laufe ich zurück und denke nach, wo könnten sie sein? Nach einer Weile gebe ich es auf, es ist absurd meine Zeit mit Suchen zu vertrödeln. In jedem Dorf, durch das wir heute gekommen sind, wäre ich drangeblieben und hätte sie gefunden, aber das hier ist eine ausgewachsene Kleinstadt, nur ein Zufallstreffer würde uns zusammenführen. Ich beschließe mich in die Pulpería zu setzen und den Tintenfisch zu probieren.

Kurze Zeit später steht er vor mir. Ich sehe auf einen runden Holzteller herunter, auf dem lauter zerschnittene Tentakeln liegen. Zum Runterspülen habe ich Rotwein bestellt und bekomme eine ganze Flasche, ohne Etikett. Ein Körbchen mit Weißbrot rundet das Bild ab. Na dann guten Appetit. Gewürzt wurde der Fisch nur mit Öl, Salz, Pfeffer und Paprikapulver. Vorsichtig piekse ich mit meiner Gabel ein Stückchen Tentakel auf und stecke es mir in den Mund. Es schmeckt warm und wie Calamares plus einem leichten fettigen Nachgeschmack. Ich finde ihn richtig gut und esse den ganzen Teller leer. Für empfindliche Gemüter ist das zugegeben eine Überwindung, aber wer von der Küste kommt wie ich und Fisch mag, wird pulpo mögen. Und das Erstaunlichste ist der Preis, für alles soll ich nur sechs Euro bezahlen. Ich kann es nicht glauben, aber der Kellner kassiert tatsächlich nicht mehr. Das kann nur ein Irrtum sein und ich verlasse unauffällig, aber zügig mit der halben Flasche Rotwein das Lokal. Ein Stück die Straße hoch stelle ich mich in einen Hauseingang und spähe zurück. Jeden Moment erwarte ich meinen Kellner auf der Straße, um nach dem Zechpreller Ausschau zu halten. Aber alles bleibt ruhig. Das war ein gutes und preiswertes Abendessen.

Ich bleibe noch ein bisschen auf einer kleinen Mauer am Straßenrand sitzen und beobachte die Leute bei ihrem Alltag. Melide ist eine nette kleine Stadt. Mit jedem Schluck Rotwein wird mir der Gedanke vertrauter hier irgendwo einzuziehen. Ich könnte mir einen Job suchen und jeden Tag pulpo essen. Was soll's, nach einer halben Stunde verliere ich das Interesse und gehe in Richtung Herberge zurück. Die Bühne steht immer noch da und auf den Stühlen sitzen jetzt jede Menge Menschen. Ich lehne mich an eine Mauer und beobachte das Treiben eine Weile aus dem Hintergrund. Es ist offensichtlich eine örtliche Theatervorstellung und für jeden zugänglich. Ich tippe auf ein regionales Theaterstück, in dem viele Kinder mitspielen, denn immer wieder verschwinden aufgeregte Kinder mit und ohne Kostüm hinter dem roten Samtvorhang. Es hat sich mittlerweile das halbe Dorf versammelt. Dann endlich beginnt die Vorstellung. Es ist, wie ich es mir gedacht habe, Laienschauspieler geben ihr Bestes. Ich schaue ein paar Minuten zu, dann gehe ich in die Herberge, verstehen tue ich sowieso kein Wort.

Im Schlafsaal treffe ich Anne und wir unterhalten uns kurz über dies und das, dann suche ich mir einen Platz vorm Haus mit Blick auf das Abendrot und schreibe ein paar Gedanken in mein Tagebuch.

Es wird Zeit zu schlafen, der Saal ist mittlerweile voll geworden. Mein Nachbar für heute ist ein älterer Spanier, der sich ständig hin und her wälzt. So ganz sauber sind die Betten wohl auch nicht, denn auf dem Rücken liegend schaue ich auf die Matratze über mir und entdecke mehrere schwarze Punkte. Ich sehe genauer hin und die Punkte beginnen sich zu bewegen, es sind Fliegen, die übereinander sitzen. Es gibt keinen Zweifel, sie sind dabei noch mehr Fliegen zu machen. Als wenn die da sind nicht schon nervig genug wären.

Es wird eine unruhige Nacht werden, so viel ist klar. Die ersten Männer beginnen zu schnarchen und wir anderen liegen nervös in unseren Betten. Es ist heiß, kein Wunder bei circa 100 Menschen in einem Raum. Ich nehme mir fest vor, das ist definitiv meine letzte Nacht in einer Herberge. Ich habe die Nase gestrichen voll. Für die nächsten Stunden aber bin ich gefangen mit kopulierenden Fliegen bei gefühlten 30 Grad Celsius.

Melide – Arzúa

Heute bleibe ich mal liegen, heute Morgen habe ich Zeit. Ich schaue eine Weile zu, wie einer nach dem anderen seine Sachen packt und aus der Tür verschwindet, dann stehe ich auf. Larisa und Lars unterwegs zu treffen und sie einzuholen, scheint mir die beste Methode zu sein. Dafür muss ich ihnen Zeit geben. Der Schlafsaal leert sich schnell und ich bin mit wenigen Nachzüglern allein. Wie erwartet war die Nacht nicht besonders, ich bin müde und schleppe mich ins Bad. Meine Socken sind gestern nicht trocken geworden und ich hänge sie hinten an meinen Rucksack. Ich will gerade losgehen, als mir meine Weinflasche am Bettpfosten auffällt. Es ist noch was drin, warum also sollte ich sie stehen lassen, immerhin war sie fast geschenkt. Mit Mühe stopfe ich sie in eine meiner beiden Außentaschen am Rucksack und marschiere los.

Das Wetter hat über Nacht leicht umgeschlagen und es ist neblig und kühl, dazu kommt ein leichter Sprühregen. Galizien zeigt erneut sein wahres Gesicht. Es mag daran liegen, dass ich so spät gestartet bin, aber es ist nicht so voll wie die letzten Tage. Meine Wegstrecke ist dennoch der gestrigen sehr ähnlich. Ich laufe durch kleine Wälder und an Gehöften und Bauernhöfen vorbei, die kühle Luft macht das Laufen angenehm und ich komme gut voran. Es vergehen etwa zwei Stunden, dann entdecke ich Lars und Larisa in einem Café am Wegesrand. Wir alle freuen uns über unser Wiedersehen und ich erfahre, dass die beiden direkt neben der Pulpería geschlafen haben, in der ich mein preiswertes Mahl hatte. Lars hat sich also letztlich doch für die zwei freien Plätze in der Bar entschieden.

Wir beschließen ab jetzt zusammen zu bleiben und gemeinsam nach Santiago zu gehen. Während Lars und ich noch ein kühles Bier trinken, geht Larisa schon mal voraus. Sie hat das Gefühl, dass auf sie immer gewartet werden muss, und will sich einen Vorsprung erlaufen. Die Idee ist nicht schlecht, wenn ich an gestern denke, hat sie mit ihrer Einschätzung absolut recht.

Minuten später brechen auch wir auf und gehen zunächst ein steiles Stück den Berg rauf. Erst jetzt bemerke ich, dass Lars zwei Rucksäcke trägt, seinen eigenen und den von Larisa. Das ist echte Liebe und zudem notwendig, sie könnte ihren nicht mehr tragen. Larisa kämpft seit der Sache mit ihrem Unterschenkel um jeden Kilometer, das sehe ich ihr an. Aber sie sagt nichts und beschwert sich nicht, sie läuft, so gut sie eben kann. Schließlich holen wir sie ein und ich bin erstaunt, wie weit sie in der kurzen Zeit gekommen ist, für mindestens eine halbe Stunde haben wir sie nicht ausmachen können.

Gelbe Pfeile, meine kleinen Freunde der ersten Stunde

Zusammen bringen wir den Weg hinter uns und erreichen nach 15 weiteren Kilometern Arzúa. Wir beschließen hier Schluss zu machen und ich will mich gerade verabschieden, um mir ein Zimmer zu suchen, als Lars vorschlägt, dass wir uns doch zusammen ein Zimmer nehmen könnten. Ich bin überrascht von dem Vorschlag, habe aber nichts dagegen. Ein bisschen unangenehm ist es trotzdem, denn immerhin sind die beiden ein Paar und ich würde nur ungern stören. Aber auch Larisa scheint sich über diesen Plan zu freuen und so suchen wir gemeinsam nach einer Pension. Schnell ist die passende gefunden, ein Zweibettzimmer, in das sie für mich noch ein drittes Bett reinstellen. Offensichtlich ist das für eine Pension mit Jakobswegerfahrung kein Thema. Das Zimmer ist durch das zusätzliche Bett recht eng geworden und ich komme mir vor wie das Kind von den beiden. Das passt auch, denn ich habe definitiv das Kinderbett erwischt. Aber der Raum ist sehr gepflegt und wir haben Dusche und Bad diesmal auf dem Zimmer.

Einen Service nehme ich sofort in Anspruch. Man kann in der Pension seine Sachen waschen lassen, also stopfe ich alles, was ich nicht am Leib trage, in eine dafür vorgesehene Plastiktüte und stelle sie vor unsere Tür. Nach einer ausgiebigen Dusche gehen Lars und ich in den Ort runter. Larisa hat in der Zwischenzeit einen Termin beim Arzt und bekommt danach eine Massage auf dem Zimmer.

Unten auf der Straße dauert es nicht lange und wir finden eine gemütlich aussehende Bar. Wir bestellen zum Bier eine Platte mit Schinken und Käse und eine kleine Schüssel mit Oliven. Ohne es zu wollen, haben wir damit unser Abendessen bestellt. Es ist unfassbar lecker, ich könnte jeden Tag so essen. Angeregt unterhalten wir uns über alle möglichen Themen und werden Freunde.

Auf der anderen Straßenseite kommen die letzten Pilger an und, Moment, das ist doch meine deutsche Frauentruppe! Wild gestikulierend mache ich mich bemerkbar und überquere die Straße. Sie freuen sich mich wiederzusehen und wir verabreden uns zum Abendessen in der Pulpería. Ganz im Gegensatz zu uns sind sie auch für diese Nacht in der hiesigen Herberge untergekommen, etwas anderes scheint für alle nicht in Frage zu kommen. Wie mir Lars berichtet, ist es bei ihm genau anders herum. Anscheinend haben er und Larisa nicht die Absicht jemals erneut eine Herberge von innen zu sehen. Für die kurze Strecke eine nachvollziehbare Einstellung, aber ein Fehler, was die ganzen 800 Kilometer betrifft.

Ich verabschiede mich, der Termin für später steht und ich gehe mit Lars zufrieden in die Pension zurück. Larisa hat gerade ihre Massage bekommen und ihre Diagnose dazu. Es ist offensichtlich die klassische Zerrung, die sich bei täglicher Belastung nur schwer auskurieren lässt. Es wird mit anderen Worten hart für sie bleiben, den ganzen Weg bis zum Ende. Aber so tapfer, wie sie sich schlägt, ist das kein Problem.

Der Abend kommt und wir brechen zur Pulpería auf. Die deutsche Truppe stößt wie versprochen zu uns und wir betreten das Lokal. Es ist nett und gemütlich und man weist uns einen großen Tisch zu. Ich bestelle pulpo, was sonst. Auch Lars lässt sich darauf ein, die Damen allerdings weigern sich und bleiben unflexibel bei gesundem Salat. Nun ja, jeder, wie er will. Es schmeckt so, wie ich es kenne, für Lars allerdings ist der Fisch zu fettig. Tut mir leid für ihn und ich esse auch noch seine Portion.

Es ist ein gelungener Abend und jeder erzählt von seinen Eindrücken. Unsere Gedanken kreisen nun doch um die Ankunft in Santiago, es ist unvermeidlich geworden. Ganze 40 Kilometer trennen mich noch von meinem Ziel, ist das zu glauben? Was bisher so entfernt schien, ist in den letzten Tagen rasend schnell näher gerückt. Und ich schaffe es immer noch nicht, ein wirkliches Gefühl dafür zu entwickeln. Ich schaue in die Runde und bin im Stillen dankbar. Ich bin wirklich alles andere als allein gewesen auf meiner Wanderung. Und was ich letzten Endes mitnehmen werde, ist völlig offen, zumindest ist es mir im Moment nicht bewusst. Wir verlassen das Lokal und machen uns auf den Weg zu unseren Unterkünften. Ich freue mich auf mein Kinderbett, es sah gemütlich aus.

Arzúa – Arca

Mein Wecker klingelt um sechs Uhr. Ich bin der Erste im Bad und packe meine Sachen. „Ich gehe schon mal runter", sage ich, um den beiden ein bisschen Privatsphäre zu geben. So stehe ich im Dunkeln um 6.30 Uhr vor der Pension auf der Straße. Glücklicherweise ist genau nebenan ein Café, das gerade aufmacht. Ich genehmige mir den ersten Kaffee des Tages und ein Stück Gebäck. Das Café macht bereits zu dieser frühen Stunde guten Umsatz, denn auch andere Pilger haben die Lichter gesehen und nutzen dankbar die Gelegenheit mit einem Frühstück im Bauch zu starten. Lars und Larisa sind inzwischen fertig und setzen sich zu mir. Der Camino scheint es noch mal wissen zu wollen und wir müssen heute im Regen los. Der Himmel ist bedeckt und schickt den üblichen Nieselregen, dazu weht ein leichter Wind. Das reguläre Ziel wäre heute Lavacolla und liegt genau 29,6 Kilometer entfernt. Es ist der traditionelle letzte Halt, bevor man vor die Kathedrale tritt.

Nach unzähligen Kilometern, so informiert mich mein Führer, unterzogen sich die Pilger früher im Fluss einer gründlichen Reinigung. Der Beweis für dieses Ritual ist der Name der Stadt, der zugleich eine Aufforderung ist – „Lavacolla – Wasch den Hintern".

Aber noch ist es nicht so weit. Es ist mir klar, die 30 Kilometer sind mit den beiden nicht zu schaffen. Gemeinsam schließen wir den Kompromiss die verbleibende Strecke in zwei gleiche Hälften aufzuteilen und nur bis Arca zu laufen. So starten wir in die Dunkelheit und verlassen den Ort über ein Eukalyptuswäldchen. Es geht vorbei an friedlich aussehenden Bauernhöfen und über kleine Bäche, immer hoch und runter auf weiterhin sehr gepflegten Wegen.

Am Rand des Weges tauchen jetzt plötzlich kleine selbstgemachte Verkaufsstände auf, die auf den letzten Drücker noch Andenken, Muscheln und Wanderstäbe verkaufen wollen. Auch Obst und Getränke werden angeboten. Ich frage mich, wer das auf den letzten Metern noch kauft, ich bestimmt nicht.

Es mag am Regen liegen, aber mir kommt der Weg auf einmal langweilig und einfach vor. Es ist wie Spazierengehen bei miesem Wetter. An einer Raststätte am Wegesrand sehe ich auf der gegenüberliegenden Straßenseite Britta winken und laufe zu ihr rüber. Die Hamburger Mädels schreckt nichts ab und sie wollen heute durchlaufen bis Lavacolla. Bei besserem Wetter kein schlechter Gedanke, denn von dort werden sie Santiago am Vormittag erreichen und können so an der traditionellen Pilgermesse teilnehmen. Ich wünsche ihnen Glück zusammen mit dem Wunsch, sich vielleicht in Santiago noch mal zu sehen.

Wieder auf dem Weg wird der Regen immer stärker. Meine Windjacke tut, was sie kann, aber wenn das Wetter noch schlechter wird, werde ich mich irgendwo unterstellen und das Ende des Regens abwarten. Jetzt auf den letzten Kilometern mit dem Wind und dem Regen komme ich in die Nähe meiner Schmerzgrenze. Dazu kommt, dass wir schon den ganzen Tag nicht alleine laufen. In kleinen Gruppen bewegen wir uns durch eine mittlerweile unspektakuläre Landschaft.

Ein letzter Anstieg nach Arca und es ist geschafft. Zum Glück brauchen wir nicht nach einer Pension zu suchen, Larisa hat bereits gestern telefonisch ein Dreibettzimmer bestellt. Aber wo ist die Pension? Der Ort Arca ist nun wirklich nicht groß, aber es will uns einfach nicht gelingen, die richtige Unterkunft zu finden. Wie blöde renne ich im Regen die Hauptstraße rauf und runter, dann endlich das erlösende Schild, wir sind da.

Mit nassen Sachen stehen wir an der Anmeldung und werden

die Treppe raufgeführt. Unser Zimmer ist groß und völlig in Ordnung. Ohne Probleme hätte man drei weitere Betten in den Raum stellen können. Was gestern an Platz gefehlt hat, wird heute mehr als wettgemacht. Ohne Absprache fallen wir auf die Betten und schlafen. Als ich aufwache, läuft der Fernseher. Irgendeine Show, deren Sinn ich nicht verstehe. Larisa hat offensichtlich Gefallen daran, sie ist aber die Einzige. Die fremde Sprache im Hintergrund nervt und ich überrede Lars sich mit mir im Ort umzusehen.

Wir landen zum wiederholten Mal in einer Bar und essen jeder einen riesigen selbst gemachten Hamburger. Das haben wir uns mehr als verdient. Nach ein paar Bier bestellen wir uns noch die Schinkenplatte. Es wird eine Enttäuschung, der Schinken ist viel zu dick geschnitten und Welten entfernt von dem, was wir gestern hatten. Lars bestellt noch ein Gericht zum Mitnehmen für seine bessere Hälfte und wir machen uns auf den Weg Richtung Pension. Unterwegs besuche ich einen Supermarkt und decke mich ein letztes Mal für den kommenden Tag ein. An der Kasse steht ein junger Pilger mit vollkommen nassen Klamotten und murmelt so etwas wie: „… hab die Schnauze voll …" Als er merkt, dass ich ihn verstehe, müssen wir beide grinsen. So ist der Camino eben, Zuckerschlecken ist woanders.

Zurück im Zimmer läuft der Fernseher immer noch. Es bleibt mir nichts anderes übrig, als es über mich ergehen zu lassen. Schließlich wird es mir doch zu bunt und ich entscheide mich für ein Bad. Tatsächlich haben wir auf dem Flur ein Badezimmer mit einer Wanne. Das gönne ich mir jetzt nach einem Monat Duschen. Obwohl die Wanne zu klein ist, zwänge ich mich in die Keramik und genieße die Ruhe. Ein echter Luxus nach der Lauferei und ein Vorgeschmack auf die Normalität, die mich ab übermorgen erwartet. In etwas mehr als einem halben Tag bin ich kein Pilger mehr. Die Pflicht habe ich hinter mir, das Laufen morgen ist Kür. Mein Fazit ziehe ich auch morgen. Erfrischt gehe ich ins Zimmer zurück und lege mich aufs Bett. In den nächsten Stunden erledigt jeder von uns, was er glaubt tun zu müssen. Lars und Larisa organisieren noch den Transport ihres Rucksacks von hier nach Santiago morgen. Auch dort haben sie bereits ein Hotel gebucht. Ich bin wie immer unvorbereitet und werde spontan vor Ort entscheiden, was ich mache. Es ist Abend geworden und im Fernsehen läuft jetzt Rocky IV. Na wenigstens kenne ich den Film.

Arca – Santiago

Letzter Tag. Es ist kühl, aber trocken. Nachdem wir für Larisa den Rucksack aufgegeben haben, fädeln wir uns im Reißverschlussverfahren in die aufbrechenden Pilger ein. Die Straße steigt an und wortlos nehmen wir den ersten Anstieg des Tages. Es ist immer noch ziemlich dunkel, aber Angst die gelben Pfeile zu verpassen hat heute keiner, 40 Augen sehen eben mehr als zwei. Schnell verlassen wir den Ort und durchlaufen kleinere Waldstücke, abgelöst von Lichtungen und kleineren Straßenabschnitten. Ich hatte eigentlich in mir ein besonderes Gefühl erwartet, aber nichts. Ich bin weder besonders traurig noch aufgeregt. In Gedanken sind wohl alle schon in Santiago und stehen vor der Kathedrale, obwohl wir noch 20 Kilometer vor uns haben. Ich gehe mit Absicht etwas schneller vorweg, um mit meinen Gedanken allein zu sein. Dabei drehe ich mich immer wieder um, damit die beiden den Anschluss nicht verlieren.

Der Weg heute ist im Vergleich zu den letzten Tagen problemlos und einfach, abgesehen von dem einen oder anderen Anstieg. Es ist fast ein Auslaufen auf den letzten Kilometern. Die Wege sind breit, gepflegt und die Zivilisation in Gestalt der Großstadt kommt sichtbar immer näher. Hinter jeder Biegung erwarte ich das Ende der Waldwege, die letzte Bindung zur Natur. Das war es also. Der Camino ist bezwungen, er hält keine Überraschungen mehr bereit.

Wir machen noch eine letzte Pause, rund sechs Kilometer vor Santiago. Ich und Larisa bestellen uns einen Toast mit Schinken und Käse, Lars begnügt sich mit einem Eis. Als wir uns setzen, kreuzt Larisa die Arme und legt ihren Kopf auf den Tisch. Sie hat immer noch Schmerzen und sehnt das Ende herbei. Auch Lars lässt mich wissen, dass die Versorgung seiner Zchen erfolglos geblieben ist und er morgen seine Schuhe entweder verbrennen, der Inquisition als Folterinstrument spenden oder in hohem Bogen entsorgen wird.

Dann brechen wir auf, ich brauche und will jetzt keine Pause mehr. Laut Reiseführer müssten wir gleich zu der Stelle kommen, die uns einen ersten Blick auf die Stadt ermöglicht. Tatsächlich lassen sich durch einen Zaun in der Ferne Häuser erkennen. Ich mache vorsichtshalber ein Foto, obwohl ich nicht sicher bin, was ich da fotografiere. Zwar laufen wir schon eine geraume Zeit durch bewohntes Gebiet, die vereinzelten Anwesen sind aber weder Fisch noch Fleisch.

Dann plötzlich ein Menschenauflauf, Rucksäcke und Fahrräder. Ich schaue nach links und sehe auf einem kleinen Hügel eine enorme abstrakte Skulptur, ein Denkmal. Im Gegenlicht der Sonne gehe ich hinauf und mache erste Fotos. Jetzt wird klar, das hier ist der Aussichtspunkt und der erste Blick auf Santiago. In der Talsenke ist nun die Stadt zu sehen, wir müssen nur die Straße weiter bergab gehen, dann kommen wir unmittelbar in das Randgebiet. Von hier aus hat Santiago erst mal nichts von einer Großstadt, zwar ist alles ungewohnt weit-läufig, aber ohne Eyecatcher. Auch die Kathedrale lässt sich nicht ausmachen.

Lars ist inzwischen mit auf den Hügel geklettert und fotografiert ebenfalls. Neben dem Denkmal sind ein Metallgerüst mit Fahnen und ein kleiner Infostand aufgebaut. Wie sich später herausstellt, kann man hier kleine Wasserflaschen kaufen für einen karitativen Zweck. Das Geld unterstützt Hilfsprojekte gegen die Armut in Südamerika. Lars hat für sich zwei gekauft, ich nicht. Wir haben genug gesehen, gehen die Straße runter und holen Larisa ein, die Zufahrtsstraße und ein Kreisverkehr bringen uns schließlich ans Ziel – wir sind in Santiago de Compostela.

Es bleibt ein eigenartiges Gefühl. Während ich eine kleine Holzbrücke überquere, erscheint es mir für einen kurzen Moment wie das letzte Hindernis der Natur vor unserem Ziel. Die Straße steigt jetzt leicht an, wir überqueren Querstraße für Querstraße, immer geradeaus, mein Auge folgt den auf den Asphalt gemalten Zeichen. Noch immer habe ich nicht das Gefühl in eine Großstadt zu kommen. Der Weg scheint schier endlos und ich warte darauf, dass endlich die Altstadt kommt, in der die Kathedrale steht. Warum ist sie nicht zu sehen? Was für ein Bild wäre das, nach all den Tagen endlich die Türme vor sich zu sehen und die letzten Schritte zu machen, das Ziel fest im Blick. Das war so eine Vision von mir nach all den end-losen Horizonten, auf die nur ein weiterer folgte. Und jetzt – nichts, was einer Kirche auch nur ähnlich sehen würde.

Nun ja, wozu die Eile. Als die ersten Hinweise auf Herbergen auftauchen, lenkt mich der Gedanke ab, auch nach einer Unterkunft zu suchen. Wenn es stimmt, dass täglich Hunderte von Pilgern in Santiago ankommen, wo schlafen die dann alle?

Und, was noch wichtiger ist, wo werde ich schlafen? Also eins ist mal klar, keine Herberge mehr.

Noch immer steigt der Weg leicht an, als wir durch ein etwas heruntergekommenes Viertel geleitet werden. Schnell mal merken, hier gibt es immer preiswerte Zimmer. Die Straßen werden plötzlich enger, wir haben die Altstadt erreicht. Und dann kommt sie. Groß und majestätisch taucht sie plötzlich auf, die Kathedrale von Santiago de Compostela.

Die Kathedrale von Santiago de Compostela

Wir sind da, keine Wolke am blauen Himmel, während davor im Sonnenlicht die Straßenmusiker spielen. Lars verrät mir, dass er Gänsehaut hat. Auch Larisa schaut stolz und glücklich, das kann sie auch sein. Wir klatschen ab, high five vor der Kathedrale. Wir bitten einen Mann schnell ein Foto von uns zu machen, dieser Augenblick sollte festgehalten werden.

Der Jakobsweg erreicht die Kathedrale an ihrer Westseite, und so ist unsere erste Aktion, die Hauptfront zu sehen. Vor der Kathedrale erstreckt sich ein großer Platz, zum Eingang muss man die Freitreppen rauf auf einen kleinen Vorbau, von dort gelangt man dann in die Kathedrale selbst. Leider ist die Tür heute am Haupteingang zu und wir versuchen es an der Ostseite. Schnell stoßen wir auf eine Schlange von Menschen und es wird klar, worauf hier jeder wartet. Die wollen alle in die Kirche. Unsinnig sich heute noch anzustellen, wir müssten mit ungefähr zwei Stunden Wartezeit rechnen. Nach kurzer Beratung machen wir das, was Lars schon vor Tagen wollte, erst mal im Schatten der Kathedrale ein schönes kühles Bier trinken. Wir ergattern einen kleinen runden Ecktisch, ordern unsere Kaltgetränke und prosten uns zu. Larisa bemerkt, dass ihre Leistung ja eigentlich nicht so groß gewesen sei, ich hingegen könnte wirklich stolz auf mich sein. Ich gebe ihr recht, obwohl ich momentan alles ein wenig bin, stolz, froh, traurig und noch etwas anderes, was ich nicht beschreiben kann.

Larisa holt jetzt ihren karitativen Trinkbecher hervor, den Lars ihr gekauft hat. Er ist anscheinend handgemacht, jedenfalls liegt ein Zettel eines kleinen Mädchens bei, das über sich etwas erzählt. Auf die Frage, was sie mal werden möchte, schreibt sie, sie möchte einfach sie selbst sein. Das finde ich einen guten Plan. Plötzlich höre ich bekannte Stimmen hinter mir, die deutsche Truppe ist wieder da. Sie sind schon länger hier, grinsen über beide Ohren und haben bereits ihre Compostela abgeholt. Alle schlafen wie immer in der Herberge, was mich schlagartig wieder an meine Übernachtungsfrage erinnert. Die Kneipe, in der wir sitzen, hat leider keine Zimmer, aber schräg hinter mir ist anscheinend eine kleine Pension. Ich erfahre, dass ich mich circa 50 Meter weiter bei der Rezeption melden muss. Ich beschließe Nägel mit Köpfen zu machen, um entspannter mein Bier genießen zu können. Die beiden haben ihr Zimmer ja bereits gebucht und sitzen schon auf Kohlen, da ihr telefonisch ausgemachter Ankunftstermin längst vorbei ist.

Ich habe letztlich die Wahl zwischen zwei Zimmern in zwei Häusern. Genau erinnere ich mich nicht mehr, aber der Preis lag ungefähr bei 35 und 39 Euro. Ich nehme, warum auch immer, das billigere Zimmer. Es ist im vierten Stock, natürlich ohne Fahrstuhl und direkt unterm Dach. Superklein, die Dachschräge nimmt noch mal die Hälfte weg. Das Bad ist noch kleiner, was eigentlich nicht mehr möglich ist. Aber ich bin zufrieden, ich habe ein Dach über dem Kopf und bin am Ziel, was soll's. Glücklich setze ich mich wieder zu meinem Bier. Meine deutschen Mädels haben sich inzwischen verabschiedet. Lars versucht noch einen Rückflug auf seinem Handy für mich zu buchen, braucht dafür aber meine Reisepassnummer und ich habe nur meinen Personalausweis dabei. Wäre auch zu schön gewesen, wenn das gleich geklappt hätte. Zumindest weiß ich jetzt, dass es morgen einen Flug mit Iberia für 360 Euro gibt, der noch Plätze frei hat. Die beiden wollen ins Hotel und wir verabreden uns für morgen an gleicher Stelle, um uns gemeinsam Santiago anzuschauen.

Ich bringe meine Sachen in mein Minizimmer und erkunde die Stadt. Punkt eins, ich brauche meine Compostela, Punkt zwei, ich muss ein Reisebüro finden, um meinen Rückflug zu organisieren.

Ich suche zuerst das Büro, das die Urkunden ausstellt, es soll sich direkt an der Kirche befinden. Das ist nicht weiter schwer, direkt an der Ostseite der Kathedrale verrät mir eine Schlange, die bis auf die Straße und um die Ecke reicht, dass ich hier richtig bin. Da sie jede Minute länger wird, stelle ich mich an. Schwer abzuschätzen, wie lange das dauern wird. Es geht gut vorwärts, aber im Innern des Gebäudes wird klar, dass sich das Büro selber irgendwo im ersten Stock befinden muss. Ich schaue mir die Pilger an, ich kenne niemanden, noch nicht mal vom Sehen. Alle schauen müde aus, aber auch gelassen und glücklich. Das ist mit Sicherheit eine Errungenschaft des Jakobswegs, gelassen zu sein und auf die Dinge warten zu können. Wieder stelle ich mir die Frage, was die Menschen hier, was ich mitnehme, nachdem die Reise mit dem Erhalt der Compostela gleich abgeschlossen sein wird. Der letzte offizielle Akt, danach ist man erlöst, wieder privat, nicht mehr als ein Tourist in einer fremden Stadt in Spanien. Wahrscheinlich entwöhnt man sich schneller von allem, als man möchte. Oder gelingt es etwas festzuhalten, und wenn ja, was genau wäre das? Habe ich die eine Erkenntnis, für die ich vor rund einem Monat losgewandert bin, mitnehmen können? Ich bin doch immer noch derselbe, oder täusche ich mich?

Ich habe keine Antwort darauf, währenddessen schieben wir uns zentimeterweise eine breite Holztreppe hinauf. Dann bin ich dran. Ich betrete einen großen Raum mit mehreren Bürotischen, eine Frau winkt mich zu sich her. Ich gebe ihr meine Pilgerpässe und meinen Personalausweis. Sie gibt mir ein Formular und bittet mich es auszufüllen. Ich beantworte die Fragen nach Herkunft, Startpunkt der Pilgerreise und meiner Intention. Ich kreuze „aus religiösen Gründen" an, was für mich hier und jetzt nicht mal geschwindelt ist. Die Dame prüft in der Zwischenzeit meine Pilgerausweise genau, schließlich stempelt sie beide Pässe und erklärt mir in fließendem Englisch, dass mit diesem Stempel die katholische Kirche meine Pilgerreise offiziell anerkennt. Sie gibt mir meine Urkunde und beglückwünscht mich per Handschlag. Für einen kurzen Moment habe ich das Gefühl, ich hätte irgendwas gewonnen. Dann verlasse ich das Büro und stehe auf der Straße.

Die Altstadt ist sehr schön mit vielen kleinen Gassen, die gemütlich aussehen und zum Bummeln einladen. Obwohl sich hier alles ums Pilgern dreht, wirken die Andenkenläden, Geschäfte und Lokale rund um die Kathedrale nicht aufdringlich und überladen, es bleibt angenehm und irgendwie angemessen. Nach wenigen Schritten sehe ich eine Touristeninformation und hole mir dort die Adressen zweier Reisebüros. Da sie beide in unmittelbarer Nähe sind, beschließe ich jetzt meinen Rückflug zu buchen. Im ersten begrüßt mich eine ältere Frau. Auf die Frage, ob sie Englisch spricht, verneint sie, um dann zu ergänzen: „A little bit." Nun denn, ich gebe ihr zu verstehen, dass ich morgen mit Iberia gegen Mittag fliegen möchte. Sie sucht in ihrem Computer, blickt zu mir hoch und eröffnet mir: „Den Flug gibt es nicht." Nach mehrmaligem Nachfragen wird immer klarer, diesen Flug werde ich nicht nehmen können. Dafür bietet sie mir einen Flug für 450 Euro, und in meine momentane Sprachlosigkeit hinein schiebt sie noch weitere „Möglichkeiten" für 500 oder über 600 Euro nach. Ich bin kurz davor ihr mitzuteilen, dass ich nur mitfliegen und das Flugzeug nicht kaufen will. Es scheint tatsächlich in den nächsten Tagen keinen preiswerten Flug zu geben. Neben ihr sitzt eine junge Kollegin und beide schauen mich mit einem leichten Grinsen an, das so viel bedeutet wie: Tut uns leid, hätten Sie sich mal früher um einen Flug gekümmert. Ich versuche meine Fassungslosigkeit so gut es geht zu verbergen und frage noch mal nach, ob es vielleicht irgendeine preiswerte Alternative gibt. Erneut ducken sich die Köpfe vor dem Bildschirm. Schließlich der Lichtblick, es fährt dreimal in der Woche ein

Bus nach München für 180 Euro, 23 Stunden Fahrzeit. Allerdings für diese Woche nicht mehr, erst in der nächsten. Und wieder dieses Lächeln, das sagt: Wenn Sie kein Geld haben, bleibt Ihnen wohl nichts anderes übrig. Ich rette mich mit einem „I will think about it" auf die Straße. Dann mal auf zur Chance Numero zwei. Das Kreuz auf meiner Citymap kennzeichnet eine Straße ganz in der Nähe, als ich aber ankomme, stehe ich vor offenen Türen, drinnen ist kein Mobiliar, dafür ein Maler auf einer Trittleiter. Das war wohl nichts. Ich beschließe, mich kurz irgendwo hinzusetzen und die Lage zu überdenken. Dabei fällt mein Blick auf die gegenüberliegende Straßenseite. Ist das nicht ein Reisebüro? Ich überquere die Straße und tatsächlich, ich täusche mich nicht. Ich frage nach dem Iberia-Flug und siehe da, kein Problem. Innerhalb von fünf Minuten habe ich mein Ticket.

Jetzt ist der Tag gerettet. Ich überlege kurz ins Reisebüro Numero eins zurückzugehen und ihnen mein Ticket unter die Nase zu reiben. Es ist mir ein Rätsel, warum sie mir diesen Flug nicht verkaufen konnten. Damit ist die Sache klar, ich habe noch diesen Abend und den Vormittag morgen mit Lars und Larisa.

Mein Weg führt mich zurück zur Kathedrale, die will ich mir jetzt endlich ansehen. Diesmal ist die Schlange nicht sehr lang und es scheint gut voranzugehen. Ich stelle mich an. In der Kirche ist es voll, die Messe ist in Gang. Ich bin über den Seitenflügel rein und so gehe ich ein Stück zur Mitte hin, um besser sehen zu können. Ein Kirchendiener kommt in der Menge auf mich zu und bittet mich meine Kappe abzunehmen. Jede Unruhe in der Menge wird von ihm mit einem langen, eindringlichen „Shhhht" kommentiert.

Mein Platz ist ganz gut, da der gemeine Spanier für gewöhnlich klein ist und ich groß bin. Ich kann den Kirchenobersten gut sehen, er spricht in Spanisch und Latein, dann singen und sprechen unterschiedliche Herren in langen Gewändern, dann spricht wieder der Kirchenoberste. Ich versuche zu fotografieren, als sich eine Hand auf meine Schulter legt und eine Stimme mich freundlich bittet, erst nach der Messe Fotos zu machen. Es ist derselbe, der für das „Shhhhht" zuständig ist. Ich nicke verständnisvoll. Als er weg ist, mache ich schnell mein Foto, andere tun es ja auch. Er kommt wieder zu mir und bittet mich erneut, erst nach der Messe Fotos zu machen. Ich nicke wieder verständnisvoll. Die Ermahnung kann ich mir abholen, Hauptsache, ich habe mein Foto.

Ich bin mir nicht sicher, ob das hier die normale Abendmesse oder eine Pilgermesse ist, die es ja auch gibt. Umso mehr freut es mich, als plötzlich die Vorbereitungen getroffen werden, das enorme Weihrauchfass in Schwingung zu versetzen. Die Menge wird unruhig, darauf scheinen alle gewartet zu haben. Jetzt sind auch Fotos erlaubt. Über ein Seilzugsystem nimmt der gewaltige Kessel Fahrt auf.

Es ist ein einzigartiger Anblick, als das Fass über die Köpfe der Gläubigen hinweg bis zur Kuppel schwingt und am Altar vorbei auf dem anderen Seitenarm durch die Luft saust. Das Spektakel dauert Minuten an, dabei zieht der Kessel eine weiße Fahne Weihrauch durch die ganze Kathedrale. Steffi erzählte mir später, dass es nicht nur einmal vorgekommen sein soll, dass sich die Kordel vom Kessel gelöst hat und der qualmend aus der Kirche geflogen sei. Auch ein mögliches Ende einer Pilgerreise, wenn nach 800 Kilometern beim Betreten der Kathedrale das Letzte, was du siehst, ein monströser Kessel ist, der auf dich zurast. Aber Gott meint es heute gut mit uns. Dann ist es vorbei. Die Priester, in Rot und Weiß gekleidet, verlassen im Gänsemarsch den Altarraum. Ich beschließe noch zu bleiben und setze mich im Hauptschiff zwischen die Menschen.

Die Kathedrale von Santiago de Compostela ist eine ausgesprochen eindrucksvolle Kirche. Mein Führer gibt dazu folgende Informationen: Galizien war zu Beginn des 18. Jahrhunderts offenbar wohlhabend, ganz im Gegensatz zu anderen Regionen, die wirtschaftlich zu kämpfen hatten. Dazu kam, dass es herausragende Steinmetzwerkstätten gab, was die Fassade unübersehbar widerspiegelt. 1649 beauftragte man José de Vega y Verdugo, die alte Jakobskirche neu zu gestalten. Es begann ein ehrgeiziges Bauprogramm, das allerdings nur in Teilen umgesetzt werden konnte. Der Bau der heutigen Fassade mit dem Einbau der großen Fenster begann erst 1738 unter dem Baumeister Fernando de Casas y Novoa. Erwähnenswert ist, dass sich hier zwei Baustile miteinander verbinden, der ursprünglich romanische Bau wurde in den barocken Kontext der Stadt eingebunden und dennoch erhalten.[13]

Das alles macht die Kathedrale zu einem würdigen Endpunkt einer langen Wanderung. Und da sitze ich nun, am Ende meiner Pilgerreise. Ich bin im Laufe meiner Wanderung in vielen Kirchen gewesen, in mehr als irgendwann sonst in meinem Leben. Und immer habe ich um ein gutes Gelingen und Glück auf dem Weg gebetet. Und ich habe es geschafft, vielleicht schaffen dürfen. Es sind schräge Gedanken, die mir in den Sinn kommen. Ich bin den Weg in Demut gestartet, mit Respekt vor dieser Aufgabe, dieser Herausforderung, ohne zu wissen, ob und wann mein Weg beendet sein wird. Viele kommen nicht ans Ziel, und mit diesem Wissen und den gelaufenen Kilometern ist der Gedanke nicht abwegig, dass jemand

---

[13] Jean-Yves Grégoire, Louis Laborde-Balen: Der spanische Jakobsweg – Camino Francés: von Saint-Jean-Pied-de-Port nach Santiago; ein Pilgerführer; Tyrolia, Innsbruck/Wien 2010

den eigenen Weg begleitet hat, meine Einstellung bewertet und billigt. Wenn man sein Leben so runterreduziert auf die Grundbedürfnisse, auf das tägliche Laufen und die Begegnung mit Menschen, wird man empfänglich für kleine Zeichen, die einen vielleicht leiten, für Dinge, denen man plötzlich eine tiefere Bedeutung gibt. Vielleicht sind diese Dinge und Zeichen schon immer da gewesen, man nimmt sie nur nicht wahr, weil der Alltag und die Gewohnheiten einfach alles zudecken. Und jetzt, wo man seit Wochen den Alltag abgestreift hat wie einen alten Mantel, wird alles sichtbar und man selbst aufnahmebereit für das Leben.

Ich sitze mit meiner Kappe in der Hand auf der Kirchenbank und habe keine Antworten. Ich weiß nur, ich bin der Kirche noch nie so nah gewesen. Der Jakobsweg steht seit Jahrhunderten jedem als Möglichkeit offen, ein unbeschriebenes Blatt, das allein man selbst mit Leben füllt. Es war ein Angebot, für einen bestimmten Zeitraum ganz bei mir zu sein, wie ein Puzzleteilchen wurde ich aus Verantwortungen, Ansprüchen und Abhängigkeiten herausgelöst und stand wochenlang nur für mich selbst, nun werde ich mich wieder ins Bild einfügen und Teil des Ganzen werden, meines Lebens.

Die Herausforderung sich auf den Weg zu machen lag allein bei mir. Wie erwartet gibt es keine Heilsversprechungen und nicht die eine Erkenntnis am Ende, so plump es klingt, ich bin mein Weg gewesen. Und bin es noch. Mir kommt die Übergabe meiner Compostela in den Sinn. Die katholische Kirche erkennt meinen Weg an, bestätigt das mit dem offiziellen Stempel von Santiago de Compostela. Ich habe die Herausforderung des Weges angenommen, habe eine Leistung erbracht und bekomme das Okay der Kirche. Die Gefühle in der Kirche überwältigen mich, ich bin stolz. Ich bin einer Einrichtung nahe, mit der ich vorher nichts zu tun hatte. Es galt sich einer

Aufgabe zu stellen, das habe ich getan und bin am Ziel. Ich wurde anerkannt. Und ich erkenne an. Es ist eine stille Übereinkunft gegenseitigen Respekts. Ich kann es nicht anders sagen, und auch wenn es überzogen klingt, es war mir eine Ehre. Ich sitze noch eine ganze Weile da und hänge meinen Gedanken nach. Dann ist mein Fazit gezogen und ich verlasse die Kirche.

Ich beschließe durch die Altstadt zu bummeln und mich von den Eindrücken treiben zu lassen. Es ist Essenszeit und ich überlege, mir heute etwas Besonderes zu gönnen. Ich bleibe in einer Bar hängen, trinke zwei Bier und esse dazu kleine Tapas mit Pulpo. Dieses Konzept wäre zu Hause ein absoluter Knüller. Bier und diese kleinen, gut gemachten Snacks zu moderaten Preisen, wer will das nicht? Dann bleibe ich vor einer Speisekarte stehen, hier gibt es den berühmten galizischen Eintopf, den man unbedingt gegessen haben sollte. Den probiere ich. Vielleicht gefolgt von den Knoblauchkrabben aus dem Ofen? Nun ja, eins nach dem anderen. Der Kellner ist überraschend schnell wieder da. Der Eintopf hält nicht, was er verspricht, es ist einfach eine Gemüsebrühe mit Einlage. Mit einer langweiligen Einlage. Ich entscheide mich gegen die Krabben und verlasse das Lokal über die Außenterrasse.

Plötzlich höre ich bekannte Stimmen: „Hey, Marc", ruft es von dem Tisch direkt neben mir. Was für eine Überraschung, es ist Steffi mit den Deutschen und Freunden aus der Herberge. Steffi springt auf und wir umarmen uns herzlich. Wer hätte das gedacht, dass wir uns noch mal sehen. Ich dachte, ich hätte sie verloren. Wir grinsen nur die ganze Zeit und ich begrüße die anderen in der Runde. Schnell ziehe ich einen Stuhl vom Nebentisch ran und geselle mich zu einem schönen Abschiedsessen, rund zehn Personen in bester Laune mit Wein und leckerem Essen. Was will man mehr?

Steffi will alles von mir wissen. Sie erzählt mir, dass sie wahrscheinlich Bettwanzen gehabt und einmal schlechtes Wasser getrunken hat. Das brachte ihr einen Tag über der Kloschüssel ein. Ich erzähle meine Erlebnisse. Als wir so angeregt miteinander reden, wird mir klar, dass ich Steffi schon am zweiten Tag meiner Pilgerreise kennengelernt habe. Was für ein glücklicher Zufall, sie am Ende noch mal zu sehen. Wir beschließen das Foto vor der Kathedrale zu machen, das wir Maria versprochen haben. Das schicke ich ihr per Mail, da freut sie sich. Wir verlassen also kurz die Tischrunde und wanken leicht alkoholisiert Richtung Kirchplatz. Es ist schön, kleine Lichter erleuchten den Vorplatz, Gruppen sitzen auf der Erde, unterhalten sich und genießen den Anblick der Fassade. Eine spanische Combo in den Arkaden spielt typische spanische Lieder und versucht ihre CD an Touristen zu verkaufen. Wir machen unser Foto und lassen die Abendstimmung auf uns wirken.

Es ist schon beeindruckend am Tag, aber abends hat es noch mal etwas Magisches. Steffi hat beschlossen, morgen weiter zur Küste zu wandern. Sie bereut es total, dass ich morgen abreisen werde. Ich irgendwie auch, wenn ich sie früher getroffen hätte, wäre ich wahrscheinlich mitgekommen. Aber allein noch mal 100 Kilometer, um am Atlantik zu stehen, um dann was zu machen? Meine Reise ist beendet und das ist gut so. Außerdem macht mir mein Knie Sorgen, besser, ich übertreibe nicht und gönne meinem Körper Ruhe. Und so gehen wir zum Tisch zurück und genießen den lauen Sommerabend. Ich erfahre, dass auch die Deutschen zur Küste wollen, allerdings mit dem Bus. Keine Option für mich, entweder zu Fuß oder gar nicht.

Es ist spät, als wir uns schließlich auflösen. Der Abschied fällt uns allen schwer. Wir versprechen es uns in die Hand, wir schreiben uns, ganz sicher. Ich gehe zurück in mein Minizimmer und ins Bett, es war ein anstrengender Tag.

Abreise aus Santiago

Als ich am nächsten Morgen aus dem Fenster schaue, regnet es leicht. Ich muss sofort an Steffi denken, die bestimmt schon seit zwei Stunden unterwegs ist. Da wird sie eisernen Willen brauchen, um sich über das eigentliche Ziel hinaus noch weiter zu motivieren. Aber sie schafft das, da bin ich sicher. Ich muss auschecken und mich dann mit Lars unten in der Bar treffen. Es ist noch genügend Zeit und so kann ich in Ruhe meinen Rucksack packen. Es ist ein seltsames Gefühl, heute nirgendwo hin laufen zu müssen. Ich brauche einige Dinge nicht mehr, die kann ich getrost wegschmeißen. Mein Blick fällt auf meine Wasserflasche, meinen treuen Begleiter der ersten Stunde. Ein halber Liter ist noch drin. Ich öffne mein Dachfenster, entleere ihn über die Ziegel und schaue zu, wie sich mein Wasser in den regennassen Schindeln langsam verliert. Ich beschließe, die Flasche hier zu lassen, in Santiago, das hat sie sich verdient.

Mein Rucksack und ich sind jetzt reisefertig, wir können gehen. In der Bar ist noch keiner zu sehen, und da ich frühstücken möchte, setze ich mich ans Fenster eines gegenüberliegenden Cafés. Bei einer guten Tasse Kaffee und mehreren Stücken der Tarte Santiago, einem Kuchen mit Nüssen oder wahlweise Marzipan, schaue ich in die Straßen der nassen Altstadt. Heute macht Galizien seinem Ruf wieder alle Ehre, es regnet. Auch vorgestern regnete es, nur gestern am Tag meiner Ankunft war ein herrlicher Sonnentag. Wie heißt es doch, jeder wird in Santiago so empfangen, wie er es verdient.

Ich freue mich darauf Lars und Larisa von meinem Flug zu erzählen, dann können wir gemeinsam zum Flughafen fahren. Die beiden fliegen ans Mittelmeer zu spanischen Verwandten von Larisa. Nach knapp einer Stunde kommt Lars allein. „Das Zimmer und das Bett sind total klein", klagt er, und das Drei-

Gänge-Menü am Abend hätte man sich schenken können. Ich vermeide es ihm direkt von meinem schönen Abschluss zu berichten und wir gehen zusammen in sein Hotel zurück. Der Plan ist, die Rucksäcke dort zu deponieren, Larisa abzuholen, die Compostela der beiden zu holen, kleine Andenken zu besorgen, die Stadt noch etwas zu erkunden und so weiter und so fort. Das bis Mittag unter einen Hut zu kriegen ist ein strammes Programm. Vor allem meine zeitliche Erfahrung beim Besorgen der Compostela lässt mich zweifeln, ob wir heute überhaupt zu etwas kommen.

Vorplatz der Kathedrale

Im Hotel kramt Larisa in aller Seelenruhe in den Rucksäcken. Schließlich treffen wir uns an der Rezeption und starten in den Regen. Auf dem Weg zur Kathedrale treffe ich Kerstin wieder, die den Anschluss an die deutsche Gruppe irgendwie verloren hat. Ich freue mich, dass auch sie es geschafft hat, will aber mit ihr nicht den letzten halben Tag verbringen. So tauschen wir kleine Belanglosigkeiten aus und wünschen uns alles Gute.

Als ich am Pilgerbüro ankomme, ist die Schlange bereits bedenklich lang. Lars hat sich eingereiht, während Larisa die Andenkenläden für sich entdeckt. Es ist immer offensichtlicher, zu mehr wird die Zeit nicht reichen. Schließlich muss auch Larisa in die Reihe, da man nicht für eine andere Person den Pilgerpass vorlegen kann. Ich warte am Ausgang und werde ehrlich gesagt ziemlich nervös, denn die Zeit läuft langsam weg. Wir müssen jetzt direkt ins Hotel und per Taxi zum Flughafen.

Eigentlich wollte ich noch den offiziellen Abschluss in der Kathedrale mitmachen. Dazu geht man seitlich durch eine spezielle Tür in die Kathedrale und umarmt die Statue des heiligen Jakobus, das gilt allgemein als Ende des Pilgerns. Zudem erlässt die katholische Kirche mit dem Durchschreiten des Eingangs dem gläubigen Pilger alle seine Sünden. Ich hatte das eigentlich gleich morgens vor, aber die Warteschlange trotz Regens war endlos. Ich würde sagen, zwei bis drei Stunden Wartezeit. Schade drum, aber was soll's, ich hatte meinen eigenen Abschluss in der Kirche.

Jetzt sind auch die beiden durch und wir gehen zurück ins Hotel. Das Taxi kommt sehr zügig und ich fahre zum ersten Mal seit Wochen wieder Auto. Es fühlt sich an, als würde man etwas Verbotenes tun. Die Zeit des Wanderns ist damit endgültig durchbrochen, das normale Leben hat mich wieder. Am Flughafen ist die Zeit nun wirklich knapp, ich müsste direkt einchecken. Ich müsste, aber die Schlange bewegt sich kaum, eine spanische Familie hat heftige Diskussionen mit dem Flughafenpersonal. Lars kommt zu mir und sagt: „Gib mir dein Ticket, ich versuch mal was." Ich überlasse ihm den Flugschein und warte weiter in der Schlange. Dann ist er zurück und eröffnet mir mit einem Grinsen: „Du bist eingecheckt, auch für Madrid." Ich kann es nicht glauben. Das sind Dinge, die ich nicht gut kann, elektronisches Buchen, Einchecken etc. Ich bin eher der Typ, der brav ansteht und wartet, bis jemand „Der Nächste bitte" ruft. Die alte Schule eben.

Dann ist der Augenblick da, Goodbye zu sagen. Wir verabschieden uns herzlich. Schön war's mit den beiden. Ich wäre ungern allein in Santiago angekommen, darüber hinaus waren sie eine Bereicherung auf den letzten Kilometern. Man weiß ja nie, wen man trifft, aber rückblickend hatte ich großes Glück mit all meinen Begleitern auf dem Weg.

Als mein Flieger startet, schaue ich aus dem Fenster auf die Landschaft unter mir. Dort irgendwo bin ich gegangen, habe Wunder gedacht, wie weit ich heute gelaufen bin. Von hier oben sieht das alles wie ein Klacks aus. Wie viel Erinnerung und Erlebnisse verbinden sich in diesem Moment mit der wilden, bergigen, spanischen Landschaft, die ich jetzt im Zeitraffer hinter mir lasse. Alles wirkt jetzt großflächig, unbeteiligt und neutral, ich war da, jetzt bin ich wieder weg. Es war eine gute Zeit, von der etwas bleiben wird, da bin ich sicher. Wenn man sich den Rucksack umschnallt, gewinnt man erst mal an Gewicht, in Wahrheit aber verliert man welches. Die Last des Alltags bleibt zurück, man wandert mit den Tagen immer stärker nur mit sich selbst. Und ist vom ersten Tag an in eine Gemeinschaft eingebunden, keiner von uns wanderte wirklich allein. Die Begegnungen und Gespräche, das Lachen, Miteinander-Teilen und die Freundschaft sind um ein Vielfaches schneller entstanden als im sogenannten normalen Leben. Das gemeinsame Ziel und die tägliche Anstrengung haben uns ehrlicher aufeinander zugehen lassen, vielleicht gerade weil jeder wusste, dass dieses Zusammensein zeitlich begrenzt sein wird. Die Gründe, warum jeder von uns unterwegs war, sind so unterschiedlich wie die Menschen selbst, aber jeder Grund ist ernst zu nehmen und damit ein guter Grund.

Saint-Jean-Pied-de-Port morgens über das Kopfsteinpflaster zu verlassen und mit zehn Kilo Gepäck auf eine 800 Kilometer lange Wanderung zu gehen, das macht keiner einfach nur so. Und genau das schützt den Jakobsweg vor Kommerzialisierung, Tourismus und Anachronismus über Jahrhunderte. Er ist zu lang für Spinner, zu weitläufig für Spaßtouristen und zu bedeutsam für die Menschen, die ihn gehen wollen. Pilgern ist ein Glaubensbekenntnis und keiner auf dem Camino kann sich davon ganz befreien. Mit diesem Spirit unterschwellig unterwegs zu sein, das macht die Magie des Weges aus.

Meine Zwischenlandung in Madrid verläuft ohne besondere Vorkommnisse. Im Flieger nach München holt mich der Alltag langsam ein. Die Gedanken kreisen um die Dinge, die ich in der nächsten Zeit zu tun habe. Je mehr ich darüber nachdenke, umso schlagartiger trifft mich die Normalität wie eine Welle. Ich bin unvorbereitet. Ich schaue mich um, der einzige Pilger hier bin ich. Wir befinden uns im Landeanflug auf München. Die ungezähmte Natur Spaniens ist der deutschen Gründlichkeit gewichen, kein Zentimeter verschenkt, Feld und Flur wie mit dem Lineal gezogen, die Dörfer gut verteilt mit symmetrisch ausgerichteten Häusern. Es sieht aus, als wäre ein dicker Finger aus den Wolken gefahren und hätte alles schön säuberlich sortiert. Ich bin zu Hause.